古典文獻研究輯刊

十八編

潘美月・杜潔祥 主編

第20冊

戰國竹書研究方法探析

牛新房 著

國家圖書館出版品預行編目資料

戰國竹書研究方法探析／牛新房　著 -- 初版 — 新北市：花木
蘭文化出版社，2014〔民 103〕
序 4+ 目 2+202 面；19×26 公分
（古典文獻研究輯刊 十八編；第 20 冊）
ISBN：978-986-322-628-4（精裝）
1. 簡牘學　2. 研究考訂
011.08　　　　　　　　　　　　　　　　　　103001313

ISBN-978-986-322-628-4

9 789863 226284

古典文獻研究輯刊
十八編　第二十冊　　　　　　　　ISBN：978-986-322-628-4

戰國竹書研究方法探析

作　　者　牛新房
主　　編　潘美月　杜潔祥
總 編 輯　杜潔祥
副總編輯　楊嘉樂
編　　輯　許郁翎
企劃出版　北京大學文化資源研究中心
出　　版　花木蘭文化出版社
社　　長　高小娟
聯絡地址　235 新北市中和區中安街七二號十三樓
　　　　　電話：02-2923-1455／傳眞：02-2923-1452
網　　址　http://www.huamulan.tw 信箱 hml810518@gmail.com
印　　刷　普羅文化出版廣告事業
初　　版　2014 年 3 月
定　　價　十八編 22 冊（精裝）新台幣 40,000 元

戰國竹書研究方法探析

牛新房　著

作者簡介

牛新房，1981 生，河南省衛輝市人，歷史學博士，現任華南師範大學歷史文化學院副教授，主要研究方向爲出土文獻與古文字、先秦史。在《古文字研究》、《中國歷史文物》、《中國文字學報》、《中國文字研究》等刊物發表研究論文十餘篇。

提　　要

　　本書把戰國竹書從出土戰國文獻資料中分離出來，作爲一個獨立的研究對象，探討其研究方法，爲以後的研究提供借鑒。

　　本書分爲三個部分：

　　第一部分是緒論，首先是對戰國竹書的界定；其次是有關戰國竹書發現的簡介，包括歷史上發現的戰國竹書和現代發現的戰國竹書，本書的研究對象主要是郭店、上博、清華三批竹書；最後是對近年來戰國竹書研究情況的概述。

　　第二部分是本書的主體，分爲三章，分別從竹書復原、文字考釋、文獻比勘三個方面探討戰國竹書的研究方法。竹書復原一章，首先探討竹簡形制與竹書復原的關係，其次探討竹書復原的過程與方法及應注意的問題；文字考釋一章，首先探討戰國竹書文字的考釋方法及應注意的問題，其次探討利用戰國竹書文字的考釋成果研究其他古文字的問題；文獻比勘一章，首先探討戰國竹書和傳世典籍的篇章和個別詞句的對比及文獻比勘過程中應注意的問題；其次探討判定戰國竹書學派屬性問題時應注意的問題。

　　第三部分是筆者學習研究戰國竹書過程中的一些成果，如《老子》甲篇中一個學者一般都釋爲「守」的字，筆者認爲應釋爲「御」；對《成之聞之》篇「受次」及相關文字的釋讀；對《容成氏》篇的編聯、篇題、學派歸屬等的探討。

序

白於藍

　　1998 年，郭店楚墓竹簡公佈，在古文字學界引起了極大震動，戰國竹書開始成爲古文字學領域的研究熱點，同時也引起了歷史文獻學、學術思想史等相關領域學者的關注，而隨後公佈的上博簡和清華簡，更是將戰國竹書的研究推向高潮，相關研究論著層出不窮。如今，將戰國竹書研究稱爲「顯學」是絲毫也不過分的。

　　在戰國竹書研究繁榮興盛的同時，也存在另一個必須得承認而且必須得面對的基本事實，即從事戰國竹書研究其實是十分辛苦的。這有兩方面的原因。首先，就學術研究而言，任何新材料尤其是大宗材料公佈後，都需要一個相對長期的吸收和消化的過程，需要學術周期的循環積累與自我反省。但是，在郭店簡公佈之後不久，上博簡就開始以每年一冊的速度陸續公佈。2010 年以來，清華簡亦開始逐年公佈。到今天，上博簡已經出版到第九冊，清華簡也已經出版到了第三冊。新材料如此密集地公佈，給相關領域學術研究提供了便利，帶動了學術繁榮，但也同時帶來了貪多嚼不爛、消化不良的弊端。其次，近幾年隨著網絡的進步和發展，與戰國竹書研究有關的「簡帛研究」、「簡帛」等諸多網站亦應運而生，這些網站對相關研究成果的及時發佈無疑提供了便利，對推動相關問題的深入研究亦起到了積極作用，但同時也應該看到的是各類研究成果良莠不齊、魚龍混雜現象比較嚴重，大量有欠思考的低端產品甚至贗品充斥網絡，給學術成果的甄別和吸收工作增添了難度，同時也增加了龐大的閱讀量，給研究工作帶來了實質性困擾。以上是戰國竹書研究領域所存在的基本事實，學界在深切感受學術繁榮的同時，亦深切感受到了新材料大量湧現所帶來的苦

悶。在這種情況下，如果有人能夠對自郭店簡公佈以來的十餘年間有關戰國竹書的研究成果進行梳理總結，對那些成功的、半成功的以及失敗的經驗加以探討，爲今後的研究提供借鑒，無疑將會是一件嘉惠學林的有益之舉，對今後戰國竹書的研究亦將具有指導意義。

2007 年，牛新房博士入學不久，就告訴我想就戰國竹書研究的方法論方面做些研究，覺得有必要從案例分析入手，對學界以往研究成果的得失加以探討，並對其原因加以分析，爲以後研究提供參考借鑒。毋庸諱言，對於一個剛剛入門不久的初學者來講，擬定這樣一個研究方向顯然是很有難度的，而且類似這樣的工作似乎也不應該由一個剛剛入學不久的博士生來做。但他很有毅力，認認眞眞堅持做了下來，在原始文本的整理以及相關研究成果的甄別與吸收方面都下了很大功夫。原論文從竹書復原、文字考釋和文獻比勘三個方面對戰國竹書的研究方法都進行了深入探討，基本涵蓋了戰國竹書研究的各個領域，並能在前人研究的基礎上，提出了很多很好的個人見解。論文答辯時獲得了評審專家和答辯委員會的一致好評。

需要說明的是，在他博士論文寫作進行到最關鍵的時候，還重病纏身，深受病痛的困擾，需要長期打針吃藥，費用十分昂貴，他還需要經常外出代課，補貼家用。內中甘苦，我想他人是難以體會的。

博士畢業後，牛新房繼續留在了華南師範大學歷史文化學院任教。在承擔本科與碩士的繁重教學任務之餘，他又對原論文做了不少增補修訂，不僅增補了大量的案例分析，同時也增添和完善了很多個人研究心得。另外，從材料來源上來看，原論文僅限於《郭店楚墓竹簡》和《上海博物館藏戰國楚竹書》（一～七）兩種。本次修訂，又增加了後來相繼出版的《上海博物館藏戰國楚竹書》（八～九）以及《清華大學藏戰國竹簡》（一～三）的內容，並同時增補了對相關研究成果的探討，內容也更加充實厚重。

古文字學向來以難學著稱。我常常想，對於學習古文字的初學者來講，大體需要在以下六個方面下些功夫：第一是古文字學的基本理論，第二是古文字原始材料和字形分析，第三是前人相關研究成果，第四是上古音和訓詁學基本知識，第五是傳世文獻，第六是考古學尤其是器形學知識。以上知識需要長期積澱，並且需要逐步融會貫通。一路走來，我想牛新房對此也是深有體會和感觸的吧。

如今三年過去了，看到這部即將付梓的書稿，我的內心也充滿了喜悅。

在此，衷心祝願牛新房能夠永葆青春活力，在學術道路上繼續發揚拼搏精神，青出於藍而勝於藍！

2013 年 8 月

目次

緒　論

一、戰國竹書的界定

　　早在 20 世紀 20 年代王國維就曾指出,「古來新學問起,大都由於新發見。有孔子壁中書出,而後有漢以來古文家之學;有趙宋古器出,而後有宋以來古器物、古文字之學……然則中國紙上之學問賴於地下之學問者,固不待今日始矣。自漢以來,中國學問上之最大發見有三:一爲孔子壁中書;二爲汲塚書;三則今之殷墟甲骨文字,敦煌塞上及西域各處之漢晉木簡,敦煌千佛洞之六朝及唐人寫本經卷,內閣大庫之元明以來書籍檔冊。此四者已足當孔壁、汲塚所出,而各地零星發見之金石書籍,於學術有大關係者,尚不與焉。故今日之時代可謂之『發見時代』,自來未有能比也。」〔註 1〕王國維所提到的幾項發現都已成了專門之學,在其去世之後出土的大量戰國文字資料(特別是簡帛資料)與上述幾項發現相比毫不遜色,近幾十年來,戰國文字研究的興起便是證明。清代小學的發展爲 20 世紀出土文獻的研究奠定了堅實的基礎,現代考古學的建立與發展,使出土文獻有了可靠的依據。1949 年後,隨著國家建設的發展,有組織的考古發掘,出土了大量的戰國秦漢時期的資料,而其中簡帛資料尤爲突出,爲研究這段時期的歷史、思想、文化等提供了全新的材料,出土文獻在傳統文史研究中的作用越來越引起學者的重視。

〔註 1〕王國維:《最近二三十年新發現之學問》,《王國維文集》第四卷,中國文史出版社,1997 年版,33 頁。

　　戰國是中國歷史上的一個大變革時期，〔註2〕王室衰微，七雄爭霸，各國為了壯大國力，變法圖強，先進生產技術的應用，使社會生產得到了較快的發展。同時，在思想領域也出現了百家爭鳴的繁盛局面。反映在語言文字上，則是各國「言語異聲，文字異形」（許慎《說文解字·敘》），王國維最早指出戰國時期秦用「籀文」，東方六國用「古文」。〔註3〕隨著出土戰國文獻資料的豐富和研究的深入，我們知道東方六國的「古文」也各有不同，李學勤先生早在20世紀50年代就提出了戰國文字分系說，即東方的三晉、齊、楚、燕、兩周，再加上西方的秦。〔註4〕隨後，學者在此基礎上將戰國文字分為五系，即齊、燕、三晉、楚、秦，〔註5〕這一分法得到了學界的廣泛認同。

　　出土的戰國文字資料按其載體來分，主要有銅器、石器、貨幣、璽印、陶器、簡牘、漆器、縑帛等種類。而簡牘類資料因其材料的便宜性，是戰國文字資料的最主要的載體，其所記載的文字數量也是最多的。按其所記內容來看，大致可分為文書和書籍兩個大類，而每個大類又可以再分為兩個小類，文書類可分為喪葬文書（如遣策，告地策等）和文書檔案（如書信，簿籍等）兩種，書籍類可分為實用書籍（如日書，法典等）和圖書典籍（如《老子》、《緇衣》等）兩種。〔註6〕這是按大類來分的分類方法。還有學者分得更詳細，認為可以分為十類：1、編年；2、文書；3、田律；4、日書；5、地圖；6、書信；7、卜筮；8、遣策；9、典籍；10、小說等。〔註7〕在具體的研究過程中，學者根據自己研究的需要，往往有自己的分類標準與方法，還沒有形成統一的標準與分類。本書研究的對象即指前述兩種分類方法中的「圖書典籍」

〔註2〕「戰國」作為一個特定的歷史概念，其起訖年份史學界有不同的看法，但是從文獻研究的角度來看，由於思想、文字等有其自身發展演變的規律，並不能用具體的歷史年份做分界。董珊先生在其博士學位論文《戰國題銘與工官制度》（北京大學博士學位論文，指導教師：李零教授，2002年）中從時間和空間兩方面對「戰國」這一概念做了界定，可參看。從戰國出土文獻研究的角度來看，這一界定是合適的，故本書在下面的行文中遵從這一界定。

〔註3〕王國維：《戰國時期秦用籀文六國用古文說》，《觀堂集林（外二種）》，河北教育出版社，2001年版，186～187頁。

〔註4〕李學勤：《戰國題銘概述》，《文物》1957年第7、8、9期，後收入《李學勤早期文集》，河北教育出版社，2008年版。

〔註5〕參看何琳儀：《戰國文字通論（訂補）》（江蘇教育出版社，2003年版）第一章「戰國文字的發現與研究」中的相關論述。

〔註6〕鳳儀誠：《古代簡牘形式的演變——從葬物疏說起》，「2008年國際簡帛論壇」論文。

〔註7〕參看何琳儀：《戰國文字通論（訂補）》，25～32頁。

或「典籍」。如果要下一個定義的話，本書所說的戰國竹書是指戰國時期書寫在竹簡上的典籍。戰國竹書在歷史上雖時有發現，但除了當時學者的整理本，沒有實物留傳下來，難以成為我們從整體上探討戰國竹書研究方法的對象，故本書所研究的對象主要是近年出土的、現在能見到實物的戰國竹書。

由於地理氣候等原因，我們現在所能見到的戰國竹書實物多是楚國境內出土的，因此學界在稱呼這些資料時，或稱為楚簡，如《郭店楚墓竹簡》，或稱為楚竹書，如《上海博物館藏戰國楚竹書》，或稱為戰國竹簡，如《清華大學藏戰國竹簡》。隨著研究的深入和細化，這樣的稱呼有很多不便，如包山楚墓出土的楚簡多為文書、卜筮、遣策之類，而沒有典籍類的文獻，這樣如果我們像學界常用的稱呼那樣，把郭店楚墓出土的竹簡稱為「郭店楚墓竹簡（或郭店楚簡）」，把包山楚墓出土的竹簡稱為「包山楚墓竹簡（或包山楚簡）」，就不能看出二者的在具體內容上的差別。稱為「楚竹書」雖然比籠統地稱「楚墓竹簡（或楚簡）」合理一些，可以看出竹簡的內容是書籍類的，但也有一些問題。「楚竹書」是以其出土地加竹簡內容的性質來命名的，我們知道，雖然大部分楚地出土的竹書是以典型的楚文字書寫的，但其中也常含有其他系的文字因素，反映了戰國時期各國思想文化的交流。所以很多學者對「楚竹書」的說法也提出了疑問，這方面研究最深入的是馮勝君先生。馮先生根據裘錫圭和李家浩兩位先生的研究，指出雖然「楚地出土的戰國簡都是楚人的抄本」，但某些篇章「與典型楚文字相比，在文字形體和用字習慣方面都存在大量顯著差異」，所以他提出「在目前的情況下對這類包含較多他系文字因素的竹書，比較穩妥的界定似應為『具有某系文字特點的抄本』。『具有某系文字特點』是指簡文中包含有較多的該系文字因素，類似《五行》篇那種包含零星的非楚文字因素的簡文不在此列。『抄本』一詞則涵蓋了兩種情況：一種是某系書手的抄本，一種是楚人以某系書手的抄本為底本的轉錄本。在楚人的轉錄本中可以包含一些楚文字的因素，這應該不會影響對『具有某系文字特點』的界定。正如《五行》篇包含零星他系文字因素，但我們仍然可以認為它『具有楚系文字特點』一樣。」〔註8〕用這類稱法來界定某些具體篇章確實是比較合適的，並且也為研究戰國文字各系之間的關係提供了可靠的基礎，

〔註 8〕馮勝君：《有關戰國竹簡國別問題的一些前提性討論》，《古文字研究》第 26輯，中華書局，2006 年版，318 頁。更詳細的研究可以參看馮勝君《郭店簡與上博簡對比研究》（線裝書局，2008 年版）中的相關論述。

但是如果我們把戰國書籍類竹簡當做一個整體來研究的話，這樣的稱法就顯得有些繁瑣。﹝註9﹞稱爲「戰國竹簡」與籠統地稱「楚墓竹簡（或楚簡）」，存在同樣的問題。結合以上論述，我們認爲把這些典籍類的竹簡稱爲戰國竹書是比較穩妥的稱法，這樣可以避免上述幾種稱法的不便與異議。若爲了表明不同批次的竹書，則可以稱郭店竹書、上博竹書、清華竹書等。需要說明的是，因目前學界對之還沒有統一的認識，學者在論述過程中仍用「郭店楚簡」、「上博楚簡」等說法，在下面的行文中引到各家論著時，爲保持原貌對此類說法不做改動。

二、戰國竹書的發現

戰國竹書或隨主人埋入地下，或因避秦火而被隱藏，在後世時有發現。歷史上著名的發現主要有兩次，分別爲孔子壁中書和汲塚竹書。由於材料自身的特性，歷史上發現的戰國竹書實物都未能保存下來，我們只能從相關的記載及流傳至今的當時學者的整理本略見其貌。隨著現代科技的發展，二十世紀後半期以來發現的戰國竹書實物都得以保存，爲我們的研究帶來了很大的方便。下面就把這些歷史上發現的比較重要的戰國竹書和現在發現的戰國竹書，按發現時間爲序作一簡單介紹。

（一）歷史上發現的戰國竹書﹝註10﹞

1、孔子壁中書

戰國時期百家爭鳴，各家著書立說，至秦滅六國，怒儒生以言干政，聽信李斯等讒言，「乃燔滅文章，以愚黔首」，「漢興，改秦之敗，大收篇籍，廣

﹝註9﹞從下文將要提到的歷史上發現的戰國竹書來看，其他各國也確有竹書出土，並且我們相信隨著考古的發展，將來也應該能見到其他各國竹書的出土。因本書是將戰國竹書作爲一個整體來研究，所以我們不用「具有某系文字特點的抄本」的說法。

﹝註10﹞李零先生在《簡帛古書與學術源流》（三聯書店，2004 年版）一書第三講「簡帛的埋藏與發現」中有相關的論述，楊澤生先生在《戰國竹書研究》的緒論「古代出土發現的戰國竹書」（中山大學出版社，2009 年版）中也有專門的論述，而對歷史上發現的簡帛資料最系統全面的統計是呂靜、鄭卉兩位先生的《1900 年以前中國境內出土簡帛之考察——以傳世文獻收集整理爲中心》（日本中國出土資料學會編《中國出土資料研究》第 13 號，2009 年，62～83 頁）一文，作者還對歷史上發現的簡帛資料的出土地域、所記內容、出土形態及整理和散佚情況做了很好的論述，我們的敘述多有參考以上三家之文者。

開獻書之路」，於是有濟南伏生之獻書等。又「武帝末，魯恭王壞孔子宅，欲以廣其宮，而得《古文尚書》及《禮記》、《論語》、《孝經》凡數十篇，皆古字也。恭王往入其宅，聞鼓琴瑟鍾磬之音，於是懼，乃止不壞」（《漢書·藝文志》）。這就是歷史上著名的「孔子壁中書」。這批竹書曾經孔子後人孔安國整理，竹書原是用「古文」書寫，孔安國以「今文」書之，是爲「隸古定」，這種整理方法爲後世所沿用，直到今天我們整理出土文獻仍用此法。孔安國把他整理的成果獻於朝廷，但「遭巫蠱事，未列於學官」。等到劉向校訂歐陽、大小夏侯三家經文時，「《酒誥》脫簡一，《召誥》脫簡二。率簡二十五字者，脫亦二十五字，簡二十二字者，脫亦二十二字，文字異者七百有餘，脫字數十」（《漢書·藝文志》）。可知這批書確是寫在竹簡上，每簡 22 字或 25 字不等。如前引王國維所言，「有孔子壁中書出，而後有漢以來古文家之學」，其影響不可謂不大。關於其書寫文字，或稱「古文」、「古字」，或稱「科斗文字」、「科斗書」，這些文字部分被收入《說文》中，成爲我們今天研究戰國文字的重要參考。近年楊澤生先生根據王國維、李家浩等學者的研究，指出「孔壁竹書爲戰國時代齊系的魯國文字」，〔註11〕這一說法應該是可信的。

2、汲塚竹書

　　這批竹書，是西晉初年在汲縣一座戰國時魏國墓葬裏發現的，《晉書》等有記載，但其具體出土年代同一書所記卻各有不同，如《武帝紀》：「咸寧五年……冬十月，汲郡人不準掘魏襄王冢，得竹簡小篆古書十餘萬言，藏於秘府。」《律曆志》：「武帝太康元年，汲郡盜發六國時魏襄王冢，亦得玉律。」《束皙傳》：「初，太康二年，汲郡人不準盜發魏襄王墓，或言安釐王冢，得竹書數十車。」另外還有太康八年說。陳夢家認爲「太康八年說」決不可信，又疑「咸寧五年十月」爲「太康元年十月」之誤，「元年十月出土，而官收車送當在次年，故諸書均謂二年出土也」，〔註12〕可備一說。出土地點是汲郡的汲縣，戰國時屬魏。其所出土的墓葬，有「古冢」、「魏襄王冢」、「安釐王冢」等說法，陳夢家認爲「魏自惠王至魏亡都大梁，帝王冢不得在汲」，當是「魏國大臣之墓」。〔註13〕據荀勖《穆天子傳序》「皆竹簡素絲編……其簡長二尺四寸，以墨書，一簡四十字」，其字體應是三晉系。竹簡獻上朝廷，有學者束

〔註11〕楊澤生：《戰國竹書研究》，184 頁。
〔註12〕陳夢家：《汲塚竹書考》，《尚書通論（外二種）》，河北教育出版社，2000 年版，598 頁。
〔註13〕陳夢家：《汲塚竹書考》，599 頁。

皙、荀勖、和嶠等多人受命整理，共有書十九種，七十五篇。其內容爲史類、地理類、卜筮類、小說類、雜類等，其中最重要的是魏人所撰史書《紀年》十三篇和《穆天子傳》。這些整理本在後代多有亡佚，學者有輯本。學者利用這些文獻研究先秦史取得了重要成果，近年對此批竹書研究取得成果較多的是夏含夷先生。〔註14〕

3、其他竹書

如前面提到的濟南伏生所獻的《尚書》；河間獻王所得到的先秦古書《周官》、《尚書》、《禮記》、《老子》等；孝宣帝時，河內女子拆除老屋時得到的《易》、《禮》、《尚書》等；另外還有北齊武平五年彭城人掘項羽妾墓，得到的古文《孝經》等。

（二）現代發現的戰國竹書

1、長臺關竹書

1957 年河南省信陽長臺關一號楚墓發現兩組戰國時期竹簡，第一組爲竹書，第二組爲遣冊。第一組竹書簡，共計 119 支，全部爲殘簡，殘存 500 餘字。殘簡長短不齊，殘存最長者約 33 釐米，據編痕推算，估計原簡長 45 釐米左右，每簡約 30 字。〔註15〕這批竹書先後收入《河南信陽楚墓出土文物圖錄》〔註16〕、《信陽楚墓》〔註17〕、《戰國楚竹簡彙編》〔註18〕，後兩種有釋文和考釋。對這批竹書做最早研究的是李學勤先生，他根據文中有「先王」、「周公」、「君子」、「三代」等，認爲是「一篇屬於儒家的論述政治道德的文章」，並指出「這是我國近代以來第一次發現眞正的戰國竹書」。〔註19〕後又認爲是

〔註14〕夏含夷先生的研究成果頗豐，如《也談武王的卒年——兼論〈今本竹書紀年〉的眞僞》、《〈竹書紀年〉與周武王克商的年代》、《〈竹書紀年〉的整理和整理本——兼論汲塚竹書的不同整理本》、《晉出公奔卒考——兼論〈竹書紀年〉的兩個纂本》等，以上文章都已收入其著《古史異觀》（上海古籍出版社，2005年版），可參看。

〔註15〕河南省文化局文物工作隊第一隊：《我國考古史上的空前發現：信陽長臺關發掘一作戰國墓》，《文物參考數據》1957 年第 9 期，21～26 頁。

〔註16〕河南省文化局文物工作隊：《河南信陽楚墓出土文物圖錄》，河南人民出版社，1959 年版。

〔註17〕河南省文物研究所：《信陽楚墓》，文物出版社，1986 年版。

〔註18〕商承祚編著：《戰國楚竹簡彙編》，齊魯書社，1995 年版。

〔註19〕李學勤：《信陽楚墓中發現最早的戰國竹書》，《光明日報》1957 年 11 月 27 日第 3 版，後收入《李學勤早期文集》，69～70 頁。

《墨子》佚篇。〔註 20〕李零先生認爲是周公與申徒狄的對話，篇題定爲《申徒狄》更合適。〔註 21〕楊澤生先生也對之作了深入的研究，認爲其屬於儒家。〔註 22〕關於長臺關竹書的研究情況，可參看田河先生的《信陽長臺關出土竹書研究概述》。〔註 23〕

2、慈利竹書

1987 年，湖南省慈利縣城關石板村 36 號戰國墓出土了一批竹簡，斷裂錯位現象十分嚴重，無一完簡，共有殘簡 4371 段。殘存最長者 36 釐米，短者不足 1 釐米，估計整簡長 45 釐米，數量約 1000 支，字數共約 21000 多。後經統計，簡頭 817 個，簡頭簡尾難於分辨者 27 個。據同出器物的特徵，墓葬年代爲戰國中期前段。〔註 24〕據張春龍先生介紹這批竹簡主要內容可以分爲兩類，一類是有傳世文獻典籍可資對勘的，如《國語・吳語》、《逸周書・大武》等，另一類是《管子》、《寧越子》等書的佚文或古佚書。少部分簡簡背標有數字。《吳語》簡長 46 釐米，寬 1 釐米左右，三道編繩，每簡約書寫 50 字。除了發掘簡報公佈的零星圖片，整體資料尚未公佈。

3、郭店竹書

1993 年 8 月，位於湖北省荊門市郭店村的郭店一號墓被盜掘，10 月再次遭到盜掘，荊門市博物館在報請有關部門同意之後，對其進行了搶救性發掘。據發掘報告，郭店一號墓從墓葬形制和器物特徵看，具有戰國中期偏晚的特點，下葬年代當在公元前 4 世紀中期至 3 世紀初。除出土了大量銅器、陶器、漆木器等外，最引人注意的是出土了 800 餘支竹簡，共約一萬三千餘字，其內容有《老子》甲、乙、丙三組及《太一生水》、《緇衣》、《五行》、《成之聞

〔註 20〕 李學勤：《長臺關竹簡中的〈墨子〉佚篇》，《徐中舒先生九十壽辰紀念文集》，巴蜀書社，1990 年版，1～8 頁，後收入《簡帛佚籍與學術史》，327～333 頁。

〔註 21〕 李零：《長臺關楚簡〈申徒狄〉研究》，《揖芬集——張政烺先生九十華誕紀念論文集》，社會科學文獻出版社，2002 年版，309～328 頁。

〔註 22〕 楊澤生：《長臺關竹書研究（四篇）》，《戰國竹書研究》，36～57 頁。

〔註 23〕 田河：《信陽長臺關出土竹書研究概述》，《長春師範學院學報（人文社會科學版）》第 24 卷第 4 期，2005 年 7 月。

〔註 24〕 湖南省文物考古研究所、慈利縣文物保護管理研究所：《湖南慈利石板村 36 號戰國墓發掘簡報》，《文物》1990 年第 10 期；湖南省文物考古研究所、慈利縣文物保護管理研究所：《湖南慈利縣石板村戰國墓》，《考古學報》1995 年第 2 期；張春龍：《慈利楚簡概述》，《新出簡帛研究》，文物出版社，2004 年版，4～11 頁。

之》、《尊德義》、《性自命出》、《六德》、《魯穆公問子思》、《窮達以時》、《唐虞之道》、《忠信之道》、《語叢》四組，其中部分有傳世文本可供參照，如《老子》、《緇衣》，但更多的是沒有傳世文本的先秦佚篇，多為儒家、道家文獻。〔註25〕其內容經湖北省荊門市博物館整理，於 1998 年 5 月由文物出版社以《郭店楚墓竹簡》為名出版公佈。

4、上博竹書

1994 年春，在香港的文物市場上也出現了一批楚簡，張光裕教授將這一情況電告上海博物館的馬承源館長，上海博物館經過鑒定決定出資收購這批楚簡。5 月間，楚簡送抵上海博物館，完、殘簡共 1200 餘支。同年秋冬之際，又出現了一批竹簡，由香港的朱昌言等幾位先生聯合出資收購，捐贈給上海博物館，共 497 支。上海博物館對這批竹簡進行了清理和保護，大致分為 80 餘篇，3 萬餘字，涉及哲學、文學、歷史、政論等方面，除少數有傳世文本可對照外，多為古佚書。其中，郭店竹書中的《緇衣》、《性自命出》，在這批竹簡中有重篇。這批竹簡的出現時間與郭店楚簡的發掘時間相隔不遠，且簡文內容所記史事多與楚國有關，文字字體又是習見的楚文字風格，自然容易使人把二者聯繫起來。但由於這批竹簡是劫餘之物，出土的時間、地點都不清楚，只是傳聞來自湖北，出土地點是否為郭店墓地，也只是推想而已，並無確證。〔註26〕經學者們初步整理後，這批竹書 2001 年以《上海博物館藏戰國楚竹書》為名由上海古籍出版社出版了第一冊，目前已出至第九冊。

5、香港中文大學竹書

除了上海博物館所收藏的那批戰國竹書之外，香港中文大學文物館也曾經在文物市場上收購一批流失的竹簡，其中有戰國竹簡 10 支，後來發表在《香港中文大學文物館藏簡牘》一書中。〔註27〕隨著上博竹書的陸續公佈，經學者研究，香港中文大學文物館所收藏的 10 支戰國竹簡，第 1 支屬於《緇衣》，第 2 支屬於《周易》，第 3 支屬於《子羔》，這三支竹簡分別可以與上博竹書《緇衣》第 9 簡下端、《周易》第 32 簡下端、《子羔》第 12 簡相拼合。港簡

〔註25〕湖北省荊門市博物館：《荊門郭店一號楚墓》，《文物》1997 年第 7 期，35～48 頁。

〔註26〕馬承源主編：《上海博物館藏戰國楚竹書（一）‧前言》，上海古籍出版社，2001 年版，1～4 頁。

〔註27〕陳松長編著：《香港中文大學文物館藏簡牘》，香港中文大學文物館，2001 年版。

第 4 支應歸於《三德》篇。港簡第 5、6、8 字迹與《季康子問於孔子》一致，其中第 6 支或可接在《季康子問於孔子》簡 4 之後。港簡第 10 支與《有皇將起》《鶹鷅》兩篇字迹、形制相同，歸屬待定。〔註28〕可見，這兩批竹簡應是同一墓葬所出。其餘的兩支，我們相信隨著上博竹書的完全公佈，它們也應該能有所歸屬。

6、清華竹書

　　清華大學於 2008 年 7 月入藏了一批校友捐贈的竹書，據《北京晚報》（2009 年 04 月 25 日）報導，經過幾個月來精心地清理保護、初步釋讀及研究工作，最終確定清華簡共為 2388 支（包括少數殘片），北京大學對清華簡無字殘片樣品做了 AMS 碳 14 年代測定，樹輪校正的數據顯示「清華簡」的年代約為公元前 305±30 年，即相當戰國中期偏晚，與由古文字學觀察的估計一致。竹簡中不僅有失傳 2000 多年的《尚書》、編年體史書，還發現了從未出現過的周武王時的樂詩。李學勤先生指出，目前對「清華簡」的研究可以確定以下三點：第一，這批簡的性質是書籍，不是文書以及遣策。第二，這批簡中的書籍大多與歷史有關。如果按照傳統的四部分類，應該屬於經部，但其內涵仍是富於歷史價值的。第三，這批簡裏有《尚書》。另外還有一項重要內容，是一種編年體的史書，所記史事上起西周之初，下到戰國前期，這種史書體裁和已看到的一些文句，都很像《竹書紀年》。以上是報導所述的內容。經過整理，這批竹書 2010 年以《清華大學藏戰國竹簡》為名由中西書局出版了第一冊，目前已出至第三冊。

　　以上是歷史上和現代發現的幾批戰國竹書，歷史上發現的戰國竹書由於沒有實物保存下來，雖不是本書研究的對象，但當時學者對竹書形態的描述及其整理本對我們有借鑒意義。現代發現的六批戰國竹書，或保存狀況太差（如長臺關竹書），難以成篇；或資料尚未正式公佈（如慈利竹書），難見其具體內容，故也不作為本書討論的主體。本書主要研究的對象是郭店竹書、上博竹書、清華竹書，〔註29〕因香港中文大學竹書與上博竹書密切相關，也附於此。

〔註28〕李松儒：《戰國簡帛字迹研究——以上博簡為中心》，吉林大學博士學位論文，指導教師：馮勝君教授，2012 年，205 頁、317 頁。

〔註29〕郭店竹書是考古發掘品，作為一個整體討論其相關的各種問題是沒有問題的，但是上博竹書和清華竹書是購買來的，出土情況不明確，且像上博竹書是分幾批購入的，是否出自同一墓葬很難確定，這給我們討論其相關問題帶來了不便。在目前的情況下，我們暫且把上博竹書和清華竹書都當做同一墓葬的出土品看待，後面的行文中不再做特別說明。

三、本書所涉及的戰國竹書簡介

　　下面把本書主要研究對象郭店竹書、上博竹書、清華竹書各篇的基本情況作一簡單介紹，所引相關數據來源於《郭店楚墓竹簡》〔註30〕、《上海博物館藏戰國楚竹書》（一～九）〔註31〕、《清華大學藏戰國竹簡》（一～三）〔註32〕。

（一）郭店竹書

　　《老子》：現存完、殘簡71支，依形制和契口位置的不同，可分為甲、乙、丙三組，約1750字。甲組39支，兩端呈梯形，簡長32.3釐米，編繩兩道，間距為13釐米。乙組18支，兩端平齊，簡長30.6釐米，編繩兩道，間距13釐米。丙組14支，兩端平齊，簡長26.5釐米，編繩兩道，間距10.8釐米。無篇題。

　　《太一生水》：現存完、殘簡14支，7支完整，7支殘缺。竹簡兩端平齊，整簡長26.5釐米，上下兩道編繩間距10.8釐米。現存305字。竹簡的形制、字體與《老子》丙組相同。無篇題。

　　《緇衣》：現存簡47支，保存完整。竹簡兩端梯形，簡長32.5釐米。編繩兩道，間距12.8～13釐米。每簡字數多在23～25之間，最多者31字。無篇題。上博竹書中有重篇，又見於《禮記》。

　　《魯穆公問子思》：現存完、殘簡8支。完簡兩端梯形，簡長26.4釐米，上下兩道編繩間距為9.6釐米。約300字。無篇題。

　　《窮達以時》：現存完、殘簡15支。兩端梯形，簡長26.4釐米，兩道編繩，間距9.4～9.6釐米。無篇題。

　　《五行》：現存完、殘簡50支。竹簡兩端梯形，簡長32.5釐米。上下兩道編繩，間距約13釐米。全篇現存1144字，分章符號27個。無篇題。馬王堆帛書中有重篇。

　　《唐虞之道》：現存完、殘簡29支，其中22支完整，7支殘斷。竹簡兩

〔註30〕荊門市博物館：《郭店楚墓竹簡》，文物出版社，1998年版。

〔註31〕馬承源主編：《上海博物館藏戰國楚竹書》第一～九冊，上海古籍出版社，2001～2012年。另外，馮勝君先生在《郭店簡與上博簡對比研究》（線裝書局，2007年版）一書中，對郭店竹書和上博竹書前五冊各篇的簡長、簡端形態、編綸、契口、編聯方式、每簡容字等有詳細描述，可參看。

〔註32〕李學勤主編：《清華大學藏戰國竹簡》第一～三冊，中西書局，2010～2012年。

端平齊，整簡長 28.1～28.3 釐米。編繩兩道，間距約 14.3 釐米。整簡字數多在 24～27 之間。無篇題。

《忠信之道》：現存完、殘簡 9 支，簡長 28.2 至 28.3 釐米，兩端平齊。上下兩道編繩，間距 13.5 釐米。無篇題。

《成之聞之》：現存完、殘簡 40 支，其中 38 支完整，2 支殘斷。竹簡兩端梯形，整簡長 32.5 釐米。編繩兩道，間距 17.5 釐米。整簡字數多在 23～25 字之間。無篇題。

《尊德義》：現存完、殘簡 39 支。竹簡兩端梯形，整簡長 32.5 釐米。編繩兩道，間距 17.5 釐米。整簡字數多在 22～25 之間。無篇題。

《性自命出》：現存完、殘簡 67 支，其中 58 支完整，9 支殘斷。竹簡兩端梯形，整簡長 32.5 釐米。編繩兩道，間距 17.5 釐米。整簡字數多在 22～25 之間。無篇題。上博竹書中有重篇。

《六德》：現存完、殘簡 49 支，其中 39 支完整，10 支殘斷，殘簡主要位於全篇前半。竹簡兩端梯形，整簡長 32.5 釐米。編繩兩道，間距 17.5 釐米。整簡字數多在 22～25 之間。無篇題。33、34、36、44 號簡的契口設於左側。《成之聞之》、《尊德義》、《性自命出》、《六德》四篇形制完全相同。〔註33〕

《語叢一》：現存完、殘簡 112 支，加上 8 號殘簡，共 113 支。其中文字殘缺的有 5 支。整簡長 17.2～17.4 釐米，編繩三道。整簡書滿文字者一般 8 字。無篇題。

《語叢二》：現存完、殘簡 54 支，其中殘簡 2 支。整簡長 15.1～15.2 釐米，是郭店簡中簡長最短的一篇。編繩三道。整簡書滿文字者一般 8 字。無篇題。

《語叢三》：現存完、殘簡 72 支，加上荊門市博物館在竹簡養護過程中發現的一支遺簡，共 73 支。其中 65 支完整，7 支殘斷。整簡長 17.6～17.7 釐米。編繩三道。1～16 號簡，契口在右側；17～72 號簡，契口在左側。64 號以後各簡，分上下兩欄書寫。整簡書滿文字者一般爲 8～10 字。無篇題。

《語叢四》：現存完、殘簡 27 支簡，簡長 15.1～15.2 釐米，兩端平齊。

〔註33〕據後來的報導，在《成之聞之》《尊德義》的簡背有數字，見劉祖信、鮑雲豐《郭店楚簡背面記數文字考》（《新出楚簡國際學術研討會會議論文集（郭店・其他簡卷）》，武漢大學，2006 年 6 月）、官瓊梅《郭店楚簡背面新發現的字跡》（《中國文物報》2013 年 5 月 8 日第 8 版），這些數字是否表示竹簡的排序，引起了學者的討論，詳後文。

有上下兩道編線，間距 6～6.1 釐米。現存 403 字，句讀符號 34 個，分章符號 4 個。其中一簡的背面寫有 14 字。無篇題。

（二）上博竹書

1、上博竹書（一）

《孔子詩論》：現存完、殘簡 29 支，完簡 1 支，簡長 55.5 釐米，簡上下皆圓端，三道編繩。完簡 54～57 字。無篇題。

《緇衣》：現存完、殘簡 24 支，完簡 8 支，長 54.3 釐米，三道編繩，簡端呈梯形。完簡 45 字左右。無篇題。

《性情論》：現存完、殘竹簡 40 支，完簡長約 57 釐米，文本抄寫時間可能不一，容字亦有差別。無篇題。與郭店竹書《性自命出》重篇。

2、上博竹書（二）

《民之父母》：現存竹簡 14 支，完簡一支，長 45.8 釐米。竹書有三道編繩，完簡 34 字左右，簡上下留有天頭、地腳。無篇題。

《子羔》：現存竹簡 14 支，其中完簡 3 支，長度在 55.6 釐米左右，完簡 52 字左右，三道編繩。簡 5 的簡背上有「子羔」二字，應是篇題。

《魯邦大旱》：現存竹簡 6 支，完簡長 55.4 釐米，容 51 字左右，簡上有三道編繩。無篇題。

《從政》（甲篇、乙篇）：甲篇共完、殘簡 19 支，完簡長 42.6 釐米左右，容 35～37 字；乙篇共完、殘簡 6 支，形制與甲篇同。三道編繩。無篇題。

《昔者君老》：現存完、殘竹簡 4 支，其中 3 支完簡，1 支殘簡，完簡長 44.2 釐米，簡端平齊，上下端各有留白 1～1.2 釐米，三道編繩。無篇題。

《容成氏》：現存完、殘竹簡 54 支，其中完簡長 44.5 釐米，容 43 字左右，簡 53 的簡背上有「容成氏」三字，應是篇題。竹書簡端平齊，三道編繩。

3、上博竹書（三）

《周易》：現存完、殘竹簡 58 支，涉及 34 卦的內容，完簡長 44 釐米左右，容 43 字上下，簡端平齊，三道編繩。卦名之下或者一卦爻辭之末，分別用紅、黑兩色六種不同的符號來表示。無篇題。這是目前為止所發現的最早的《周易》的抄本。

《仲弓》：現存完、殘竹簡 28 支，其中完簡長 47 釐米左右，容 34～37 字，三道編繩。簡 16 的簡背上，有「仲弓」二字，應是篇題。

《恒先》：現存完、殘竹簡 13 支，大部分保存完整，其中完簡 39.4 釐米，容 37～49 字。簡端平齊，三道編繩。簡 3 的簡背上，有「恒先」二字，應是篇題。

《彭祖》：現存完、殘簡 8 支，其中完簡長約 53 釐米，容 53 字，簡端平齊，三道編繩。無篇題。

4、上博竹書（四）

《采風曲目》：現存殘簡 6 支，最長的一支殘簡長 56.1 釐米，存 34 字，簡端平齊，看不出編繩的痕迹。無篇題。

《逸詩》：本篇存殘簡六支，共 138 字。無篇題。

《昭王毀室・昭王與龏之脽》：現存完、殘竹簡 10 支，其中完簡長 43.7～44 釐米，容 41 字左右。兩篇合抄。無篇題。

《柬大王泊旱》：現存完、殘竹簡 23 支，其中完簡長 24 釐米，容 24～27 字，簡端平齊，兩道編繩。無篇題。

《內禮》：現存完、殘簡 10 支（篇末附殘簡 1 支），其中完簡 4 支，簡長 44.2 釐米，容 37～50 字不等，簡端平齊，三道編繩。簡 1 的簡背，有「內禮」二字，應是篇題。

《相邦之道》：現僅存殘簡 4 支，完簡估計在 51 釐米以上，共 107 字。無篇題。

《曹沬之陣》：現存完簡 45 支，殘簡 20 支，完簡長 46.6～47.5 釐米，容 31～35 字左右。簡 2 的簡背，有「曹沬之陣」四字，應是篇題。

5、上博竹書（五）

《競建內之》：現存完、殘簡 10 支，完簡長 42.8～43.3 釐米，容 22～26 字左右。簡端平齊，三道編繩。簡 1 的簡背，有「競建內之」四字。

《鮑叔牙與隰朋之諫》：現存完、殘簡 9 支，完簡長 40.4～43.2 釐米，容 33～51 字左右。簡端平齊，三道編繩。簡 9 書有「鮑叔牙與隰朋之諫」八字，應是篇題。《競建內之》與《鮑叔牙與隰朋之諫》可連讀。

《季康子問於孔子》：現存完、殘簡 23 支，完簡長 39 釐米，容 34 字左右。簡端平齊，三道編繩。無篇題。

《苦成家父》：現存完、殘簡 10 支，其中完簡 6 支，完簡長 44.2 釐米，容 54 字左右。簡端平齊，三道編繩。無篇題。

《君子爲禮》：現存完、殘簡 16 支，其中完簡 2 支，完簡長 54.1～54.5

釐米，容 42 字左右。簡端平齊，三道編繩。無篇題。

《弟子問》：現存殘簡 25 支，無篇題。

《三德》：現存完、殘簡 22 支，其中完簡 7 支，完簡長 45 釐米，容 45 字左右。簡端平齊，三道編繩。無篇題。

《鬼神之明·融師有成氏》：現存完、殘簡 8 支，完簡長 53 釐米，容 45 字左右。簡端平齊，三道編繩。兩篇合抄，簡 1 有刮削痕迹，簡 2 背面有補抄文字。無篇題。

6、上博竹書（六）

《競公瘧》：現存殘簡 13 支，本篇竹簡在流傳過程中折成上、中、下三段，下段全部遺失，據編痕推算完簡長約 55 釐米，容 55 字左右。簡端平齊，三道編繩。簡 2 上的簡背，有「競公瘧」三字，應是篇題。

《孔子見季桓子》：現存殘簡 27 支，流傳過程中折損嚴重，無完簡。據編痕推算完簡長約 54 釐米，簡端平齊，三道編繩。無篇題。

《莊王既成·申公臣靈王》：現存完、殘簡 9 支，完簡長 33.1～33.9 釐米，容 45 字左右。簡端平齊，兩道編繩。兩篇合抄，簡 1 的簡背，有「莊王既成」四字，應是篇題。

《平王問鄭壽·平王與王子木》：現存完、殘簡 12 支，完簡長 33 釐米，容 26 字左右。簡端平齊，兩道編繩。兩篇合抄。無篇題。

《慎子曰恭儉》：現存完、殘簡 6 支，其中完簡 1 支，完簡長 32 釐米，容 28 字左右。簡端平齊，兩道編繩。無篇題。

《用曰》：現存完、殘簡 20 支，完簡長 46 釐米，容 33 字左右。簡端平齊，三道編繩。無篇題。

《天子建州》（甲篇、乙篇）：甲篇共完、殘簡 13 支，完簡長 46 釐米左右，容 32 字左右；乙篇共完、殘簡 11 支，完簡長 43.5 釐米左右，容 35 字左右。三道編繩。無篇題。

7、上博竹書（七）

《武王踐阼》：現存完、殘簡 15 支，完簡長 41.6～43.7 釐米，容 28～38 字不等。簡端平齊，三道編繩。無篇題。從內容看應是不同的兩篇抄本。

《鄭子家喪》（甲篇、乙篇）：甲篇共完簡 7 支，完簡長 33.1 釐米左右，容 31～36 字不等，簡端平齊，兩道編繩；乙篇共完、殘簡 7 支，完簡長 47.5 釐米左右，容 35 字左右。無篇題。兩篇字體不同。

　　《君人者何必安哉》（甲篇、乙篇）：甲篇共完簡 9 支，完簡長 33.2～33.9 釐米左右，容 24～31 字不等，簡端平齊，兩道編繩；乙篇共完簡 7 支，完簡長 33.5～33.7 釐米左右，容 26～31 字不等，簡端平齊，兩道編繩。無篇題。

　　《凡物流形》（甲篇、乙篇）：甲篇共完簡 30 支，內容完整。個別簡略有殘缺，完簡長 33.6 釐米左右，容 25～32 字不等，簡端平齊，兩道編繩；乙篇存簡 22 支，完簡長 40 釐米左右，容 37 字左右，簡端平齊，兩道編繩。無篇題。

　　《吳命》：現存完、殘簡 9 支，其中完簡 1 支，完簡長 52 釐米，容 54～66 字左右。簡端平齊，兩道編繩。簡 3 的簡背，有「吳命」二字，應是篇題。

　　8、上博竹書（八）

　　《子道餓》：現存完、殘簡 6 支，其中完簡 2 支，完簡長 44 釐米左右，容 35 字左右。簡端平齊，三道編繩。無篇題。

　　《顏淵問於孔子》：現存完、殘簡 14 支，其中簡 7 基本完整，其他皆殘斷，完簡長 46.2 釐米左右，容 31 字左右。簡端平齊，三道編繩。無篇題。

　　《成王既邦》：現存完、殘簡 16 支，其中完簡 2 支，完簡長 45.6 釐米左右，容 35 字左右。簡端平齊，三道編繩。無篇題。

　　《命》：現存完簡 11 支，完簡長 33.1～33.4 釐米，容 25～29 字。簡端平齊，兩道編繩。簡 11 的簡背，有「命」字，應是篇題。

　　《王居》：現存完、殘簡 7 支，其中完簡 4 支，完簡長 33.1～33.2 釐米，容 23～25 字。簡端平齊，兩道編繩。簡 1 的簡背，有「王居」二字，應是篇題。

　　《志書乃言》：現存完簡 8 支，完簡長 33.1～33.2 釐米，容 23～25 字。簡端平齊，兩道編繩。無篇題。

　　《李頌》：現存完、殘簡 3 支，其中簡 1 兩面皆書寫文字，完簡長 53 釐米，容 57 字。簡端平齊，三道編繩。無篇題。

　　《蘭賦》：現存完、殘簡 5 支，其中完簡 1 支，完簡長 53 釐米，容 48 字。簡端平齊，三道編繩。無篇題。

　　《有皇將起》：現存完、殘簡 6 支，其中完簡 3 支，完簡長 42 釐米，容 39 字。簡端平齊，三道編繩。無篇題。

　　《鶹鷅》：現存簡 2 支，皆殘斷。簡端平齊，兩道編繩。無篇題。

9、上博竹書（九）

《成王爲城濮之行》（甲篇、乙篇）：甲篇現存完、殘簡 5 支，其中完簡 4 支，完簡長 33.1～33.3 釐米左右，容 22～33 字不等，簡端平齊，兩道編繩；乙篇現存完、殘簡 4 支，其中完簡 2 支，完簡長 33.3 釐米左右，容 25 字左右，簡端平齊，兩道編繩。無篇題。

《靈王遂申》：現存完簡 5 支，完簡長 33.3 釐米，容 29～36 字。簡端平齊，兩道編繩。無篇題。

《陳公治兵》：現存完、殘簡 20 支，其中完簡 9 支，完簡長 44 釐米，容 34～38 字。簡端平齊，三道編繩。無篇題。

《舉治王天下（五篇）》：本卷是連續抄寫的五篇，篇與篇之間以墨節爲界。現存完、殘簡 35 支，其中完簡 5 支，完簡長 44.5 釐米左右，容 35 字左右。簡端平齊，三道編繩。無篇題。

《邦人不稱》：現存完、殘簡 13 支，其中完簡 6 支，完簡長 33 釐米，容 32～34 字。簡端平齊，兩道編繩。無篇題。

《史蒥問於夫子》：現存簡 12 支，皆殘斷。簡端平齊，兩道編繩。無篇題。

《卜書》：現存完、殘簡 10 支，其中完簡 4 支，完簡長 43.5 釐米左右，容 34 字左右。簡端平齊，三道編繩。無篇題。簡下端標有標記簡序的數目字，且簡背有劃痕。

（三）清華竹書

1、清華竹書（一）

《尹至》：現存完、殘簡 5 支，其中完簡 4 支，簡 2 上端略殘，完簡長 45 釐米，容 29～32 字。簡端平齊，三道編繩。無篇題。簡背有標記簡序的數目字，且簡背有劃痕。

《尹誥》：現存完、殘簡 4 支，其中完簡 3 支，簡 4 上端略殘，完簡長 45 釐米，容 31～34 字。簡端平齊，三道編繩。無篇題。簡背有標記簡序的數目字，且簡背有劃痕。與《尹至》篇形制、字迹一致。

《程寤》：現存完簡 9 支，完簡長 45 釐米，容 33 字左右。簡端平齊，三道編繩。無篇題。

《保訓》：現存完、殘簡 11 支，其中完簡 10 支，完簡長 28.5 釐米，容

22～24 字。簡端平齊，兩道編繩。無篇題。

《耆夜》：現存完、殘簡 14 支，其中完簡 10 支，完簡長 45 釐米，容 27
～31 字。簡端平齊，三道編繩。簡背有標記簡序的數目字。簡 14 的簡背，有
「耆夜」二字，應是篇題。

《周武王有疾周公所自以代王之志（金縢）》：現存完、殘簡 14 支，其中
完簡 12 支，完簡長 45 釐米，容 30 字左右。簡端平齊，三道編繩。簡背有標
記簡序的數目字。簡 14 的簡背，有「周武王有疾周公所自以代王之志」十四
字，應是篇題。本篇內容與傳世《尚書·金縢》大致相合。

《皇門》：現存完、殘簡 13 支，其中完簡 12 支，完簡長 44.4 釐米，容
39～42 字。簡端平齊，三道編繩。簡背有標記簡序的數目字。無篇題。本篇
內容與傳世《逸周書·皇門》大致相合。

《祭公之顧命（祭公）》：現存完、殘簡 21 支，其中完簡 18 支，完簡長
44.4 釐米，容 23～32 字。簡端平齊，三道編繩。簡背有標記簡序的數目字。
簡 21 的簡背，有「祭公之顧命」五字，應是篇題。本篇內容與傳世《逸周書·
祭公》大致相合。

《楚居》：現存完、殘簡 16 支，其中完簡 12 支，完簡長 47.5 釐米，容
37～48 字。簡端平齊，三道編繩。簡背有標記簡序的數目字。無篇題。

2、清華竹書（二）

《繫年》：現存完、殘簡 138 支，除個別簡有殘損外大都保存完好，完簡
長 44.6～45 釐米，容 30 字左右。簡端平齊，三道編繩。除最後一簡外，簡背
有標記簡序的數目字。無篇題。

3、清華竹書（三）

《說命（上、中、下）》：分為三篇，現存完、殘簡 23 支，其中上、中兩
篇各 7 支，保存完好，下篇現存 9 支，保存基本完好，缺第一支。三篇不連
抄，各自成篇，每篇的最後一支簡簡背有「傅說之命」四字，應是篇題，《書
序》中有「作《說命》三篇」之語，整理者認為此篇即失傳的《說命》三篇，
故把此篇命名為《說命》。〔註34〕完簡長 45 釐米，容 30 字左右。簡端平齊，

〔註34〕依《清華竹書（一）》「凡例」中所說的「竹簡各篇，凡原有篇題者以原篇題
　　　　為名，無篇題者由整理者擬定」來看，《周武王有疾周公所自以代王之志（金
　　　　縢）》篇的命名方式，遵循了這樣的命名原則，即竹書本身有篇題的應以竹書
　　　　為準，其在傳世典籍中有對應篇章的則用括號注出傳世典籍中的篇題，這表

三道編繩。簡背有標記簡序的數目字。

《周公之舞琴》：現存完、殘簡 17 支，其中完簡 16 支，完簡長 44.7 釐米，容 30 字左右。簡端平齊，三道編繩。簡背有標記簡序的數目字。簡 1 的簡背，有「周公之舞琴」五字，但此五字與本篇內容毫無聯繫，應該不是篇題。本篇與下篇《芮良夫毖》形制、字迹相同，《芮良夫毖》簡 1 的簡背有「周公之頌志」，曾被刮削，字迹模糊，「周公之頌志」或為本篇之篇題。

《芮良夫毖》：現存完、殘簡 28 支，其中拼綴後的完簡 21 支，完簡長 44.7 釐米，容 30 字左右。簡端平齊，三道編繩。簡背有標記簡序的數目字。簡 1 的簡背有「周公之頌志」，曾被刮削，字迹模糊，整理者認為非本篇篇題，而據簡文內容題為《芮良夫毖》。

《良臣》：現存完簡 11 支，完簡長 32.8 釐米，容 25 字左右。簡端平齊，三道編繩。簡背有標記簡序的數目字。無篇題。

《祝辭》：現存完簡 5 支，完簡長 32.8 釐米，容 25 字左右。簡端平齊，三道編繩。無篇題。

《赤鵠之集湯之屋》：現存完、殘簡 15 支，其中完簡 13 支，完簡長 45 釐米，容 30 字左右。簡端平齊，三道編繩。簡背有標記簡序的數目字，且簡背有劃痕。簡 15 的簡背，有「赤鵠之集湯之屋」七字，應是篇題。

以上是本書所涉及且已公佈的三批竹書的基本情況，需要說明的是這些數據只是整理者的初步統計，隨著研究的深入，有些篇章的竹簡有拼合，不同篇之間的竹簡有互相調整的可能，所以以上數據並不是確定的。從中可以看出，各批竹書的竹簡形制基本沒有什麼規律可言，竹簡有長有短，每支簡的字數也不固定，有疏有密，編繩兩道或三道，可能與竹簡的長度有關，為了固定編繩的契口一般是在竹簡的右側，但也有個別的是在左側；各批竹書的抄寫者也非一人，甚至有的同一篇文章由不同人共同抄寫完成，上博竹書中多見同一篇章由不同人分別抄寫完成的情況，即出現內容相同但書寫者不同的兩個抄本的情況，而另外兩批則沒有這種情況出現；郭店竹書幾乎都沒有篇題，而上博竹書和清華竹書則部分有篇題，上博竹書的篇題多書寫在正數或倒數第 3 支竹簡的背面，清華竹書的篇題一般都在最後一簡的背面；郭

明書寫者與後世的整理者對文本的理解命名有所不同，也是為了保持竹書原貌。但此篇整理者卻捨棄竹書原有篇題不用，而用傳世典籍中的《說命》作為篇題，亂了體例，讓人難以理解。

店竹書除了極個別篇章外（簡背有數字的篇章，也不是每簡都有，而是斷續的，且不能確定就是為了標明簡序的），簡背都沒有標記簡序的數目字，上博竹書只有《卜書》在每支簡的正面下端有標記簡序的數目字，清華竹書則有不少篇章簡背標有連續且是為了標記簡序的數目字，有的簡背還有劃痕，為竹書的整理帶來了便利。由於上博竹書和清華竹書還沒有完全公佈，現有的研究多集中於具體的篇章或每一批竹書各自的相關問題，如郭店竹書和墓主的身份等，上述三批竹書的不同之處還沒有引起學界的關注。這些不同或許與每批竹書的製作者、管理者、收藏者有關，或許與時間、地域有關，其中透漏出的戰國時期書籍的製作、流傳、收藏、閱讀等信息，值得進一步探討。

四、近年來戰國竹書研究概況

　　雖然簡帛學在 20 世紀取得了長足的發展，但由於過去發現的戰國竹書較少，保存狀況較差，戰國竹書並沒有被作為一個獨立的研究對象來看待，而僅是簡帛學的一個分支，只是在有關簡帛學的綜合性論著中有涉及戰國竹書的部分，如《二十世紀簡帛學研究》〔註 35〕、《簡帛文獻學通論》〔註 36〕、《二十世紀出土簡帛綜述》〔註 37〕、《簡牘帛書格式研究》〔註 38〕、《當代中國簡帛學研究（1949～2009）》〔註 39〕、《楚簡冊概論》〔註 40〕，其中都有論述「簡帛書籍」的專門章節，談到了戰國竹書的一些情況。如果說以往簡帛學還只是受到古文字學界和歷史學界的關注的話，從郭店竹書公佈以來，這一狀況有了極大的改變，簡帛學也受到越來越多的文學、哲學等學科的學者的關注。簡帛學因戰國竹書的出土更加繁盛，稱之為顯學一點也不過分。郭店竹書公佈的當年，就分別在中國和美國舉行了兩次大型國際學術研討會。國內及日本、美國都成立了專門的研究組織，國際間的交流合作也日益加強。

　　由於材料自身的特性以及發掘流傳過程中的損毀，我們現在所能看到的

〔註 35〕沈頌金：《二十世紀簡帛學研究》，學苑出版社，2003 年版。
〔註 36〕張顯成：《簡帛文獻學通論》，中華書局，2004 年版。
〔註 37〕駢宇騫、段書安編著：《二十世紀出土簡帛綜述》，文物出版社，2006 年版。
〔註 38〕程鵬萬：《簡牘帛書格式研究》，吉林大學博士學位論文，指導教師：吳振武教授，2006 年。
〔註 39〕李均明等：《當代中國簡帛學研究》，中國社會科學出版社，2011 年版。
〔註 40〕陳偉：《楚簡冊概論》，湖北教育出版社，2012 年版。

戰國竹書的實物基本上都是沒有編繩的，竹簡散亂無序，且多有殘斷。從文獻整理的角度看，首先要做的就是竹書復原，即根據竹簡的形制、字體等盡可能地恢復其原貌；其次是文字的釋讀、文意的疏通；然後是文獻比勘，即判定其與其他文獻的關係等。當然，在實際的研究過程中這三個方面往往是不可分的，綜合運用方能取得更好的效果。下面就從竹書復原、文字考釋、文獻比勘三個方面介紹一下近年來戰國竹書的研究概況。

1、竹書復原

竹書復原是出土文獻研究的第一步，對於戰國竹書來說更是研究的基礎工作，這一工作的好壞直接影響到對戰國竹書的理解與應用。郭店竹書是發掘品，比較完整，保存狀況相對較好，加上原整理者的出色工作，所以在編聯方面的問題較少。竹書公佈後，李家浩〔註41〕、王博〔註42〕、陳劍〔註43〕、陳偉〔註44〕、廖名春〔註45〕、龐樸〔註46〕等先生對《老子》乙、《窮達以時》、《唐虞之道》、《成之聞之》、《尊德義》、《語叢一》、《語叢四》等篇的簡序作了很好的調整，爲以後的研究奠定了基礎。此外，陳劍、廣瀨薰雄、鄧少平、黃傑四位先生根據後來公佈的信息，討論了《尊德義》和《成之聞之》的簡背數字與其簡序的關係。〔註47〕福田哲之先生專門檢討了各家對《語叢三》的排序意見。〔註48〕顧史考先生對《尊德義》中幾處整理者沒有說明的竹簡

〔註41〕 李家浩：《關於郭店〈老子〉乙組一支殘簡的拼讀》，《中國文物報》，1998年10月28日；《讀〈郭店楚墓竹簡〉瑣議》，《郭店楚簡研究》（《中國哲學》第二十輯），遼寧教育出版社，1999年版。

〔註42〕 王博：《關於郭店楚墓竹簡分篇與連綴的幾點想法》，《郭店簡與儒學研究》（《中國哲學》第二十一輯），遼寧教育出版社，2000年版。

〔註43〕 陳劍：《郭店簡〈窮達以時〉、〈語叢四〉的幾處簡序調整》，《國際簡帛研究通訊》第二卷第五期，2002年版。

〔註44〕 陳偉：《郭店竹書別釋》，湖北教育出版社，2002年版。

〔註45〕 廖名春：《郭店楚簡儒家著作考》，《孔子研究》1998年第3期。

〔註46〕 龐樸：《初讀郭店楚簡》，《歷史研究》1998年第4期。

〔註47〕 陳劍：《郭店簡〈尊德義〉和〈成之聞之〉的簡背數字與其簡序關係的考察》，《簡帛》第二輯，上海古籍出版社，2007年版；廣瀨薰雄：《郭店楚簡〈尊德義〉和〈成之聞之〉的簡背數字補論》，簡帛網，2008年2月19日；鄧少平：《由簡背數字論郭店〈成之聞之〉「天常」章的位置》，復旦大學出土文獻與古文字研究中心網，2010年3月22日；黃傑：《新見有關郭店簡〈尊德義〉等篇編聯的重要信息》，簡帛網，2013年6月6日。

〔註48〕 福田哲之：《郭店楚簡〈語叢三〉之再探討》，《中國出土文獻與戰國文字之研究》，萬卷樓圖書股份有限公司，2005年版。

拼合提出了很好的意見。〔註49〕

　　上博竹書是由盜墓者盜掘而得的，幾經轉手，最後由上海博物館分幾批入藏，其保存狀況較差，竹簡損毀嚴重，很多篇章都不完整，在陸續公佈後，關於其竹書復原問題，學界展開了熱烈的探討。這其中陳劍先生取得的成果最多，在其所寫的一系列論文中，分別對《孔子詩論》、《子羔》、《從政》、《仲弓》、《曹沫之陣》、《競建內之》、《鮑叔牙與隰朋之諫》、《季康子問於孔子》、《君子為禮》、《弟子問》、《三德》、《孔子見季桓子》等篇的簡序作了調整。〔註50〕此外，劉信芳〔註51〕、裘錫圭〔註52〕、李學勤〔註53〕、福田哲之〔註54〕、龐樸〔註55〕、董珊〔註56〕、白於藍〔註57〕、郭永秉〔註58〕、陳斯鵬〔註59〕等先生也有所探討。〔註60〕李松儒先生的《戰國簡帛字迹研

〔註49〕顧史考：《郭店楚簡〈尊德義〉篇簡序調整三則》，復旦大學出土文獻與古文字研究中心網，2010 年 12 月 15 日。

〔註50〕陳劍：《〈孔子詩論〉補釋一則》，《國際簡帛研究通訊》第二卷第三期，2002年版；《上博簡〈子羔〉、〈從政〉篇的竹簡拼合與編連問題小議》，簡帛研究網，2003 年 1 月 8 日；《上博竹書〈仲弓〉篇新編釋文（稿）》，簡帛研究網，2004 年 4 月 18 日；《談談〈上博（五）〉的竹簡分篇、拼合與編聯問題》，簡帛網，2006 年 2 月 19 日；《〈上博（六）‧孔子見季桓子〉重編新釋》，復旦大學出土文獻與古文字研究中心網，2008 年 3 月 22 日。

〔註51〕劉信芳：《孔子詩論述學》，安徽大學出版社，2003 年版。

〔註52〕裘錫圭：《談談上博簡〈子羔〉篇的簡序》，上海大學古代文明研究中心、清華大學思想文化研究所編《上博館藏戰國楚竹書研究續編》，上海書店出版社，2004 年版，9 頁。

〔註53〕李學勤：《楚簡〈子羔〉研究》，《上博館藏戰國楚竹書研究續編》，13 頁；《〈詩論〉簡的編聯與復原》，《中國哲學史》2002 年第 1 期。

〔註54〕福田哲之：《上博四〈內禮〉附簡、上博五〈季康子問於孔子〉第十六簡的歸屬問題》，簡帛網，2006 年 3 月 7 日。

〔註55〕龐樸：《〈恒先〉試讀》，簡帛研究網，2004 年 4 月 26 日。

〔註56〕董珊：《讀〈上博藏戰國楚竹書（四）〉雜記》，簡帛研究網，2005 年 2 月 20 日。

〔註57〕白於藍：《〈容成氏〉編連問題補議》，《華南師範大學學報》2004 年 4 期；《上博簡〈曹沫之陣〉新編釋文》，簡帛研究網，2005 年 4 月 10 日；《〈曹沫之陣〉新編釋文及相關問題探討》，《中國文字》新三十一期，藝文印書館，2006 年。

〔註58〕郭永秉：《從上博楚簡〈容成氏〉的「有虞迵」說到唐虞史事的疑問》，簡帛研究網，2005 年 11 月 7 日。

〔註59〕陳斯鵬：《上海博物館藏楚簡〈曹沫之陫〉釋文校理稿》，簡帛研究網，2005年 2 月 20 日；《〈柬大王泊旱〉編聯補議》，簡帛研究網，2005 年 3 月 10 日。

〔註60〕各家對郭店竹書和上博竹書（一～五）簡序調整的具體情況，可參看白於藍師《簡牘帛書通假字字典‧前言》（福建人民出版社，2008 年版）「二、竹簡的編聯與拼接」。

究——以上博簡爲中心》從字迹學的角度對上博竹書各篇的字體進行了分析，其結論證明了此前學者的分篇意見，並爲上博竹書的分篇歸類提供了很好的幫助。〔註61〕

　　清華竹書目前只公佈了三冊，由於不少篇章簡背都有標記簡序的數目字，爲竹書的復原帶來了很大的便利，公佈後很少有竹簡排序方面的問題。但其中最早公佈的一篇《保訓》，簡背沒有數字，整理者的排序存在問題，白於藍師對之做了的調整。〔註62〕簡背沒有數字的《程寤》，整理者所排的簡序也存在問題。〔註63〕

2、文字考釋

　　戰國文字研究作爲古文字研究中的一個分支，近些年來隨著出土戰國文字資料的增多取得了很大的進步，對戰國竹書文字的研究有很大的促進作用。與其他戰國文字資料相比，戰國竹書文字有其自身的特點，故對戰國竹書文字的考釋除了應遵循一般的古文字考釋方法外，還應探尋其自身的特點。例如戰國竹書因有傳世文本或其他文本的對照，其中的難字往往可以迎刃而解；其中的個別殘字也可以通過上下文意的疏通而得到釋讀；某些篇章用韻，通過韻部的聯繫可以爲文字釋讀提供線索。這些便利的條件，大大提高了戰國竹書文字的考釋水平，並可以糾正其他文字資料的誤釋。

　　由於網絡技術的便利，戰國竹書每每剛一公佈，各專業網站〔註64〕上的研究論文便大量湧現，這其中以文字考釋的文章居多。在各種相關的學術期刊及《古文字研究》、《出土文獻研究》、《簡帛研究》、《簡帛》、《出土文獻》等學術集刊上也有大量的關於戰國竹書的研究文章，因素量太大，此不贅述。

　　除了單篇的研究文章外，還有學者對郭店竹書作全面的文字校釋，如李

〔註61〕 李松儒：《戰國簡帛字迹研究——以上博簡爲中心》，吉林大學博士學位論文，指導教師：馮勝君教授，2012年。

〔註62〕 白於藍：《清華簡〈保訓〉篇竹簡編連問題芻議》，復旦大學出土文獻與古文字研究中心編《中國古文字研究會第十九屆學術年會散發論文合集》，2012年10月，7～11頁。

〔註63〕 復旦大學出土文獻與古文字研究中心研究生讀書會：《清華簡〈程寤〉簡序調整一則》，復旦大學出土文獻與古文字研究中心網，2011年1月5日。

〔註64〕 目前有關簡帛研究的學術網站主要有「簡帛研究網」、「簡帛網」（武漢大學）、「復旦大學出土文獻與古文字研究中心網」（復旦大學）、「清華大學出土文獻研究與保護中心網」（清華大學）。

零先生的《郭店楚簡校讀記》〔註65〕、劉釗先生的《郭店楚簡校釋》〔註66〕
等，陳偉等先生的《楚地出土戰國簡冊〔十四種〕》對郭店竹書有全面的校訂
〔註67〕；關於上博竹書則有季旭昇先生主編的《〈上海博物館藏戰國楚竹書〉
讀本》〔註68〕系列。劉傳賓先生的《郭店竹簡研究綜論（文本研究篇）》對郭
店竹書公佈以來的研究做了整體的綜述，較有參考價值。〔註69〕李天虹先生
的《楚國銅器與竹簡文字研究》對郭店竹書和上博竹書的相關問題和疑難字
進行了很好的介紹和梳理。〔註70〕另外還有大量的碩博論文對戰國竹書的某
一篇或某一類進行深入的研究。戰國竹書文字作爲戰國文字的主要類別，在
古文字系譜中有著重要的地位，起著承上啓下的作用，戰國竹書文字的正確
釋讀不但豐富了我們對戰國文字的認識，也爲我們對甲骨金文及其他類型戰
國文字的釋讀提供了線索，提高了古文字研究的水平。學者在研究過程中，
利用這些成果研究其他類型的古文字取得了不少成績，一些過去難以釋讀或
釋讀有誤的古文字得到了正確的釋讀。此外，學者根據戰國竹書文字的用字
習慣和字形特點，校補《說文》、校讀古書也都取得了不少成果。

　　文字編是反映文字釋讀水平的重要形式，目前關於戰國竹書的文字編主
要有《郭店楚簡文字編》〔註71〕、《上海博物館藏戰國楚竹書（一～五）文
字編》〔註72〕、《上博藏戰國楚竹書字彙》〔註73〕，《戰國文字編》〔註74〕、
《楚文字編》〔註75〕、《楚系簡帛文字編（增訂本）》〔註76〕也有重要的參考
價值。清華竹書則在每冊的後面附有本冊內容的字形表，爲讀者帶來了便
利。多用通假是戰國竹書文字的一個顯著特徵，對通假字的研究是釋讀戰國

〔註65〕李零：《郭店楚簡校讀記（增訂本）》，北京大學出版社，2003 年版。
〔註66〕劉釗：《郭店楚簡校釋》，福建人民出版社，2003 年版。
〔註67〕陳偉等：《楚地出土戰國簡冊〔十四種〕》，經濟科學出版社，2009 年版。
〔註68〕季旭昇主編：《〈上海博物館藏戰國楚竹書〉讀本》，萬卷樓圖書股份有限公司。
〔註69〕劉傳賓：《郭店竹簡研究綜論（文本研究篇）》，吉林大學博士學位論文，指導
　　　　教師：馮勝君教授，2010 年。
〔註70〕李天虹：《楚國銅器和竹簡文字研究》，湖北教育出版社，2012 年版。
〔註71〕張守中：《郭店楚簡文字編》，文物出版社，2000 年版。
〔註72〕李守奎、曲冰、孫偉龍編著：《上海博物館藏戰國楚竹書（一～五）文字編》，
　　　　作家出版社，2007 年版。
〔註73〕饒宗頤主編：《上博藏戰國楚竹書字彙》，安徽大學出版社，2012 年版。
〔註74〕湯余惠主編：《戰國文字編》，福建人民出版社，2001 年版。
〔註75〕李守奎：《楚文字編》，華東師範大學出版社，2003 年版。
〔註76〕滕壬生：《楚系簡帛文字編（增訂本）》，湖北教育出版社，2008 年版。

竹書文字的一個關鍵，白於藍師的《簡牘帛書通假字字典》〔註77〕是第一部專門收錄戰國竹書通假字的字典，該書增訂後以《戰國秦漢簡帛古書通假字彙纂》為名於 2012 年重版，內容更為豐富。劉信芳先生的《楚簡帛通假彙釋》〔註78〕也是一部專門收錄楚系簡帛通假字的字典，其中包括我們所討論的信陽長臺關竹書、郭店竹書、上博竹書的前六冊。陳斯鵬先生的《楚系簡帛中字形與音義關係研究》〔註79〕是一部專門探討楚系簡帛字形與音義關係的著作，對瞭解戰國竹書文字字形與音義關係很有幫助。

3、文獻比勘

我們現在看到的戰國竹書，有的有傳世文本，如《老子》、《周易》、《緇衣》、《武王踐阼》、《尹至》、《周武王有疾周公所自以代王之志》等；有的有不同的出土文本，如《老子》、《周易》、《五行》等；有的則是有兩種竹書文本，或是同一抄手所抄或是兩個不同的抄手所抄，如《緇衣》、《性自命出》、《天子建州》、《鄭子家喪》、《君人者何必安哉》、《凡物流形》等；還有一種是部分內容與傳世文獻中的某些內容非常相似，如《民之父母》與《禮記‧孔子閒居》和《孔子家語‧論禮》、《競公瘧》與《晏子春秋》、《平王與王子木》與《說苑‧辨物》等。這一方面可以幫助提高竹書的釋讀水平，同時也可以用來校訂不同文本之間的訛誤脫漏，學術界關於《老子》、《周易》、《緇衣》的研究已有多本專著，分別從不同方面對之進行了很好的研究。〔註80〕但就像裘錫圭先生所指出的那樣，學者在研究過程中往往有「趨同」或「立異」兩種傾向，〔註81〕都是應該避免的。夏含夷先生認為：「古文字學家通常以為傳統文獻是閱讀出土文獻的鑰匙。我一點不

〔註77〕白於藍：《簡牘帛書通假字字典》，福建人民出版社，2008 年版。

〔註78〕劉信芳：《楚簡帛通假彙釋》，高等教育出版社，2011 年版。

〔註79〕陳斯鵬：《楚系簡帛中字形與音義關係研究》，中國社會科學出版社，2011 年版。

〔註80〕劉信芳：《荊門郭店竹簡〈老子〉解詁》，臺北藝文印書館，1999 年版；丁原植：《郭店竹簡〈老子〉釋析與研究》，臺北：萬卷樓圖書公司，1999 年增修版；尹振環：《楚簡老子辨析》，中華書局，2001 年版；劉大鈞：《今、帛、竹書〈周易〉綜考》，上海古籍出版社，2005 年版；侯乃峰：《〈周易〉文字彙校集釋》，臺灣古籍出版有限公司出版，2009 年版；馮勝君：《郭店簡與上博簡對比研究》，線裝書局，2008 年版。

〔註81〕裘錫圭：《中國古典學重建中應該注意的問題》，《北京大學中國古文獻研究中心集刊（二）》，北京燕山出版社，2001 年，後收入《中國出土古文獻十講》，復旦大學出版社，2004 年版。

否認傳統文獻常常能夠起這樣的作用。然而，我不相信任何的鑰匙能夠打開所有的門。有的時候門已經開著，我們只要進入直接閱讀所寫的文字。不但如此，有的時候我們要閱讀出土文獻，傳統文獻會變成一種手銬。我們過去所看的古書都是漢人編的；因此，他們的偏見也成為我們的偏見。現在我們終於有一個機會超越這種媒介，直接看看先秦時代的文獻。我們如果堅持我們舊有的閱讀習慣，一定要通過漢人的眼光看古文字資料，恐怕我們會失掉某些極其難得的信息。」〔註82〕這些都是我們研究中應該注意的。對郭店竹書和上博竹書某些篇章的部分內容與傳世典籍的關係，系統對比研究的主要有劉嬌先生的《西漢以前古籍中相同或類似內容重複出現現象的研究》〔註83〕和單育辰的《楚地戰國簡帛與傳世文獻對讀之研究》〔註84〕。更多的則是沒有其他文本的佚籍，如《性自命出》、《太一生水》、《孔子詩論》、《容成氏》、《恒先》、《曹沫之陣》等，這些篇章對我們來說是全新的，通過對它們的研究，可以使我們更清楚地認識先秦時期學術思想的產生與交流情況，已有學者對其在先秦學術思想上的地位作了討論，如丁四新先生的《郭店楚墓竹簡思想研究》〔註85〕、郭沂先生的《郭店竹簡與先秦學術思想》〔註86〕、李零先生的《簡帛古書與學術源流》〔註87〕、曹峰先生的《上博楚簡思想研究》〔註88〕、李銳先生的《新出簡帛的學術探索》〔註89〕、王中江先生的《簡帛文明與古代思想世界》〔註90〕、夏含夷先生的《重寫中國古代文獻》〔註91〕、顧史考先生的《郭店楚簡先秦儒書宏微觀》〔註92〕等。通過戰國竹書與傳世典籍的比勘，來判定某些戰國竹書的學派屬性有利於我們考察戰國時期各派之間的思想交流，但在實際

〔註82〕 夏含夷：《簡論「閱讀習慣」：以上博〈周易・菉〉卦為例》，「2008 年國際簡帛論壇」論文。

〔註83〕 劉嬌：《西漢以前古籍中相同或類似內容重複出現現象的研究》，復旦大學博士學位論文，指導教師：裘錫圭教授，2009 年。

〔註84〕 單育辰：《楚地戰國簡帛與傳世文獻對讀之研究》，吉林大學博士學位論文，指導教師：吳振武教授，2010 年。

〔註85〕 丁四新：《郭店楚墓竹簡思想研究》，東方出版社，2000 年版。

〔註86〕 郭沂：《郭店竹簡與先秦學術思想》，上海教育出版社，2001 年版。

〔註87〕 李零：《簡帛古書與學術源流》，三聯書店，2004 年版。

〔註88〕 曹峰：《上博楚簡思想研究》，萬卷樓圖書股份有限公司，2006 年版。

〔註89〕 李銳：《新出簡帛的學術探索》，北京師範大學出版社，2010 年版。

〔註90〕 王中江：《簡帛文明與古代思想世界》，北京大學出版社，2011 年版。

〔註91〕 夏含夷：《重寫中國古代文獻》，上海古籍出版社，2012 年版。

〔註92〕 顧史考：《郭店楚簡先秦儒書宏微觀》，上海古籍出版社，2012 年版。

的研究中也存在一些問題需要引起我們的重視。

　　清華竹書的研究則處於起步階段，就目前已公佈的三冊來看，其內容多為與歷史有關的記載及與《尚書》、《逸周書》有關或相似的篇章，為弄清這些古書的來源和真偽提供了比勘的文本，集中的研究主要有李學勤先生的《初識清華簡》，對前三冊的內容作了很好的探討。〔註93〕

五、本課題的研究價值及本書的主要內容

　　如前所述，戰國竹書研究的興起當以1998年郭店竹書的公佈為標誌。十餘年來學者對戰國竹書的研究多以單篇或某一類別為對象，而缺少整體的研究。隨著三批竹書的陸續公佈，學界的研究熱情也持續高漲，積累了大量的研究成果，毋庸諱言，這些成果良莠不齊，但任何學科的進步都是由不斷總結前輩的經驗教訓而來的，因此對這十餘年來的研究成果進行梳理總結，為以後的研究提供借鑒應該是一件有益的事。吳振武先生在給李守奎等先生編著的《上海博物館藏戰國楚竹書（一～五）文字編》所寫的序中曾說，「我希望將來有人來寫一部古文字或古文字資料發明史，看看那些成功的、半成功的以及失敗的經驗，是如何促進了這門學科的成長並不斷豐富著我們的知識，更可藉此昭示古文字學者的智慧——也就是人類的智慧——所能達到的高度。」〔註94〕古文字如此，整個戰國竹書的研究也是如此，這也正是本課題的研究價值所在。〔註95〕

　　本書為探討戰國竹書的研究方法而作，與別的研究一樣，學者在研究戰國竹書的過程中都有自己所遵循的方法，這些方法或顯或隱，有的成功有的失敗，片言隻語中往往包含著有用的信息。本書擬從大量的研究論文中選取或成功或失敗的典型例子，探討其得失，分析其原因，為以後研究之借鑒。

　　本書主要分為三大部分。

　　第一部分是緒論，首先是對戰國竹書的界定，把戰國竹書從出土戰國文獻資料中分離出來，作為一個獨立的研究對象；其次是有關戰國竹書的發現、

〔註93〕 李學勤：《初識清華簡》，中西書局，2013年版。
〔註94〕 吳振武：《上海博物館藏戰國楚竹書（一～五）文字編·序》，作家出版社，2007年版。
〔註95〕 李零先生在《簡帛古書與學術源流》一書的第五講「簡帛古書的整理與研究」中，結合自己整理上博竹書的經驗，探討了戰國竹書整理和研究中的一些問題，可參看。

本書所涉及的戰國竹書及近年來戰國竹書研究概況的簡介；最後是本問題的研究價值和研究方法。

第二部分分爲三章，分別從竹書復原、文字考釋、文獻比勘三個方面探討戰國竹書的研究方法。在總結十餘年來大量研究成果的基礎上，梳理分析戰國竹書研究的經驗教訓，爲以後的研究提供借鑒。這部分是本書的主體部分。

第三部分是筆者學習研究戰國竹書過程中的一些心得，如《老子》甲篇中一個學者一般都釋爲「守」的字，筆者認爲應釋爲「御」；對《成之聞之》篇「受次」及相關問題的釋讀；對《容成氏》篇相關問題的探討等，權作爲對以往學者研究的補充。

最後，有幾個問題需要在此說明。1、李零先生《簡帛古書與學術源流》一書的第五講「簡帛古書的整理與研究」，把整理和研究分爲兩個不同的層次，大致把竹簡的發掘、保護、拼對、復原歸爲整理，而把內容的釋讀、考證等稱爲研究，其實前期的整理工作是對竹書的初步研究，並且如李零先生所言，竹簡拼合、復原與內容的釋讀、文字的考證等往往是相互的，不可能完全分開，因此我們把這一過程統稱爲戰國竹書的研究，而不再做區分；2、本書雖爲總結近年來戰國竹書的研究方法而作，但並不是要爲戰國竹書研究指出完整可行的研究方法，因爲目前的研究狀況及本人的學力都還不足以實現這樣的目標，而只是對一些既有的研究成果及研究中應注意的問題進行探討分析，爲以後的研究提供借鑒；3、在行文中引到竹書內容時，學界已形成共識的地方一般不加注，釋文一般用寬式，需要討論的地方則嚴格隸定；對於竹書原整理者的說法一般不出注，可參看《郭店楚墓竹簡》、《上海博物館藏戰國楚竹書》（一～九）和《清華大學藏戰國竹簡》（一～三）；4、爲了敘述的方便，我們從竹書復原、文字考釋、文獻比勘三個方面探討戰國竹書的研究方法，但在實際的研究過程中這三個方面往往是不可分割的，需要同時兼顧、相互配合，才能取得較好的效果；5、行文中爲了說明問題，對學者的研究成果多採用直接引用的方式，對各家說法或正確或錯誤的批評並不代表對學者研究的否定，更不敢存後來居上之念，敬請諒解。

第一章　竹書復原

　　戰國竹書作爲一種書籍形式，在實際使用時每條竹簡都是由編繩編連在一起的，但我們現在所見到的戰國竹書實物，無論是發掘出土的，還是被盜後又輾轉流傳而被收購回來的，都已經沒了編繩，再加上竹簡的殘斷或遺失，所以我們所面對的戰國竹書實際是一堆雜亂無序的竹簡，因此竹書復原便成了研究戰國竹書的第一任務，這一工作做得好壞直接影響到下一步的研究。所謂竹書復原是指把散亂、殘缺的竹簡，根據竹簡形制、字體等大體分類，結合文意，通過拼合、編聯，盡可能地恢復竹書的本來面貌。〔註1〕以我們所要討論的郭店竹書、上博竹書、清華竹書爲例，郭店竹書因是發掘所得，相對來說比較完整，且經整理者的細心復原，問題雖不多，但仍有一些排序上的問題，而收購所得的上博竹書、清華竹書，相對而言則存在較多問題。白於藍師在《簡牘帛書通假字字典》中所列舉的這兩批竹書排序有問題的，就涉及了郭店竹書的《老子》乙、《窮達以時》、《唐虞之道》、《成之聞之》、《尊德義》、《語叢一》、《語叢四》等七篇，上博竹書的《孔子詩論》、《子羔》、《從政》、《昔者君老》、《容成氏》、《仲弓》、《恒先》、《柬大王泊旱》、《內豊》、《曹沫之陣》、《競建內之》、《鮑叔牙與隰朋之諫》、《季康子問於孔子》、《苦成家父》、《君子爲禮》、《弟子問》、《三德》等十七篇。〔註2〕其後公佈的上博竹書（六）中的《孔子見季桓子》、《平王問鄭壽‧平王與王子木》、《用曰》，上博竹書（七）中的《凡物流形》、《吳命》，上博竹書（八）中的《子道餓》、《顏

〔註1〕由於竹簡的保護要求較高，因此，對普通研究者來說，這項工作是根據已經
　　　　公佈出來的竹簡照片進行的，即便是最初的整理者也是如此，而非根據原物。
〔註2〕白於藍：《簡牘帛書通假字字典‧前言》，福建人民出版社，2008 年版，2 頁。

淵問於孔子》、《命》、《王居》、《志書乃言》，上博竹書（九）中的《成王爲城濮之行》、《陳公治兵》、《舉治王天下（五篇）》等，清華竹書（一）中的《保訓》等也存在編連問題。白於藍師指出，「竹簡的編連是一項基礎性的工作，而且又是一項技術性的工作，工作性質類似於甲骨綴合，但難度遠較甲骨綴合爲小。對於整理者來講，竹簡編連得好，可以給學界提供很多便利。編連得不好，就會給研究工作帶來很多不必要的麻煩，多走很多彎路。近幾年，隨著郭店簡和上博簡的陸續公佈，有關竹簡的整理編連逐漸暴露出來很多問題，這是應該引起重視的。」〔註3〕本章我們擬對竹簡形制及其與竹書復原的關係、竹書復原的過程以及竹書復原過程中應注意的問題加以探討。

第一節　竹簡形制

一、簡長

　　在以竹木簡作爲主要書寫材料的時期，竹簡的形制與所書寫的內容之間是否存在著一定的關係，這是研究者所關注的一個問題。典籍記載的古書的簡冊制度，經常被學者們所引用的是《儀禮・聘禮》疏引鄭玄《論語序》裏的一段話：

　　　　《易》、《詩》、《書》、《禮》、《樂》、《春秋》，策皆二尺四寸；《孝
　　經》謙，半之；《論語》八寸策者，三分居一，又謙焉。

二十世紀上半段在西北地區出土了大量的漢代簡冊，王國維結合典籍記載和當時所見到的漢簡實物，把簡冊制度概括爲：（1）古代策的長短皆爲二尺四寸之分數，最長者二尺四寸，其次二分取一，其次三分取一，最短者四分取一；（2）牘的長短爲五之倍數，最長者三尺，其次二尺，其次一尺五寸，其次一尺，最短者五寸；並提出「以策之大小爲書之尊卑」。〔註4〕這一理論爲後來的多數學者所接受。其後對簡牘制度作深入探討的是陳夢家，他根據典籍的記載，並結合自己整理武威漢簡的實際經驗，指出「漢人所述經典簡策長度，都是漢尺二尺四寸」，「先秦列國簡書，亦如此長度」，

〔註3〕白於藍：《〈曹沫之陳〉新編釋文及相關問題探討》，《中國文字》新三十一期，（臺灣）藝文印書館，2005 年 12 月。

〔註4〕王國維著，胡平生、馬月華校注：《簡牘檢署考校注》，上海古籍出版社，2004年版。

「漢人寫書所用的簡策的長短，是因其內容而分別的，如《論衡》所述『大者爲經，小者爲傳記』」，皇帝策封諸侯的詔書是「長二尺」，「平常的詔書則是尺一」，而「民間經典以下的傳記諸子和書信，則用一尺簡」。〔註 5〕這大概反映的是漢代的書籍簡的制度，與我們所見到的武威漢簡的實物大體是相符的。之後的學者或贊同或反對王國維的觀點，使得這一問題的研究不斷深入。〔註 6〕

　　二十世紀後半段以來，隨著戰國簡牘的大量出現，學者以以往的研究爲基礎，試圖總結戰國簡冊制度。周鳳五先生專門分析了郭店竹書的形制，認爲竹簡的長短與所書寫的內容之間存在一定的關係，他指出：

　　1、《緇衣》、《五行》、《性自命出》、《成之聞之》、《尊德義》、《六德》等六篇簡長均爲 32.5 釐米，是郭店簡中最長的一批簡，應歸入儒家經典之列；

　　2、甲組《老子》簡長只較上述六篇短 0.2 釐米，但兩道編繩間距 13 釐米，與《緇衣》、《五行》基本相同，是一個已經「儒家化」，甚至「子思學派化」了的道家經典，「甲組《老子》在郭店竹簡之中很可能與儒家的《緇衣》、《五行》等六篇同樣享有經典的地位」；

　　3、乙組《老子》簡長 30.6 釐米，丙組《老子》簡長 26.5 釐米，其原因是「文字經過修改，已經『儒家化』了的甲組《老子》可以視同經典，但竹簡要略短一些；僅供采擇應用的乙、丙兩組，雖同出於《老子》，竹簡也較儒家傳注爲長（乙組《老子》竹簡長於《忠信之道》、《唐虞之道》，丙組《老子》長於《語叢》類四篇），但只能歸入傳注之列」；

　　4、《忠信之道》、《唐虞之道》簡長在 28.1～28.3 釐米之間，是因爲這兩篇文獻屬孟子學說，重要性不如占郭店簡主體的子思學說

〔註 5〕陳夢家：《由實物所見漢代簡冊制度》，《漢簡綴述》，中華書局，1980 年版，293、294 頁。

〔註 6〕參看胡平生先生爲《簡牘檢署考校注》所寫的「導言」（其主要內容曾以《簡牘制度新探》爲題，發表於《文物》2000 年第 3 期）、張顯成先生《簡帛文獻學通論》（中華書局，2004 年版）第三章「簡帛制度」之「竹木簡的形制」、程鵬萬先生的博士論文《簡牘帛書格式研究》（吉林大學博士學位論文，指導教師：吳振武教授，2006 年）中的相關內容。

諸篇，自然應「歸入傳注類而非尊爲經典」；

5、《太一生水》簡長 26.5 釐米，「擷取甲、乙、丙三組《老子》的『反』、『輔』二字創造『反輔』之說，糅合楚國『太一』信仰與『稷下學派』道家、陰陽數術家之學，賦予道家宇宙論嶄新詮釋的《太一生水》之爲傳注，則更不在話下了」；

6、《魯穆公問子思》、《窮達以時》簡長只有 26.4 釐米，是因爲這兩篇「估計出於子思的弟子或門人後學之手，其重要性似較前述子思手著各篇略遜一籌」；

7、《語叢》一簡長 17.2～17.4 釐米，《語叢》三簡長 17.6～17.7 釐米，《語叢》二、《語叢》四簡長 15.1～15.2 釐米，這是郭店簡中簡長最短的四篇。究其原因，「《語叢》一、《語叢》二、《語叢》三在先秦屬於儒家典籍的『傳注』類」，用簡長度「合於兩漢學者所述儒家典籍以簡長區分經、傳的標準」，而《語叢四》則是「當時游說之士的實用教材」，重要性自然不如儒家經傳。

〔註7〕

可以看出，周先生認爲竹簡長度與竹書內容存在著一定的對應關係，竹書內容按儒家經典－儒家化的道家文獻－傳注類－子思門人後學各篇－游說之士的實用教材的順序重要性依次降低，而與此相對應的竹簡長度也依次縮短，即竹簡長度按其所書寫內容的重要性依次遞減。也有學者不同意這種觀點，針對周鳳五先生的研究，馮勝君先生認爲「周先生對郭店簡各篇簡長同所抄錄內容之間的關係做了有益的探索，但應該說其結論尚不能令人十分滿意。如他對三組《老子》、四篇《語叢》以及《忠信之道》、《唐虞之道》等篇性質的界定，還不能取得學術界多數學者的認可，還勢必影響其結論的可信度。」指出「先秦時期的用簡制度看來與古書中所記漢代用簡制度是有較大的不同的」。〔註8〕程鵬萬先生同意馮先生的意見，他指出，郭店《語叢》一至四都是長七、八寸，可能是與其抄寫的內容有關，抄寫的都是一些格言警句之類，是爲了攜帶懷揣之便；郭店簡多爲一尺二寸、一尺四寸而上博簡

〔註7〕周鳳五：《郭店竹簡的形式特徵及其分類意義》，《郭店楚簡國際學術研討會論文集》，湖北人民出版社，2000 年版，53～63 頁。參看馮勝君《從出土文獻談先秦兩漢古書的體例（文本書寫篇）》注 10 對周先生論文主要內容的總結，《文史》2004 年第 4 輯，26 頁。

〔註8〕馮勝君：《從出土文獻談先秦兩漢古書的體例（文本書寫篇）》，26 頁。

多爲二尺、二尺四寸；《緇衣》、《性自命出》有郭店與上博兩個版本，郭店簡長在一尺四寸，而上博簡的長度在二尺四寸，可見楚簡的長度不是十分固定。〔註9〕

　　胡平生先生認爲，王國維提出的「以策之大小爲書之尊卑」，是簡牘制度的「重要定律」，竹簡長度大致可分爲五種，分別爲二尺四寸、二尺、一尺四寸、一尺二寸、六寸五分等，「長二尺」是楚國書籍類竹簡的一種常制，不過不是唯一制度，其中郭店竹書的《語叢》長 15 釐米，是當時的袖珍本。「春秋戰國時期，百家爭鳴，諸子無高下尊卑之分，因此冊之長短大小，除了便攜型外，大概主要取決於個人的好惡。好之者長大，不好者短小。再者，因爲長簡製作、書寫不易，也是一種價值的體現，可以成爲擁有者身份、地位的標誌，所以王家貴族的藏書冊規格應當較大較長，平民百姓用書較小較短。不過這方面可資比較的材料不多。」〔註10〕馮勝君先生一方面指出「在戰國時期，典籍類竹簡的抄寫內容同所用竹簡長度之間，至少是沒有明顯的規律性的」，「用簡的長短可能更多的取決於主人的喜好」；另一方面又說「那麼是不是簡長和所抄寫內容之間就毫無關係呢？恐怕也不能這麼說。在郭店和上博兩批竹簡中，較長的都是一些相對重要的儒家或道家典籍，王國維所說的『以策之大小爲書之尊卑』，還是大體符合戰國典籍類竹簡的實際情況的」。〔註11〕在這一問題上似乎沒有明確的態度。

　　如前所述，王國維所考查的主要是漢代的簡牘制度，其所謂的「以策之大小爲書之尊卑」，在漢代來說是適合的，但在戰國時期卻還沒有形成這樣的制度，誠如胡平生先生所言「春秋戰國時期，百家爭鳴，諸子無高下尊卑之分」，儒家還沒有「獨尊」，那麼「書」當然也就沒什麼「高下尊卑之分」了。至於胡先生所謂的「好之者長大，不好者短小」、「王家貴族的藏書冊規格應當較大較長，平民百姓用書較小較短」，更是推測之論，因爲作爲陪葬的書籍大概都是墓主生前所喜歡的，根本談不上「好之者」或「不好者」，何況我們現在所能見到的戰國竹書，大都出自較大的墓葬，基本都是王家貴族之書，而沒有平民百姓之書，何以區別其長短？即是同墓出土的竹書，何談「王家

〔註 9〕程鵬萬：《簡牘帛書格式研究》，吉林大學博士論文，指導教師：吳振武教授，
　　　　2006 年，53 頁。
〔註10〕胡平生：《簡牘檢署考校注》「導言」（其主要內容曾以《簡牘制度新探》爲題，
　　　　發表於《文物》2000 年第 3 期）。
〔註11〕馮勝君：《郭店簡與上博簡對比研究》，線裝書局，2007 年版，45～46 頁。

貴族」與「平民百姓」之分？故胡平生先生的結論難以令人信服。

郭店竹書、上博竹書、清華竹書各自的內容不同，既有諸子百家之言及後世所謂的儒家經典，又有史書、字書性質的竹書，竹簡形制則修治有別、長短不一，抄手各異，其長短並不存在一定的規律，與其所書寫的內容也似乎沒有必然的聯繫。雖然西晉出土的汲塚竹書，據當時的整理者所記，有簡長「二尺四寸」之例，但這不能推論出「先秦列國簡書，亦如此長度」，這三批竹書就是反證。總之，在我們對戰國竹書的製作者、管理者、收藏者，及戰國時期書籍的製作、流傳、收藏、閱讀等還沒有有更多信息之前，我們還不能就戰國竹書的長度和竹書的內容得出什麼有規律和價值的結論，也不能僅根據竹簡的長度來定性竹書的性質。

關於竹簡的長度，還有個問題需要說明。出土戰國竹書的保護要求非常高，並不是每位研究者都能目驗實物的，所以一般的研究者只能根據出版的圖版進行研究，如果出版物的圖版存在問題就會給研究帶來許多不便。除了圖版的清晰度外，具體的數據也是影響研究的一個大問題，而竹簡長度則與竹簡拼合編聯直接相關。白於藍師在研究《曹沫之陣》的過程中發現，「該篇在注釋中所公佈出來的竹簡長度數據與旁邊『黑白原大竹簡』的實際尺寸往往不統一，有些甚至出入很大」，注釋中的數據與實際測量數據存在明顯出入。據統計，兩種數據比較，完全相同者僅只有 7 處、相差 0.5 釐米以內（含 0.5 釐米）者有 38 處、相差 0.5～1 釐米（含 1 釐米）者 6 處、相差 1～1.5 釐米（含 1.5 釐米）者 6 處、相差 1.5～2 釐米（含 2 釐米）者 2 處、相差 2 釐米以上者 5 處。出現這種情況的原因還不清楚，但「這種實際存在的差距給重新拼合整理帶來了實質性的困難」。〔註12〕這是一個值得注意的問題。

二、簡端

李零先生指出，「簡文的拼復，是以竹簡編聯的方法為基礎，而且最重要的依據是簡端、簡尾和契口、編痕的位置。」〔註13〕李先生所說的「簡端」指的是竹簡的上端，「簡尾」指的是竹簡的下端，一般竹簡的上下端的形狀都是一樣的，所以我們統稱為「簡端」，而不再區分「簡端」、「簡尾」。現在所

〔註12〕 參看白於藍：《〈曹沫之陳〉新編釋文及相關問題探討》，《中國文字》新三十一期。

〔註13〕 李零：《簡帛古書與學術源流》，三聯書店，2004 年版，156 頁。

見到的戰國竹書的簡端形狀大致有三種類型，沒有修治的呈平齊狀的（如《太一生水》、《彭祖》），修治爲梯形（如《魯穆公問子思》、《五行》）、半圓形的（如《孔子詩論》、《魯邦大旱》），郭店竹書三種類型都有，而上博竹書和清華竹書則以平齊狀的爲主，其他兩種類型極少。

　　周鳳五先生考查了郭店竹書的簡端形狀後指出，竹簡簡端是否修治爲梯形也是區分其所寫內容的一個重要標誌，《緇衣》、《五行》、《性自命出》、《成之聞之》、《尊德義》、《六德》、甲組《老子》、《魯穆公問子思》、《窮達以時》九篇的簡端都是梯形有別於其他的竹書，是儒家「子思學派」經典的主要形式特徵。〔註14〕也有學者不同意戰國竹書的形制有規律的觀點，如馮勝君先生認爲：

　　　　周先生對郭店簡各篇性質的界定尚未在學界取得共識，而且從上博簡的情況來看，也有不少與周先生所論矛盾和衝突之處。如上博《緇衣》篇與郭店《緇衣》篇性質應該相同，但其簡端平齊，並未如郭店《緇衣》那樣修治成梯形，所以周先生所論至少是不具有普遍性的。上海博物館購藏的戰國竹簡中，《孔子詩論》、《子羔》、《魯邦大旱》等篇簡端均被修整爲半圓形，製作比較考究，這或許是因爲其內容與其他篇相比更爲重要的緣故。《性情論》篇簡端平齊，但35號簡的下端也呈半圓形，比較特殊。〔註15〕

此外，馮先生還認爲，「所抄寫內容格外重要或主人特別喜歡的典籍，可能更願意將簡端修飾美觀一些。而且梯形或半圓形簡端還可以保護竹簡，使簡端受到外力時不容易破裂。除此之外，恐怕也沒有什麼微言大義可尋。」〔註16〕這一說法應該是正確的，竹簡簡端的形狀與其所書寫的內容似乎也看不出必然聯繫。誠如周鳳五先生所指出的那樣，郭店竹書中《緇衣》、《五行》、《性自命出》、《成之聞之》、《尊德義》、《六德》、甲組《老子》、《魯穆公問子思》、《窮達以時》九篇的簡端都是梯形，就算我們認可周先生對其性質的界定，但同屬郭店楚墓出土的其他儒家經典簡端並沒有修治成梯形，可見這樣的分法是有問題的；上博竹書、清華竹書的竹簡簡端平齊的居多，看不出儒家經典與其他類性質的竹書的區別。

〔註14〕周鳳五：《郭店竹簡的形式特徵及其分類意義》，《郭店楚簡國際學術研討會論文集》，53～63頁。

〔註15〕馮勝君：《從出土文獻談先秦兩漢古書的體例（文本書寫篇）》，27頁。

〔註16〕馮勝君：《郭店簡與上博簡對比研究》，49～50頁。

　　總之，就目前所能見到的戰國竹書來看，我們還不能為其形制做出規律性的總結。作為一般實用性的而不是出於某種特定目的而製作的書籍，其形制應是由竹簡材料本身的限制及實際使用過程中的便利性等因素決定的，也就是馮勝君先生所說的竹書主人的喜好和出於保護竹書的因素決定的。在儒家著作被尊為經典之前，其書寫的材料也不會比別的著作需要更多的精工製作。

三、契口

　　上面我們討論了竹簡長度、簡端形狀與竹書內容的關係，這一節探討契口與竹書復原的關係。〔註 17〕竹簡上的契口一般認為是為了固定編繩，使竹簡不至於上下移動。從情理上推測，同一篇竹書或者說合抄在一起的竹書，每一支竹簡的契口應該是在竹簡的同一位置的，否則整篇竹書編聯起來就會參差不齊，既不美觀，又不適用。同樣的道理，同一篇竹書或者說合抄在一起的竹書的契口在竹簡上的方位──無論是右契口還是左契口，也應該是一致的。下面我們看兩個用這一理論來探討竹書復原的例子。

　　在 1998 年出版的《郭店楚墓竹簡》一書中，有一批長度較短的竹簡，整理者作了大致分類，分別命名為《語叢一》、《語叢二》、《語叢三》、《語叢四》，其中的《語叢一》、《語叢三》長度基本一致，字體相同，內容又相關，因此有學者就《語叢一》、《語叢三》的分篇問題提出了新的意見。龐樸先生根據清代畢沅整理《墨經》的經驗，指出：

> 　　墨經的故事，給了我們一個啟發，使人不能不去設想，現在《語叢三》的那些雙欄簡，有無可能也是某種「經」？現在語叢一、二、三里被連讀著的許多簡，是否混有本該分欄旁讀的簡？

> 　　帶著這一想法重讀《語叢三》的最後九支簡，果然覺得它們本來也許真是殘「經」。請看，「亡意亡固亡我亡必」固不待言，「名二物三」、「生為貴」、「亡亡由也者」、「亡物不物，皆至焉」、「有性有生」這些句子，不是都頗有點「經」味嗎？

> 　　而且，我們甚至可以認為，《語叢一》第七十一簡「亡物不物，皆至焉，而⋯⋯」，便是《語叢三》第六十四、六十五簡下欄經文「亡

物不物……」的「說」的起始部分。《語叢三》第四十二、四十三簡
「或由其避或由其不進或由其可」，便是第六十六簡上欄經文「亡亡
由也者」的「說」的一部分。經文「生爲貴」的「說」文，也許便
是《語叢一》第十八～二十一簡的「天生百物，人爲貴……」等等。
經文「有性有生」的「說」文，也許正在《語叢一》開頭那一些「有
這有那」裏面混雜著，等待我們去進一步整理。〔註18〕

從上引論述可以看出，龐樸先生只是根據自己的閱讀經驗，提示了《語叢一》
和《語叢三》在內容上的密切相關性，至於二者是否應該重新整合編排，龐
先生未作說明。之後，涂宗流、劉祖信兩位先生在其所著《郭店楚簡先秦儒
家佚書校釋》一書中卻對龐樸先生的意見進行了進一步發揮，對《語叢一》
和《語叢三》兩篇作了重新整合編排，將《語叢》一、三合在一起、重新編
聯，分爲上、下篇：《語叢一、三》上篇存簡 88 支，分爲 8 章，以「天生百
物，人爲貴」爲中心，擬定篇名爲「天生百物」；《語叢一、三》下篇存簡 96
支，分爲 8 章，以「子孝父愛、非有爲也」爲中心，擬定篇名爲「父子兄弟」。
〔註19〕福田哲之先生不同意這種看法，他指出：

> 在簡長上，《語叢一》與《語叢三》也難以明確區分，但是應
> 該注意之點是，在編綴竹簡的上中下三道編線之位置上也看出差
> 異。特別是如果以圖版來測量差異顯著的下方編線之位置時，《語叢
> 一》中編線的痕迹位在離竹簡下端約 2 公分處，而《語叢三》中則
> 位在距下端約 0.5 公分處。根據《郭店》的《凡例》，竹簡圖版之大
> 小是原件的尺寸，即使考慮到某種程度的縮小誤差，也不得不說兩
> 者之不同顯而易見。因此，編線位置不同的《語叢一》與《語叢三》
> 顯然是不同的書冊。

> 或許，《郭店》中也認爲區分《語叢一》與《語叢三》的最大
> 根據是這個編線位置，然而，身爲《郭店》整理者之一的劉祖信，
> 對此點完全未提及，而嘗試進行《語叢一》與《語叢三》之整合與
> 改編，此舉不得不令人費解。但是，無論如何，《郭店》中《語叢一》
> 與《語叢三》之區分，從形制方面來看毫無疑問，所以《校釋》整

〔註18〕龐樸：《〈語叢〉臆說》，《郭店楚簡研究》（《中國哲學》第二十輯），遼寧教育
出版社，1999 年版，329～330 頁。
〔註19〕參看涂宗流、劉祖信：《郭店楚簡先秦儒家佚書校釋》，（臺灣）萬卷樓圖書股
份有限公司，2001 年版，221～288 頁。

合兩者而重新改編爲《天生萬物》《父子兄弟》兩篇之見解無法成立。
〔註20〕

福田哲之先生的看法應該是正確的，涂宗流、劉祖信兩位先生不顧《語叢一》和《語叢三》兩篇在形制上的差別，僅根據二者在內容上的相關性，就試圖作出重新整合編聯，顯然是不妥當的。

據竹田健二先生的統計，郭店竹書中《六德》中的第 33、34、36、44 四支竹簡，《語叢三》中的第 8、17、18、19、21、23～47、49、52～55、58～68、70～72 共四十八支竹簡，及所附「竹簡殘片」中的第 7、8、9、13 四支竹簡是左契口，也就是說在郭店竹書共 700 餘支竹簡中，左契口的只占很少一部分。上博竹書前四冊中，左契口的竹簡只有《曹沫之陣》中的第 15、59、63b、64b 四支竹簡，右契口占絕大多數。〔註21〕造成這種情況的原因，還有待進一步研究，〔註22〕可以肯定的是左契口的竹簡並不是特殊的。「迄今所公佈的上博楚簡及郭店楚簡的照片中，尚未見到有左右契口混雜在一支簡上的現象。因此，可以認爲在上博楚簡及郭店楚簡中不存在某一支竹簡上有左右契口混雜在一起的情況」，所以「在復原竹簡的綴合時，作爲客觀的線索，竹簡的契口是有效的，根據契口的位置，可以確認竹簡綴合、復原是否妥當」。〔註23〕以此爲線索，竹田健二先生指出，《曹沫之陣》中由李零綴合的第 63、64 簡，由陳劍綴合的第 57 簡與第 15 簡，由李銳綴合的第 48 簡與第 59 簡、第 37a 簡與第 63b 簡等可能是有問題的。因爲第 63 簡、第 64 簡各自的下段部分是左契口，而其各自的上段部分卻是右契口。同樣的問題也出現在第 57 簡與第 15 簡、第 48 簡與第 59 簡、第 37a 簡與第 63b 簡的綴合上，第 15、59、63b 簡都在第三編線處有左契口，而第 57、48、37a 簡卻是右契口。因而，這些綴合、復原的各個竹簡都變成了左契口與右契口混雜的簡，故「若同一竹簡上右契口與左契口是

〔註20〕福田哲之：《郭店楚簡〈語叢三〉之再探討》，收入其著《中國出土文獻與戰國文字之研究》（佐藤將之、王繡雯合譯），（臺灣）萬卷樓圖書股份有限公司，2005 年版，123～124 頁。

〔註21〕竹田健二：《〈曹沫之陳〉中竹簡的綴合與契口》，《簡帛研究 2005》，廣西師範大學出版社，2008 年版，270～271 頁。

〔註22〕李天虹先生（《〈性自命出〉的編聯及分篇》，《簡帛研究 2001》，廣西師範大學出版社，2001 年版）認爲，「這種現象可能是抄寫者的疏忽所致，將簡文抄在了本該書寫文字一面的背面」。

〔註23〕竹田健二：《〈曹沫之陳〉中竹簡的綴合與契口》，271、270 頁。

不能混雜的，則以上所舉李零等所綴合、復原的竹簡都不成立，這些都是誤綴。」竹田健二先生還指出，在《曹沫之陣》中，能夠確認是左契口的第 15、59、63b、64b 這四支簡，都是在中間部分折斷的竹簡的下半部，而有左契口的上半部的竹簡一支也沒有。因此，「有左契口的竹簡的下半部，即第 15、59、63b、64b 這四支簡，應該理解爲都缺少上半部，而不得與其它竹簡綴合。」〔註24〕需要指出的是，誠如竹田健二先生所言，第 48 簡與第 59 簡的綴合的確屬於誤綴，白於藍師已糾正這一錯誤，指出「簡 48 與簡 46 下當綴合爲一支整簡」。〔註25〕至於其它幾支是否屬於誤綴，還有待進一步研究，〔註26〕但竹田健二先生所指出的「在戰國楚簡的任一支竹簡上，不存在右契口與左契口混雜的現象」，確實是我們在復原戰國竹書過程中應注意的問題。

　　由以上的論述，我們可以得到這樣的認識，契口是竹簡上客觀存在的，無論是兩道編繩還是三道編繩，處於同一道編繩上的契口在同篇的各支竹簡上的位置也應該是基本相同的，這可以作爲我們對竹書進行分篇的一個客觀依據。此外，在目前所見到的戰國竹書中，保存完整的竹簡上不存在同一支竹簡上有左右契口混雜的情況，因此凡是經綴合而成的「完簡」，若出現同一支竹簡上有左右契口混雜的情況，這樣的綴合很可能是有問題的，需要重新考慮。總之，竹簡契口與竹書復原有著密切的關係，這是竹簡契口對竹書復原的價值所在。

第二節　竹書復原

一、拼合、遙綴

　　竹簡在發掘或流傳過程中往往會出現殘斷，在竹書復原時就要把原本屬於一支簡的幾支斷簡拼接在一起，這個過程叫竹簡的拼合，也叫綴合。拼合

〔註24〕竹田健二：《〈曹沫之陳〉中竹簡的綴合與契口》，272 頁。

〔註25〕白於藍：《〈曹沫之陳〉新編釋文及相關問題探討》，《中國文字》新三十一期，（臺灣）藝文印書館，2005 年 12 月。

〔註26〕值得注意的是，這幾支斷簡的殘斷位置都在中間部分，並且現存的都是下半段，根據相近的竹簡受力情況等同的理論，可能提示這幾支簡原來就是編在一起的，也就是說《曹沫之陳》篇中的四支存在左契口的竹簡本來就是相鄰的幾支。當然，這只是一個推測，具體的情況還有待進一步研究。

竹簡要看竹簡的斷口是否吻合，字體是否一致，上下文意是否順暢。在確定
竹簡的形制、字體一致的情況下，如果斷口處沒有文字，上下斷口能完全吻
合，一般就能確定可以拼合在一起，如下面三例：

《民之父母》4 簡　　　　《周易》40 簡　　　《昭王毀室》2 簡

這三例是原整理者拼合的，上下斷口完全吻合，拼合後相應的文句分別為，《民
之父母》簡 4「樂之所至者，哀亦至焉」，《周易》簡 40「初六：繫於金柅，
貞吉」，《昭王毀室》簡 2「曰：『小人之告 ☒ 將專於今日』」，文意順暢，顯然
是正確的。如果斷口剛好在某一字的位置上，拼合後使得此一文字復原，那
是最佳的拼合方案，如：

《曹沫之陣》1 簡的「昔」字

此處的「昔」字因上下拼合而得以復原，拼合後相應的文句為「昔周室之邦
魯，東西七百，南北五百」，文意順暢，顯然是正確的。再如《曹沫之陣》簡
23 上與簡 51 下當拼合為一支整簡：

必聚群有司而告之:「二參子勉之,過不在子,在【23 上】寡
人。吾戰敵不順於天命,反師將復戰。」【51 下】

這一拼合得益於「寡」字的正確釋讀,這樣拼合後文從字順,顯然是可信的。
〔註27〕

　　以上所說的都是理想的情況,從實際看,竹簡的殘斷多在契口處,且很
多情況下上下斷口並不能完全吻合,這就需要慎重對待,從多方面考慮,避
免錯誤的拼合。如:

《曹沫之陣》32 簡　　　《曹沫之陣》51 簡　　　《曹沫之陣》63 簡

這幾支簡原整理者是拼合在一起的,但斷口不能吻合,文意也不順暢,因此
是有問題的。〔註28〕

　　拼合竹簡要看竹簡的斷口是否吻合,字體是否一致,上下文意是否順暢。
這是竹簡拼接的通例,也是學界的共識,但在實際研究過程中,情況往往十
分複雜。如上博竹書(五)《君子為禮》篇,按原整理者的意見,簡 3 是一支
完簡:

〔註27〕 參看白於藍:《〈曹沫之陳〉新編釋文及相關問題探討》,《中國文字》新三十
　　　　一期。
〔註28〕 參看陳劍:《上博竹書〈曹沫之陳〉新編釋文(稿)》,簡帛研究網,2005 年 2
　　　　月 12 日;白於藍:《〈曹沫之陳〉新編釋文及相關問題探討》,《中國文字》新
　　　　三十一期。

〔問〕之曰：「吾子何其瘠也？」曰：「然。吾親聞言於夫子，

欲行之不能，欲去之而不可，吾是以瘠也。」顏淵侍於夫子，夫子曰：

簡 4 上段殘缺，下段平齊：

淵起，去席曰：「敢問何謂也？」夫子：「智而□信，斯人欲其

簡 9 是由四段殘簡綴合而成的，上段平齊，下段殘缺：

「回，獨智，人所惡也；獨貴，人所惡也；獨富，人所惡也。

貴而能讓，斯人欲其□□貴也；富而⊠」

陳劍先生認為 1～3 簡當與簡 9 連讀，簡 3 與簡 9 連讀的釋文為：

〔□□問〕【2】之曰：「吾子何其瘠也？」曰：「然。吾親聞言

於夫子，欲行之不能，欲去之而不可，吾是以瘠也。」顏淵侍於夫

子，夫子曰：【3】「回，獨智人所惡也，獨貴人所惡也，獨富人所惡

也。貴而能讓□，斯人欲其□貴也；富而⊠【9】〔註29〕

這樣連讀後，「夫子曰：『回……』」緊接著「顏淵侍於夫子」而來，似乎文從
字順。同時陳劍先生認為簡 4 可能應該接在簡 9 之後，從文意的相關性上看，
也非常可能。但陳偉先生指出：

4 號簡的話題與 9 號簡密切相關，應該沒有疑義。不過，4 號
簡並不能簡單地接在 9 號簡之後。這裡有兩個問題。第一，前面一
段文字以智、貴、富為順，後面卻是先說貴、富，再說智。第二，
孔子在交待「獨智人所惡也」等三個命題後，對其中的兩個命題作
出解釋，另外一個卻要讓顏淵來說（依原釋文）或者由顏淵來轉述
（依陳劍釋文）。

進而指出，「問題可能出在 9 號簡的綴合上」，認為簡 9 應從「獨富人所」的
「所」字下斷開，分為 A、B 二段，這二段殘簡的綴合是不恰當的，9A 很可
能原本與 4 號簡屬於同一支，拼合後中間尚缺約二字，而 9B 的內容大致接在
4 號簡之後，從其在簡冊中的上下位置看，依字數估計，應是處於上部，但簡
首已殘去約二字。同時，認為原釋文中 4 號簡的「夫智」之間的「子」字，
其實很難看得出來，這個「夫」字可能祇是發語詞，按照這樣的理解，重新
拼合、連讀的釋文為：

顏淵侍於夫子。夫子曰：【3】「回，獨智人所惡也，獨貴人所

〔註29〕陳劍：《談談〈上博（五）〉的竹簡分篇、拼合與編聯問題》，簡帛網，2006
年 2 月 19 日。

惡也，獨富人所【9A】〔惡也。」顏〕淵起，去席曰：「敢問何謂也？

夫智而□信，斯人欲其【4】〔□智〕也。貴而能讓□，斯人欲其長

貴也；富而【9B】……」〔註30〕

這一拼合顯然是正確的，但其認為4號簡的「夫智」之間的「子」字不存在，把「夫」當成發語詞，卻是有問題的，因為這樣的話，「去席曰」後面的話就成了顏淵的自問自答。其實，「夫智」之間的「子」字確實是存在的：

周波先生已指出了這點，並同意陳劍先生指出的「敢問何謂也」為顏淵問，「智而……」為孔子回答的看法，將此段文字重新斷讀為：

顏淵侍於夫子。夫子曰：【3】「回，獨智人所惡也，獨貴人所

惡也，獨富人所【9A】〔惡也。」顏〕淵起，去席曰：「敢問何謂也？」

夫子〔曰〕：「智而□信，斯人欲其【4】〔□智〕也。貴而能讓，斯

人欲其長（？）貴也；富而【9B】……」〔註31〕

這一看法顯然是正確的，可見正確的拼合需要綜合考慮多方面的問題。

在竹簡拼合的過程中，如果拼合後認為是一支「完簡」，還應注意竹簡的長度是否與同篇其他的完簡長度一致。如果拼合後的「完簡」的長度與同篇其他的完簡長度存在明顯的差別，那麼這樣的拼合很可能是有問題的。如《曹沫之陣》簡8是由上下兩段殘簡拼合而成的，原整理者認為拼合後是「完簡」，長度為47.5釐米，似乎與完簡的長度是一致的，但殘斷處的文字有明顯的殘缺，陳劍先生指出「從小圖版可以看出，如將相接處的兩殘字補足，並留出兩殘字之間的空白，則整簡也將較相鄰諸簡長出不少。」〔註32〕可見簡8的拼合是有問題的。〔註33〕此外，如同我們在上節討論竹簡契口問題時所指出

〔註30〕陳偉：《〈君子爲禮〉9號簡的綴合問題》，簡帛網，2006年3月6日。

〔註31〕周波：《上博五補釋二則》，簡帛網，2006年4月5日。

〔註32〕陳劍：《上博竹書〈曹沫之陳〉新編釋文（稿）》，簡帛研究網，2005年2月12日。

〔註33〕參看白於藍：《〈曹沫之陳〉新編釋文及相關問題探討》，《中國文字》新三十一期。

的那樣，如果拼接後的竹簡的契口位置與同篇其他竹簡的契口位置明顯不同，那麼這樣的拼合顯然也是有問題的。這是我們在竹簡拼合過程中應注意的問題。

在竹簡的拼合過程中，還有一種情況值得注意。由於竹書都是呈卷狀形態被放入棺槨而埋入地下的，而隨著時間的推移，自然環境的變化，再加上盜墓者的干擾，呈卷狀的竹書受到外力的擠壓，相鄰的竹簡由於受力部位相近，故其折斷處也往往相近，這即為我們的編聯帶來的便利，也帶來了干擾。如果相鄰竹簡的折斷處在相同的位置，且斷痕一致，就容易被錯誤地拼合（特別是在考古發掘出土的情況下），而最初整理者有時並沒有給出這些折斷、拼合的信息，竹簡公佈後，導致學者們研究時「失之毫釐，謬以千里」。下面就來看一個這樣的例子。

《郭店楚墓竹簡》公佈時，其中的《尊德義》篇並沒有透漏有些竹簡是拼合而成的信息，所以也沒有學者提出懷疑，直到 12 年後，顧史考先生才最先指出了其中存在的問題，「儘管整理者該篇序言並未提及，但從照片上較明顯的痕跡及黑白深度對比來看卻一目瞭然，即是有好幾枝簡看起來是由兩甚至三枚簡片綴合而成的，其間多數剛好皆是斷於第一編繩契口的位置（亦即於頭五字左右之下）。然而因為這幾枝簡似乎本斷得很乾淨，綴得密合而痕跡不特別顯眼，且綴合後大部份簡文義連貫而似無大誤，所以此種情況並未引起學者矚目，沒有放進簡序調整的考慮範圍之內。」進而指出簡 20與簡 23、簡 18 與簡 32 的上部應該互換，我們以前者為例，來看一下顧史考先生的論證。簡 19 與簡 20、簡 22 與簡 23 相接處釋文分別為（簡斷痕迹以「｜」表示）：

> ……可學也而不可疑也，（19）可教也而不可｜迪其民，而民
> 不可止也……（20）

> 桀不謂其民必亂，而民有（22）為亂矣。爰（？）不｜若也，
> 可從也而不可及也……（23）

顧史考先生指出：

> 第 20 簡「可教也而不可迪其民」，表面上似乎可連讀，然而語
> 意難通，且「不可迪其民」比起前句的「不可矣（疑）也」少了一
> 個「也」而多了一個賓語，並不太對稱，因而其綴合本有可疑之處。
> 至於第 23 簡的「爰（？）不若也，可從也而不可及也」，至今仍屬

費解，且其與桀民作亂的關係實無法解釋。

　　然而第 20a 簡與第 23a 簡互換之後，則茅塞頓開，結果如下：

　　……可學也而不可矣（擬）也，（19）可孝（教）也而不可（20a）｜若也，可從也而不可及也……（23b）

　　桀不胃（謂）其民必亂，而民又（有）（22）爲亂矣。受（紂）不（23a）｜迪其民，而民不可止（止）也……（20b）

　　按，第 19、20a、23b 三枚簡段的三句完全相對，皆以「可 A 也而不可 B 也」爲式，且「擬」、「若」、「及」皆爲對文互換的同意詞（皆有「比得上」之義），此處編聯調整實無可復疑。至於第 22、23a、20b 三枚簡段，其實整理者原疑讀「爰」之字（𤔗），李零早已疑其實乃「受」字而讀爲「紂」（「受」字〈成之〉第 34 簡作「𤔗」，寫法與此相近），只是因爲「紂不若也，可從也而不可及也」無法講通，所以學者難以從其說。今改拼之後，「桀不」奈「其民」如何「而民」如何，正與「紂不」奈「其民」如何「而民」如何兩句緊緊相扣，足以證成李氏之說。

針對《尊德義》篇所存在的這種情況，顧史考先生結合陳劍先生意見，有一番思考，轉引如下：

　　對竹簡圖版上吾所謂斷簡的痕迹，筆者曾有兩種疑問，其一是整理者對此何以沒有任何交代？其二是竹簡怎麼有可能斷得如此乾淨，照片是否經過特別處理？本書初成後，先寄給陳劍先生徵求意見，他立即回信提出一些新的考慮，今先將其主要想法錄於此（筆者在此也向陳先生特致感謝）。首先，陳先生指出《郭店楚墓竹簡》原書所附「竹簡整理號與出土號對照表」中，〈尊德義〉全篇各簡只有一個出土號，宛若並無一枝竹簡是斷過的。那麼如果確是本有斷過的竹簡，除非是整理者失錄，唯一的可能就是其中有誤，比如「各爲兩支整簡，清理時分別皆斷開、馬上再重新拼回去並當時只給一個編號時，被弄錯位了。」然而陳先生又指出，這種情況雖然確實可能會發生（如本書第一則所示），不太可能於同篇內會發生兩次（所以本書第二則就比較難以成立）。

　　再來是筆者所謂竹簡許多斷處之所以看起來那麼地整齊，可能是因爲這些痕迹其實是由其圖版的拍照方式所致，而並不一定是因

爲竹簡本身是斷過的。據陳先生所得悉，郭店簡拍照時，由於設備條件及部分竹簡的扭曲等因素，有不少簡是一段一段分別拍的，然後再合成一枝整簡的（此也能說明各段曝光度的不同）。這樣的話，儘管仍有可能原簡恰好於此分段處確實也是斷過的，不過此種情況實在無法光據圖版來斷定。問題是，爲什麼只有部分簡是這樣處理的，「是不是正說明那些經過照片拼接的簡，雖然拼合痕迹並非竹簡殘斷原貌，但正反映出其原爲兩段呢？恐怕也難以斷定。」此外陳先生又指出，文物出版社的《簡帛書法》系列中的〈尊德義〉照片與原書也有不少出入，原書的那些痕迹於該書多半都已看不出來，不過後者的照片看樣子是被處理過的，似亦無法靠之來解決問題。在這種情況之下，儘管本書的第一則應該是可以成立，然必須經過其他管道去瞭解各簡的真實情況，才能繼續考慮其他簡簡頭互換的可能。

陳先生的這些考慮甚是，正能說明〈尊德義〉簡序調整的複雜性，而要對之得出一種較爲可靠的方案，必須先弄清這些問題方可。在此，筆者只有一兩點可以先補充。第一，經過陳先生的提醒，筆者又回去仔細看整理者的出土號，乃發現其所給予的出土號，看樣子其實有相當大的任意性。比如〈五行〉篇第 12 簡斷得很乾淨，就在一個「心」字的中間，其相綴密合而沒有任何問題（畢竟亦有馬王堆本可相對），但是出土時應該是已分爲兩段，因而兩段自然就各自給了出土號。然而同篇第 7 簡的情況則剛好相反：其兩段明顯斷開，兩枚簡片之間甚至缺一字多的簡段，不過此明爲兩枚的「第 7 簡」居然只給了一個出土號。不知是否因爲第 7 簡的兩段發掘時剛好就靠在一起，而整理者就比較有信心認定是屬於同一枝簡的，乃乾脆給兩段同一個出土號？反正，從這種情況來看，足見出土號之多寡並不嚴格反映原簡是否殘斷的情況。

至於圖版照片處理的問題，確是一個比較棘手的難點，因爲除非親眼去看原簡，誠然難以斷定其真實情況如何。如陳先生所說，何以只有部分簡的圖版是這樣分段處理的，是一個必須繼續探討的問題，而此種分段的痕迹何以〈尊德義〉篇特別多，也是一個有待解決的大迷。在此必須指出的是，這些分段的交接處在圖版上多半

形成非常直的橫線，但是本書第一則所講第 23 簡的痕跡卻是斜的，
兩段之間且似乎尚有一點空白可見，而第 20 簡的痕跡也是有一點彎
曲，兩枝情況稍微特殊。但如果第 23 簡的兩段確實是分開的，那麼
就表明〈尊德義〉篇亦有兩枚同取一個出土號的情況。其他處的痕
迹究竟代表什麼樣的真實情況，確是必須進一步瞭解，才可望於徹
底解決〈尊德義〉篇乃至郭店楚簡各篇的簡序問題。〔註34〕

從各方面來看，顧史考先生的這一意見都是可信的，可見整理者的拼合確實
存在錯誤，而由於這些拼合的信息沒有在《郭店楚墓竹簡》一書中反映出來，
雖然相關文句語意難通，也沒有引起學者的懷疑。這說明整理者如實說明竹
簡的拼合情況是多麼重要，竹簡信息的公佈必須嚴格的按出土情況詳細說
明，整理者不能僅憑自己的判斷來拼合，而無視竹簡折斷的信息。

我們把一支竹簡斷為三截或更多而中間部分遺失，其上下部分不能直接
拼合但又確屬於一支簡的情況，稱為遙綴。如：

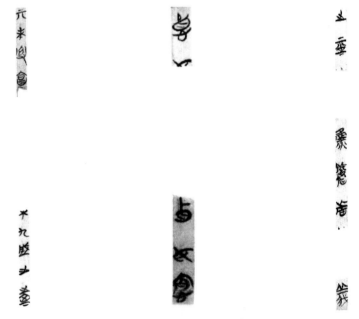

《老子》甲 26 簡　　　《老子》乙 11 簡　　　《魯穆公問子思》7 簡

從上下文文意看，這三支簡下段當接在上段的下面是沒有問題的，但中間

〔註34〕顧史考：《郭店楚簡〈尊德義〉篇簡序調整三則》，復旦大學出土文獻與古文
字研究中心網，2010 年 12 月 15 日。

部分遺失了，只能這樣遙綴在一起。但有些遙綴卻是有問題，如《容成氏》篇簡35，原整理者認爲此簡的上下兩段當遙綴，中間缺少兩到三個字：

> 王天下十有六年〈世〉而桀作。桀不述其先王之道，自爲【芑爲，
> 湯】氏之有天下，厚愛而薄斂焉，身力以勞百姓。

這樣的遙綴看不出內容的密切相關性，原整理者補寫的內容也沒有有力的證據，陳劍先生指出「這兩段殘簡無論是從編繩位置看，還是從內容看，都不可能屬於同一簡。」〔註35〕顯然是正確的，此簡的遙綴屬於誤綴。

由於遙綴不像拼合那樣有許多可以判斷的具體數據，如竹簡長度、每支簡的字數等，竹簡的遙綴除了靠文意的理解疏通外沒有更多的直接證據，只是竹書復原中的一種權宜之計，在沒有確切證據的情況下，一般不要遙綴。當然，像竹簡的拼合一樣，契口的位置也可爲遙綴提供參考，可以判斷遙綴是否合理。

二、編聯、編聯組

若一篇竹書是完整的，把各支竹簡按其原來的順序恢復原貌，稱爲編聯。如果一篇竹書沒有缺簡，我們可以通過文意的疏通恢復其原貌，如上博竹書（六）《平王問鄭壽》與《平王與王子木》，原整理者分爲獨立的兩篇，認爲《平王問鄭壽》簡 7 有墨鉤並留有空白，表示一篇的結束，而《平王與王子木》簡的第一字「智」下有一段空白表示上一篇的結束。凡國棟先生認爲《平王與王子木》簡 5 應在簡 1 和簡 2 之間，〔註36〕全篇通讀爲：

> 智　　　　　競平王命王子木迺城父，過申，煮食於麤𩵋，成
> 公軑荓（？）【1】𩵋於菁中，王子（問）成公：「此可（何）？」成
> 公答曰：「菁。」王子曰：「菁何以爲？」【5】曰：「以種麻。」王子
> 曰：「何以麻爲？」答曰：「以爲衣。」成公起曰：「臣將有告，吾先
> 君【2】莊王迺河雝之行，煮食於麤𩵋，醢盂不釁。王曰：『醢不盡。』
> 先君【3】知醢不盡，醢不釁。王子不知麻。王子不得君楚，邦或不
> 得。」

〔註35〕陳劍：《上博簡〈容成氏〉的竹簡拼合與編連問題小議》，上海大學古代文明研究中心、清華大學思想文化研究所編《上博館藏戰國楚竹書研究續編》，上海書店出版社，2004 年版，327 頁。
〔註36〕凡國棟：《〈上博六〉楚平王逸篇初讀》，簡帛網，2007 年 7 月 9 日。

這樣編聯後文從字順，敘述完整，應該是正確的。但對於簡 1 開頭的「智」沒有說明，沈培先生認爲：

> 《平王與王子木》篇首簡的「智」字應當怎麼看呢？其實，仔細觀察《平王問鄭壽》篇的第六簡就可以知道。此簡最後一字不甚清楚，整理者釋爲「弟」，何有祖先生指出當是「弗」字，十分正確。……知道了此字爲「弗」，也就知道了此簡當與《平王與王子木》的「智」字當連讀。連讀以後，可知《平王問鄭壽》第六簡鄭壽回答平王的話是「臣弗智（知）」。
>
> 　　因此，比照以前整理者的習慣，《平王問鄭壽》與《平王與王子木》應當合在一起整理，篇名或可稱爲《平王問鄭壽‧平王與王子木》。
>
> 這兩個故事，大概是一個大篇中的兩個小段。〔註37〕

這樣就完整地復原了兩篇竹書，可見並沒有缺簡。

　　上面所舉的是整篇沒有缺簡的情況，我們可以通過文意的疏通恢復其完整原貌，但現在看到的竹書絕大多數都殘缺不全，各篇均存在數量不等的缺簡。儘管這些篇章整篇有缺簡，仍可根據文意對部分簡序加以局部調整，在上博竹書的復原過程中，就存在大量這樣的例子，如《容成氏》、《曹沫之陣》、《季康子問於孔子》、《姑成家父》、《三德》、《弟子問》、《孔子見季桓子》等就屬於這種情況，整篇的敘事順序可以大致理清，但中間有缺簡，不能完全復原。對於這種一篇竹書因缺少部分竹簡不能完全復原的情況，可以考慮分組，即把能編聯的編聯在一起，而形成不同的編聯組，這樣可以避免盲目的亂編。特別是對於一些格言式的或沒有一定的內在敘述邏輯的篇章，更應該慎重對待，在不能完全復原的情況下，能形成一些編聯組也是不錯的選擇。如《三德》篇，由於缺簡不能完全復原，且內容沒有什麼內在的邏輯關係，但學者對其中某些簡的編聯是有共識的，爲了更好的研究應用，可以分爲不同的編聯組，這樣在竹書不能完全復原的情況下，不至於影響對竹書的進一步研究，同時也爲其他學科的學者提供較爲可靠的文本，而不是錯誤的或不成篇的樣子，《容成氏》、《曹沫之陣》等也是同樣的情況。〔註38〕

〔註37〕沈培：《〈上博（六）〉中〈平王問鄭壽〉和〈平王與王子木〉應是連續抄寫的兩篇》，簡帛網，2007 年 7 月 12 日。

〔註38〕參看白於藍：《簡牘帛書通假字字典‧前言》，4～5 頁。

　　有時候竹簡的正確拼合、編聯與文字的正確釋讀有很大的關係，如有
學者認為上博竹書（三）《仲弓》篇簡 23 的上半段當與簡 24 拼合為一支整
簡：

> 夫行，巽**年**學☐【23A】☐之。一日以善立，所學皆終；一日
> 以不善立，【24】所學皆崩，可不慎乎？」……【25】

但由於簡 23 的「**年**」字未能釋出，因此這一意見未能被接受。陳劍先生把
「**年**」字釋為「年」，認為「巽（旬）年」與簡 24 的「一日」相對為文，一強
調時間之長，一強調時間之短。〔註39〕由於「年」字的釋出，這一拼合顯然是
可信的。再如郭店竹書《語叢一》簡 31「禮，因人之情而為之」與簡 97「節文
者也」的編聯，便是因為「文」字的正確釋讀，且能與《禮記・坊記》對讀，
使得這兩支簡的編聯確不可易。〔註40〕

　　竹書在埋入地下時，竹簡都是編好並卷好的，但現在所見到的戰國竹書實
物幾乎都沒有編繩，且多有殘斷，一般來說斷口多在契口處，但也有不在契口
處的。根據相鄰的竹簡受力大致相同來推論，相鄰的竹簡殘斷處應基本一致，
此可作為判斷竹書復原是否正確的一個參考。李學勤先生按自己的思路重新編
聯了《孔子詩論》，然後說：

> 值得一說的是，如依上述編聯次第，不少相鄰的簡折斷的情形
> 相同或類似。例如（1）、（2）、（3）三簡都沒有簡尾，（2）、（3）兩簡
> 中腰都缺掉長度同樣的一部分，（6）、（7）、（8）、（9）四簡上端的缺
> 損呈一斜線，（7）、（8）、（9）三簡皆失掉簡尾，（10）、（11）、（12）
> 三簡都保存簡首，（12）、（13）、（14）三簡均於中腰斷開，等等。這
> 些都表明簡的編聯有其客觀依據。〔註41〕

但我們也應該知道，竹簡殘斷的原因是多種的，這一理論只能作為參考，而不
能當做積極的證據，因為在戰國竹書中相鄰竹簡的殘斷情況完全不同的也不在
少數，這是我們應該注意的。

〔註39〕參看陳劍：《〈上博（三）・仲弓〉剩義》，《簡帛》第三輯，上海古籍出版社，
　　　　2008 年版，85～89 頁。

〔註40〕參看陳偉：《郭店竹書別釋》，209～211 頁。

〔註41〕李學勤：《再論〈詩論〉簡的編聯》，收入其著《中國古代文明研究》，華東師
　　　　範大學出版社，2005 年版，291 頁。

三、篇際調整

篇際調整是相對於一篇之內的內部簡序調整而言的，〔註42〕在郭店和上博兩批竹書中有一些篇章，其竹簡形制及字體完全相同，原整理者按自己的理解分爲若干篇，但隨著研究的深入，發現此篇的某幾支簡應屬於彼篇，我們把這樣的調整稱爲篇際調整。篇際調整的前提是，相互調整的幾篇，其竹簡形制及字體必須完全相同。陳偉先生最早對這類情況進行了研究，指出：

> 與同一篇中竹簡順序的局部調整相比，原爲一篇簡書的離析、甚至原有數篇簡書之間的調整，具有更大的挑戰性……原《成之聞之》、《尊德義》、《六德》三篇，竹簡形制相同，字形相似，內容都是談儒家思想，原篇際之間也可能存在調整的餘地。對於《六德》49 號簡，裘錫圭先生按語就曾指出：「此簡不知當屬何篇，姑附於此。」王博先生則認爲：「從意義上來説，此簡與《尊德義》的關係要更密切，可能屬於彼篇。」我們還可以看到，《成之聞之》31～33 號簡説：「天格大常，以理人倫。制以君臣之義，圖爲父子之親，分爲夫婦之辨。是故小人亂天常以逆大道，君子治人倫以順天德。」第 40 號簡説：「是故君子慎六位以巳天常。」這些話語與該篇其他諸簡缺乏聯繫，而與原《六德》諸簡直接相關。這便顯示出，這些簡大概應該從原來所在的篇中移出，調入以原《六德》諸簡爲主的一篇之中。〔註43〕

以此爲基礎，陳偉先生結合多位學者的意見，對郭店《成之聞之》、《尊德義》、《六德》這三篇的竹簡進行了嘗試性的「篇際調整」。〔註44〕需要說明的是，陳先生關於此三篇的「篇際調整」的意見並未贏得學界的普遍認同，如顧史考先生認爲：

> 拿長度均爲 32.5 釐米、編線間距爲 17.5 釐米的《尊德義》、《成之聞之》、《性自命出》、《六德》等四篇儒家佚書爲例。這幾篇既然內容相近、尺寸一樣，那麼四篇之間是否有互相調動其某一些簡之可能？或甚至將此四篇連在一起而成爲一大篇來讀呢？從內容上講

〔註42〕陳偉先生指出「如果將原有各篇內部編聯組之間或者某組內各簡之間的順序調整稱爲篇內調整的話，在原相關各篇之間進行這項工作，可以稱爲篇際調整」（《郭店竹書別釋》，湖北教育出版社，2003 年版，90 頁）。

〔註43〕陳偉：《郭店竹書別釋》，湖北教育出版社，2003 年版，7～8 頁。

〔註44〕陳偉：《郭店竹書別釋》，83～108 頁。

　　　　雖然似乎有可能，但依筆者之意，此非要同時考慮到字體方面的問
　　　題不可。因爲若是查看如「者」、「而」、「則」等常用字在各篇的寫
　　　法，我們會發現各篇之內皆有獨特的字體，而且與其他篇又不相
　　　同……這些現象足以證明彭浩、裘錫圭等學者所定的分篇法可稱爲
　　　考慮周全、推論正確。依上所論，若想在此四篇之中互動其簡，則
　　　非兼顧到內容與字體兩方面的問題不可。〔註45〕

可見有關此三篇「篇際調整」的問題，還有待進一步的研究。雖然如此，篇
際調整的情況確實是存在的，下面我們舉兩個這方面的例子。

　　　上博竹書（四）《內禮》篇共有 11 支竹簡，其中有一條附簡，簡長 24.5
釐米，僅殘存下段。整理者釋文如下：

　　　　☐□無難。毋忘姑姊妹而遠敬之，則民有禮，然後奉之以中準。

原整理者在注釋中就該簡的歸屬問題指出：「此簡字體與本篇相同。曾將之與
第八簡綴接，但文義不洽，且編線不整。存此備考。」由此可見，整理者之
所以將此簡置於該篇，僅是由於該簡字體與該篇其他簡的字體相同。但因爲
此簡與第八簡之間文意不通、且編線不整，所以亦不能肯定將此簡置於該篇
是否正確，只能是「存此備考」。

　　　福田哲之先生將這段附簡的字體與《內禮》篇其他各簡、《昔者君老》篇
以及《季康子問於孔子》篇三篇的字體進行了認真比對，之後認爲：

　　　　儘管附簡與《內禮》在書寫風格上有許多相似性，但附簡中「亡
　　　（無）」、「母（毋）」、「而」、「敬」、「則」、「民」、「豊（禮）」、「中」
　　　等字與《內禮》《昔者君老》中的相應字在字形方面間有許多不同。
　　　而這些字與上博五《季康子問於孔子》的字形剛好吻合。因此我們
　　　可以指出《內禮》附簡應歸於《季康子問於孔子》。

從字體書寫風格的角度進行考察，福田哲之先生的看法是可信的，《內禮》篇
附簡的確應該歸入《季康子問於孔子》篇。耐人尋味的是，同樣情況亦出現
在《季康子問於孔子》第十六簡，該簡簡長 14.8 釐米，僅殘存下段。整理者
釋文是：

　　　　☐之必敬，如賓客之事也。君曰：『薦禮☐

福田哲之先生指出，此簡中「敬」、「也」、「禮」等字的字形與該篇其它竹簡

────────────

〔註45〕顧史考：《論郭店楚簡的研究方法及方向》，見艾蘭、邢文編《新出簡帛研究》，
　　　　文物出版社，2004 年版，218 頁。

的字形相異，卻與《內禮》、《昔者君老》一致。從而認爲該簡當與《昔者君老》第 2 簡（簡長 22.6 釐米、上端稍殘，下端殘缺）相綴合。綴合後的釋文是：

> 至命於合門，以告寺人，寺人入告於君。君曰：「召之」。太子入見，如祭祀之事，【昔 2】……之必敬，如賓客之事也。君曰：「薦禮【季 16】

綴合後的簡長爲 37.4 釐米，而《昔者君老》的完簡簡長爲 44.2 釐米，距完簡仍差 6.8 釐米。福田哲之先生因此認爲此二簡之間尚有 6.8 釐米的竹簡缺失。〔註46〕這些結論應該是可信的。

　　下面再看一個上博竹書（三）《彭祖》篇與上博竹書（六）《競公瘧》二篇之間進行篇際調整的例子。程鵬萬先生指出《彭祖》篇的第 4 簡雖然從字形上看與同篇的其他 7 支簡是同一抄手所書寫的，但形制上存在明顯的差別，《彭祖》篇完整的竹簡編繩有三道，上契口距竹簡頂端約 9.8 釐米，而第 4 簡上契口到頂端的距離爲 8.4 釐米，與其他簡相比，相差有 1.5 釐米之多，差別明顯，因此其歸屬可能是有問題的。進而根據馮勝君先生指出的《彭祖》與上博竹書（六）《競公瘧》係同一人抄寫的意見，認爲《彭祖》篇的第 4 簡應歸入《競公瘧》篇，而《競公瘧》篇各簡的上契口到頂端的距離爲 8.4 或 8.3 釐米，可見二者在形制是一致的。然後根據殘斷處的形狀，指出《彭祖》篇的第 4 簡應與《競公瘧》的第 5 簡拼合在一起，拼合後的相關文句爲：

> 【屈】木爲成於宋，王命屈木問范武子之行焉。文子答曰：「夫子使其私史聽獄於晉邦，敷情而不偷。使其私祝史進【競 4】……既只於天，或椎於淵。夫子之德登矣，何其崇！」故君之願、良【彭 4】、溫、聖，外內不廢，可因於民者，其祝、史之爲其君祝說也。正□【競 5】〔註47〕

這樣調整後，竹簡形制、字體方面沒有問題，而文意也較通順，可見是正確的方案。

〔註46〕福田哲之：《上博四〈內禮〉附簡、上博五〈季康子問於孔子〉第十六簡的歸屬問題》，簡帛網，2006 年 3 月 7 日。

〔註47〕程鵬萬：《上博三〈彭祖〉第 4 簡的歸屬與拼合》，復旦大學出土文獻與古文字研究中心網，2010 年 1 月 17 日。

　　郭店竹書是發掘而得的，而上博竹書和清華竹書是收購而來的，其具體出土情況不明。郭店竹書所有竹簡以《郭店楚墓竹簡》為名一冊全部公佈，李家浩先生指出書後所附的殘簡 20 的字體與《老子》乙相同，應綴合在《老子》乙簡 10 之後，這一結論顯然是可信的。〔註48〕另外如形制、字體相同的《成之聞之》、《尊德義》、《六德》、《性自命出》，由於上博竹書中有與《性自命出》內容相同的《性情論》一篇，可以看出郭店竹書《性自命出》排序無誤，剩下的三篇《成之聞之》、《尊德義》、《六德》的排序問題比較複雜，雖存在篇際調整的可能，目前還沒有滿意的解決方案，並且因有某些簡簡背的數字的發現，又帶來了新的爭議（詳下文）。〔註49〕清華竹書目前只出版了三冊，且不少簡背有標明簡序的數目字及有傳世典籍的對照，篇際調整的情況暫時還沒有，而目前出版了九冊的上博竹書卻存在大量的篇際調整的情況，如前面列舉的例子，其他各篇的情況，隨著各冊的陸續公佈，學者時有探討，做了最多貢獻的是李松儒先生，李先生根據字迹和竹簡形制對上博竹書各篇的情況做了詳細的分析，〔註50〕結合李先生和其他學者的研究，我們把上博竹書各篇的調整情況列舉如下，供學界參考：

1、《孔子詩論》《魯邦大旱》《子羔》，此三篇形制、字體全同，《魯邦大旱》《子羔》有表示一篇結束的符號，下面留白，三篇可能不是合在一起的一卷，而是各自獨立成篇的；另港簡 3 與《子羔》簡 12 可拼接為一支整簡。

2、《緇衣》《彭祖》《競公虐》《吳命》，此四篇從文字看，是一個人抄寫的，形制略有差異，應該不是編在一起的；《彭祖》簡 4 可插入《競公虐》簡 4、5 之間；《吳命》簡 2 應排除出本篇，字體與《子羔》等接近，但布局有別；《吳命》簡 5a 也應排除出本篇，歸屬待定。

〔註48〕李家浩：《關於郭店〈老子〉乙組一支殘簡的拼讀》，《中國文物報》，1998 年 10 月 28 日。

〔註49〕參看單育辰《郭店〈尊德義〉〈成之聞之〉〈六德〉三篇整理與研究》（吉林大學博士後研究報告，指導教師：徐正考教授，2013 年）、黃傑：《新見有關郭店簡〈尊德義〉等篇編聯的重要信息》（簡帛網，2013 年 6 月 6 日）。

〔註50〕參看李松儒：《戰國簡帛字迹研究——以上博簡為中心》，吉林大學博士學位論文，指導教師：馮勝君教授，2012 年。

3、《民之父母》《武王踐阼》《顏淵問於孔子》，此三篇形制、字體相同，《武王踐阼》篇由兩個或三個人抄寫完成；《成王爲城濮之行》與此三篇亦同，其乙3下可能應歸於《顏淵問於孔子》。

4、《從政》甲、乙應合爲一篇。

5、《昔者君老》《內禮》，此兩篇形制、字體全同，《昔者君老》簡3可能應歸入《內禮》；或認爲二者是一篇；《季康子問於孔子》簡16應接在《昔者君老》簡2之後，《內禮》附簡應歸入《季康子問於孔子》；港簡5、6、8字體與《季康子問於孔子》一致，港簡6或可接在《季康子問於孔子》簡4之後。

6、《君子爲禮》《弟子問》，此兩篇是同一人抄寫，但略有不同，《弟子問》簡22不大可能歸入《君子爲禮》；《弟子問》簡3應歸入《君子爲禮》，插在《君子爲禮》簡6、7之間，與簡7、8合爲一支整簡；《弟子問》簡24應別除出本篇；《孔子詩論》中披露的兩支簡與《君子爲禮》字體一致，或可歸入《君子爲禮》。

7、港簡4歸入《三德》。

8、《鬼神之明·融師有成氏》《蘭賦》《李頌》（部分），字體一致、形制接近；《李頌》（部分）字體與《彭祖》《競公瘧》《吳命》等一致。

9、《莊王既成·申公臣靈王》《平王問鄭壽·平王與王子木》，此四篇字體一致、形制相同，《平王問鄭壽·平王與王子木》是連續抄寫的兩篇，《志書乃言》簡8應接在《平王與王子木》簡4之後，首尾完整；《平王問鄭壽》簡7不屬於此篇。

10、《凡物流形·甲》簡27與篇中的其他簡不同，與《慎子曰恭儉》完全相同，應歸入《慎子曰恭儉》，與《慎子曰恭儉》簡5可拼接，全篇順序1、2、凡甲27+5、3、4、6。

11、《成王既邦》本篇字迹大致可分爲四種，分別爲：1、3、5～8、10、11、14、15；9、12、13、16；2；4。前兩組形制相同，簡4的形制、字體與《慎子曰恭儉》全同，可能應在《慎子曰恭儉》簡3前面，簡2與簡4接近，歸屬待定。此篇與《舉王治天下》5篇形制相同。

12、《孔子見季桓子》與《史蒥問於夫子》字體相同，但形制不同，分篇互有混淆。《史蒥問於夫子》簡 5 應接《孔子見季桓子》簡 25。

13、《命》《王居》《志書乃言》，此三篇字迹、形制相同，《王居》《志書乃言》應合爲一篇，《命》簡 4、5 歸入此篇；《平王問鄭壽》簡 7 與此三篇字體、形制相同，且是一篇的末簡，歸屬待定。

14、《有皇將起》《鶹鷅》，此兩篇字體、形制相同，港簡 10 與此兩篇一致。

以上是已公佈的九冊的情況，相信隨著上博竹書的完全公佈，還有進一步調整的可能。

現在我們所見到的戰國竹書幾乎都是沒有編繩的，因此發掘、流傳過程中造成不同篇的竹簡混雜在一起的情況是難免的。最初的整理者根據竹簡的形制大體歸類分篇，就難免會把形制相同而本不屬於一篇的竹簡混在同一篇中，所以篇際調整的可能性是存在的。但篇際調整涉及到的問題較多，因此進行篇際調整時需要考慮多方面的因素，進行篇際調整各篇的竹簡的形制必須完全相同，字體也須相同，否則就算文意再順暢也不能進行篇際調整，如我們在本章第一節提到的郭店竹書《語叢一》與《語叢三》之間的調整，由於竹簡形制存在明顯的差別，這樣的篇際調整顯然是錯誤的。

第三節　應注意的問題

一、篇題位置

在郭店、上博、清華三批戰國竹書中，郭店竹書各篇均無篇題，上博竹書中有篇題的約二十餘篇，清華竹書目前已公佈的有篇題的也不少。〔註 51〕就已公佈的有篇題的竹書來看，篇題一般是寫在簡的背面，與正面的簡文或是同一人書寫，如《子羔》、《中弓》、《鮑叔牙與隰朋之諫》、《曹沫之陣》等，

〔註51〕這一問題尚未見學界有專文討論，從竹書的實用性考慮，還是有篇題較爲方便，但郭店竹書卻沒有一個篇題，而上博竹書和清華竹書部分有篇題，其他的也沒有篇題，不知是何故。再如上博竹書裏不少篇章有重篇，字體不同而內容基本相同，這種情況其他兩批竹書則沒有。筆者認爲這可能某些竹書是墓主生前所使用的，而有些則可能是爲了陪葬而製作的。當然，這只是推測，實際情況還有待材料的公佈及進一步的研究。

或是不同的人書寫，如《容成氏》、《恒先》、《內禮》、《競建內之》等。雖然上博竹書和清華竹書中的某些篇章有篇題，但其篇題的位置卻有所不同，上博竹書的篇題多在起始的幾支簡或最後的幾支簡的背面，一般是正數或倒數第二、三簡的簡背，而清華竹書的篇題則基本都是在最後一支簡的簡背，這可能與書寫或收藏者的個人習慣有關。竹書的篇題類似於今日書的封面上的書名，或者書脊上的書名，當竹簡卷起來時，篇題顯露在外，便於查找。竹書的收卷方式有兩種，一是從首簡開始，簡文向內卷起，這樣卷起後竹書的最後幾支簡顯露在外，可以書寫篇題；一是從末簡開始，簡文向內卷起，這樣卷起後竹書的起始幾支簡顯露在外，可以書寫篇題。〔註52〕無論是哪種收卷方式，若有篇題，不論篇題是在起始的幾支簡或最後的幾支簡的背面，還是在最後一支簡的簡背，對我們正確地編聯竹書都有積極的意義。

以《容成氏》〔註53〕為例，全篇現存完、殘簡55支，篇題位於簡53的背面，經過多位學者的研究，其編聯基本確定，主要記述了上古傳說中堯舜禹禪讓以及湯武革命等重要事迹。經梳理，其脈絡大體為：堯以前古帝王政事→堯由賤而為天子→舜賢，堯讓舜→舜時政事→舜讓禹→禹時政事→禹讓位皋陶、益，啓攻益得帝位傳至桀→桀驕泰→湯攻桀，天下亂→伊尹為湯之佐，天下得治，湯終王天下→湯傳至紂，紂德昏亂→九邦叛、文王佐紂平叛→武王即位、伐紂，建立西周王朝。現存竹簡最後部分簡文為：

　　　　武王於是乎素冠弁，以造【52】類於天，曰：「紂為無道，昏
　　舍百姓，繫約諸侯，絕種侮姓，土玉水酒，天將誅焉，吾勴天威之。」
　　　武王素甲以陳於殷郊，而殷【53】

從文義上看，簡53最後「而殷」後面顯然還應當有文字，故原整理者李零先生認為，第53支不是最後一支，按竹簡的體例推測，其後應還有一到兩支簡。〔註54〕該篇首簡缺，中間部分可能還缺幾支，那麼其原來的總簡數應為60支左右。從數量上看，60支簡作為一卷也是夠的。如李零先生所推測的那樣，篇題在全篇的倒數第2或第3支簡的背面，這與我們所說的篇題必定在起始的幾支簡或最後的幾支簡的背面是吻合的，其收卷方式應是前一種。再看《曹

〔註52〕 參看張顯成：《簡帛文獻學通論》，168頁；馮勝君：《郭店簡與上博簡對比研究》，61頁。

〔註53〕 關於《容成氏》篇的編聯、篇題等問題可參看第四章的論述。

〔註54〕 馬承源主編：《上海博物館藏戰國楚竹書（二）》，上海古籍出版社，2002年版，249頁。

沫之陣》篇，全篇現存完、殘簡 65 支，篇題寫在第 2 簡的簡背。從內容來看，前三支簡作爲本篇的開始應是沒有問題的，所以篇題寫在第 2 簡的簡背也是合適的，只不過其收卷方式與《容成氏》篇剛好相反，屬於前面所提到的後一種。

以上我們所討論的是以一篇作爲一卷的例子，當幾篇合在一起作爲一卷時，情況就有點複雜了。《子羔》篇現存 14 支簡，原整理者認爲篇題在第 5 簡的簡背，陳劍、裘錫圭、李學勤〔註 55〕等先生對簡作了新的排序調整，重新編排後，寫有篇題的簡排在倒數第 3 簡，並且從內容看，此處已是全篇的結尾，其篇題位置與《容成氏》類似，其排序應該是合理的。但是，最初參與整理上博竹書的李零先生認爲，《子羔》、《孔子詩論》、《魯邦大旱》三篇竹簡形制、字體完全相同，應是合抄在一起的，即三篇合爲一卷，其順序應爲《子羔》在前，《孔子詩論》次之，《魯邦大旱》最後。〔註 56〕若按這樣的順序排列，三篇共有完、殘簡 49 支（當然，這顯然不是全部的竹簡數），「子羔」作爲三篇共同的篇題在第 12 簡的背面，無論用哪種收卷方式，篇題都不會顯露在外，也就失去了其作爲篇題的意義，顯然是有問題的。我們認爲這三篇的編排順序有兩種可能，第一種可能是確如李零先生所說，三篇合爲一卷，但《子羔》篇應是在最後，而不是最前，只有這樣「子羔」作爲三篇共同的篇題寫在全卷的倒數第 3 簡的背面，才是合理的；〔註 57〕第二種可能是三篇各自成篇，並未合爲一卷，「子羔」作爲《子羔》篇的篇題寫在全篇倒數第 3 簡的背面，也是合理的，而《孔子詩論》、《魯邦大旱》兩篇本無篇題或寫有篇題的竹簡遺失了。

再來看一個一篇有兩個篇題的例子。按原整理者的意見，「競建內之」作爲《競建內之》篇的篇題，寫在本篇第 1 簡的背面，這似乎與我們前面提到的原則是相合的。「鮑叔牙與隰朋之諫」作爲《鮑叔牙與隰朋之諫》篇的篇題，寫在第 9 簡的正面，這也是目前我們見到的戰國竹書中，唯一的一例把篇題寫在竹簡正面的，並且是單獨的一支簡書寫篇名，上下皆留白。但是，根據

〔註 55〕參看陳劍：《上博簡〈子羔〉、〈從政〉篇的竹簡拼合與編連問題小議》，《文物》2003 年第 5 期；裘錫圭：《談談上博簡〈子羔〉篇的簡序》，《上博館藏戰國楚竹書研究續編》（上海書店出版社，2004 年版），9 頁；李學勤：《楚簡〈子羔〉研究》，《上博館藏戰國楚竹書研究續編》，13 頁。

〔註 56〕李零：《上博楚簡三篇校讀記》，中國人民大學出版社，2007 年版，6 頁。

〔註 57〕類似的情況見於上博竹書（六）中的《莊王既成・申公臣靈王》，這兩篇是合抄在一起的，第 1 簡的背面寫有「莊王既成」四字，是這兩篇共用的篇題。

陳劍、李學勤先生〔註58〕的研究，這兩篇應合為一篇，顯然是正確的。這樣，就出現了一篇竹書有兩個篇題的情況。值得注意的是，「競建內之」四字與正面的文字顯然不是一個人所寫的，並且這四個字與正文所述內容看不出有任何關係，顯然不可能是《鮑叔牙與隰朋之諫》篇的篇題，因此有學者認為是收藏者所書寫的，或是表明其來源，〔註59〕陳劍先生認為：

> 此外最可注意的，是這兩篇在篇題方面的特殊情況。《鮑叔牙》之簡9將篇題單獨書寫於一簡的竹黃一面，整理者已指出其係「利用原已使用過的竹簡，將原文刮去」。這種情況在已發表的楚竹書中前所未見。《競建》篇題「競建內之」四字與正文不出於一人之手，而且正文並未出現「競建內之」。要說此四字是在殘失的簡文上，也不大可能。「競建」當為人名，「競」即楚王族屈、昭、景三氏之「景」氏。「競（景）建」既是楚人，而此篇是記齊國之事，出現「競（景）建」的可能性既不大，以之名篇更不可能。綜合以上情況考慮，雖然當時事實真相到底如何難以完全弄清，但我想最有可能的是：此兩篇本為一篇，篇題為《鮑叔牙與隰朋之諫》。後來被誤題為「競建內之」（大概因題篇題時竹簡處於收卷狀態、未核檢正文之故），遂又另外用廢棄的有字竹簡刮去原文，單鈔上篇題，編在全篇之首或篇末。同時，誤題的篇題「競建內之」則不知什麼原因未被刮去。
> 〔註60〕

仿照上節所論，我們認為「競建內之」仍是篇題，只不過不是《鮑叔牙與隰朋之諫》篇的篇題，而是與《鮑叔牙與隰朋之諫》篇合抄在一起的另一篇的篇題。這樣，「鮑叔牙與隰朋之諫」作為《鮑叔牙與隰朋之諫》篇的篇題單獨書寫在一支竹簡上，起到了隔開兩篇文章的作用，因為「鮑叔牙與隰朋之諫」作為篇題寫在竹簡的正面，當竹書卷起來時是無法看到的，也就沒有意義了。至於篇題與正文不是一人所書寫的情況，如前所述，這種情況戰國竹書中是存在的。如此，「競建內之」作為合抄在一起的兩篇或幾篇的共同篇題與「子

〔註58〕參看陳劍先生（《談談〈上博（五）〉的竹簡分篇、拼合與編聯問題》，簡帛網，2006年2月18日）和李學勤先生（《試釋楚簡〈鮑叔牙與隰朋之諫〉》，《文物》2006年第9期）的編連意見。

〔註59〕禤健聰：《上博楚簡（五）零箚（一）》，簡帛網，2006年2月24日。

〔註60〕陳劍：《談談〈上博（五）〉的竹簡分篇、拼合與編聯問題》，簡帛網，2006年2月19日。

羔」的情況是類似的，而其書寫的位置也是合理的。在清華竹書中也存在一特殊情況，《周公之舞琴》與《芮良夫毖》兩篇竹簡形制、字體相同，《周公之舞琴》簡 1 的簡背有「周公之舞琴」五字，從書寫位置看似乎應該是本篇的篇題，但此五字與本篇內容毫無聯繫，肯定不是篇題。《芮良夫毖》簡 1 的簡背有「周公之頌志」五字，但曾被刮削，字迹模糊，這五個字從內容看，與《周公之舞琴》比較符合，所以整理者認爲其應該是《周公之舞琴》篇的篇題（但整理者仍把「周公之舞琴」作爲前者的篇題，而後者的篇題「芮良夫毖」則是根據內容而命名的）。我們認爲這有兩種可能，第一種可能，「周公之舞琴」是篇題，只不過是與現在命名爲《周公之舞琴》和《芮良夫毖》兩篇合抄在一起的另外一篇的篇題，由於三篇合抄在一起，故用其中一篇的篇題作爲總的篇題，書寫在合抄的第一簡的簡背；第二種可能，「周公之舞琴」屬於誤題，「周公之頌志」才是現在命名爲《周公之舞琴》篇的篇題，但不知什麼原因沒有像《芮良夫毖》那樣被誤題爲「周公之頌志」後被刮削掉，而保留了下來。當然，這只是我們的推論，實際情況是否如此，只能等待更多的資料公佈後才能決斷。總之，篇題位置與竹書復原存在密切的關係，且與竹書的分篇和幾篇合抄的情況有密切的關係，是我們在復原竹書時應注意的。

二、字體及書寫格式

除了形制外，我們面對戰國竹書時，最直觀的就是字體了，所以我們可以依據字體大致分篇。李零先生指出，「竹簡的發表形式，我個人的看法是，最好還是參照考古報告的編寫形式，盡量反映客觀情況，而較少摻雜主觀想像。所以，按形制（簡長和簡形）、字體分類，而不是按內容分類是十分必要的。這樣做的好處是，它不但便於研究簡文的實際分類和內部聯繫，而且也可以避免把內容不同但合抄在一起的東西身首異地分在不同的地方。」〔註61〕這樣做當然是最好的，但目前正在分冊公佈的上博竹書卻沒有按這樣的方式做，這就給竹書復原帶來了許多麻煩。一般說來，同一篇竹書應是由一個抄手完成的，而同一個抄手卻可以抄寫多篇，但也有特殊情況，如同一篇竹書存在不同的字體，甚至同一支簡也存在不同的字體。李松儒先生指出：

〔註61〕李零：《上博楚簡三篇校讀記》，中國人民大學出版社，2007 年版，9 頁注 2。

　　郭店簡《五行》第 10 支簡與第 11 支簡的上半部，和其它簡的字跡差異甚大，無論風格、字體、字形均不相類，肯定不是出自同一抄手之筆，但根據文意這支簡無疑可以編入《五行》這一篇文章中。再如上博簡《競建內之》的同一支簡上還存在著不同抄手交互書寫的字跡，有的竹簡上只有一、兩個字與其他字跡不同。如圖：

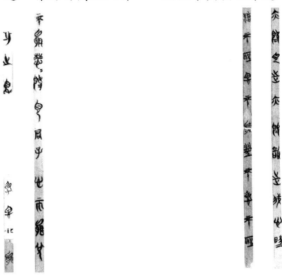

《五行》簡 10 、簡 11 支上半部　　　《五行》簡 10 、簡 11 支下半部

《競建內之》第 20 簡　　　　　《競建內之》第 19 簡

　　　　……這可能是在抄寫過程中因爲某種原因而臨時更換了抄手
　　　所致，這種情況是十分值得我們注意的。戰國時期的書寫習慣及書
　　　寫規範離現代的書寫情況已經有了很大的距離，由於缺乏傳世文獻
　　　及出土文獻在這方面的研究資料，所以目前我們還不能對出現這樣
　　　的現象給予合理的解釋。〔註62〕

這是同一篇內或同一支竹簡上存在不同字體的情況，類似的情況還見於上博
竹書（七）中的《武王踐阼》篇。〔註63〕

　　如果說這種情況對竹書復原的影響還不大的話，那麼多篇爲同一個抄手
所抄寫，且竹簡形制完全相同的，其竹書復原也就存在較多的問題。如上博
竹書（二）中的《從政》篇，原整理者分爲甲、乙兩篇，其中甲篇包含19支
竹簡，其中第6、第7號簡係一簡之折，可以拼合爲一支整簡，乙篇包含6支
竹簡。陳劍先生認爲：

　　　　我們分析這25支簡各方面的情況，不太明白整理者爲什麼一
　　　定要將它們分爲甲乙兩篇。本篇沒有篇題、篇號，僅甲篇第19簡這
　　　一支簡的簡末文句抄完後留有空白，表明其爲一篇之末簡；甲乙兩
　　　篇在簡長、字體、編繩數目與位置等方面也看不出什麼明顯差別。
　　　整理者據以分篇的根據「兩組竹簡長度各異，編繩部位亦不相同」
　　　（《上海博物館藏戰國楚竹書（二）》213頁），其實相當薄弱，因爲
　　　所謂乙篇中只有一支整簡，即第1簡。而此簡長42.6釐米，跟甲篇
　　　的幾支整簡5、8、11、18長度完全相同。甲篇餘下的三支整簡第1、
　　　15簡長42.5釐米，第19簡長42.8釐米，也沒有多少出入。所謂編
　　　繩位置的問題，細看圖版，也很難看出兩篇有什麼不同。

進而指出，「分屬甲乙兩篇的有些簡可以拼合、連讀。總之，這25支簡本
應屬於同一篇，《從政》篇並無所謂甲篇乙篇的問題。」〔註64〕這一結論顯
然是可信的。再如上博竹書（五）中的《競建內之》與《鮑叔牙與隰朋之
諫》兩篇，陳劍先生通過內容、形制、字體等方面的比較，認爲二者應合

〔註62〕 李松儒：《郭店楚墓竹簡字迹研究》，吉林大學碩士學位論文，指導教師：吳
　　　　振武教授，2006年，19頁。
〔註63〕 參看李松儒：《上博七〈武王踐阼〉的抄寫特徵及文本構成》，復旦大學出土
　　　　文獻與古文字研究中心網，2009年5月18日。
〔註64〕 陳劍：《上博簡〈子羔〉、〈從政〉篇的竹簡拼合與編連問題小議》，《文物》2003
　　　　年第5期。

爲一篇：

> 從竹簡形制來説，據原《説明》，兩篇竹簡在簡長、三道契口
> 的位置等方面完全相同。從内容來説，其前後貫通已如上述。
>
> 從書寫風格來看，《鮑叔牙》篇大多數簡上的文字筆畫較細，
> 與《競建》篇頗有不同。這大概是將兩篇合爲一篇的最大障礙。但
> 可注意的是，恰好是兩篇相連處的《鮑叔牙》篇的簡 4 比較特別。
> 此簡文字明顯近於《競建》篇，而跟《鮑叔牙》篇簡 2 等那類筆畫
> 很細的書體也有明顯不同。如果承認《鮑叔牙》篇的簡 4 可以歸入
> 《競建》篇，那麼接下來的編聯和兩篇合爲一篇就是順理成章的事
> 了。〔註65〕

隨後，郭永秉先生又作了進一步的補充，認爲「陳劍先生所舉的《鮑叔牙》
簡 4 的字體與《競建》的字體有明顯差別，還是更爲接近《鮑叔牙》的其它
簡文。但是仔細辨析《競建》的字體，其實也並不一致。我們覺得其中不少
字顯然就是《鮑叔牙》的書手鈔寫的」，「《競建》和《鮑叔牙》應該就是由兩
個書手鈔寫完畢的。這說明陳劍先生將兩篇合爲一篇的看法應是可信的」。至
於「爲什麼《競建》會多次出現兩種字體交叉，而且有的只是穿插一兩個不
同字體在内」，郭先生認爲「《競建》經後一書手校對筆削，然後接鈔《鮑叔
牙》」或「也有可能是經過刮削後重新書寫上去的」。〔註66〕

總之，字體在分篇、竹書復原過程中有重要的價值，但這必須以竹簡形
制相同爲前提。竹簡上除了文字外，還有各種標識符號，據孫偉龍、李守奎
先生的研究，這些符號大致可以分爲十類，即卦畫、卦首尾標識符號、合文
符號、重文符號、句讀符號、章節符號、篇尾符號、校勘符號、專名符號、
其它符號等，並對考查了這些標識符號在竹書中的使用情況，最後認爲：

> 較之甲骨文、金文，簡牘文字中的標識符號無疑更加豐富多
> 樣，使用更加廣泛，但其畢竟爲標點符號的濫觴期，故其規範性較

〔註65〕陳劍：《談談〈上博（五）〉的竹簡分篇、拼合與編聯問題》，簡帛網，2006
年 2 月 19 日。李學勤先生也有類似的看法（《試釋楚簡〈鮑叔牙與隰朋之諫〉》，
《文物》2006 年第 9 期），可參看。

〔註66〕郭永秉：《關於〈競建〉和〈鮑叔牙〉的字體問題》，簡帛網，2006 年 3 月 5
日。禤健聰先生（《上博楚簡（五）零箚（一）》，簡帛網，2006 年 2 月 24 日）
也認爲，「全篇有兩種不同字體，值得注意的是，原《競》篇簡 2、7、8 等均
有字與原《鮑》篇的字體筆畫相合，似是原字漫滅而後補全者」。

差。具體到上博簡來看，各篇標識符號的使用差別很大，雖有一定的「規律」，但這些「規律」僅限於同一種筆迹書寫的篇章內，在楚簡範圍內並不具備規律的普適性。同一功能的標識符號，在不同篇目中用形體不同的符號來表示，如上文所論篇尾符號、章節符號在各篇中就使用種種差別甚大的符號來表示。同一種符號在不同的篇章中又可以表示不同的內容。一篇之中，有些篇各種符號皆備，如《性情論》句讀符號、章節符號、篇尾符號區別甚明；有些篇則「一點到底」，如《從政》、《曹沫之陣》等，篇尾、章節、句讀符號在形式上沒有任何不同；有些篇則寥若晨星，如《容成氏》全文 2080 個字，通篇僅有二個句讀符號（簡 25、39）出現在無關緊要處，不知其用意。至於哪些是書寫時所加，哪些是校勘或閱讀時所補，更無從得知。這些都尚待進一步的研究。〔註67〕

由於戰國竹書中的標識符號還沒有形成規範化的體系，因此我們在研究中只能根據某一篇的具體情況來判斷，而不能從中得出規律性的認識。

書寫格式也是竹書呈現給我們的一種直觀現象，一般來說，一篇竹書每支簡的書寫格式應該是一致的，否則就顯得雜亂無章。但有些竹書的書寫格式比較特殊，如《語叢三》最後的幾支簡是分上下兩欄書寫的，至於這樣寫的原因，我們現在還不清楚，它們在整篇竹書中的位置也不明確。再如，《孔子詩論》篇有些是滿簡書寫，有些卻上下簡端留有空白，學者就這些簡的編聯有許多爭議，現在還沒有達成共識，有待進一步的研究。〔註68〕

三、簡背內容

在戰國竹書中，除了篇題一般是寫在簡背之外，有時簡背也會書寫一些其他內容，如一些數字以及正面漏寫或寫錯而補寫或改寫在簡背的內容，這些信息對竹書復原是很有幫助的。

如果竹書的每支竹簡上標有表明順序的數字，就像今天書籍的頁碼一樣，我們的竹書復原工作就會進行的非常順利，但目前所見到的戰國竹書簡

〔註67〕 孫偉龍、李守奎：《上博簡標識符號五題》，《簡帛》第三輯，上海古籍出版社，2008 年版。

〔註68〕 參看康少峰：《〈詩論〉簡制、簡序及文字釋讀研究》，四川大學博士學位論文，指導教師：彭裕商教授，2005 年；譚中華：《〈孔子詩論〉編聯分章問題研究綜述》，吉林大學碩士學位論文，指導教師：馮勝君教授，2007 年。

背有數字的只有慈利竹書的部分竹簡和郭店竹書的《尊德義》及《成之聞之》的個別竹簡。對於前者，整理者介紹「少部分簡簡背標有數字，相當於我們今日書籍的頁碼編次……數字或居簡背之首，或居中，或居簡末……四千餘片簡只有幾十篇背面尚留墨痕，即使以整簡八百餘計，亦十不存一。」〔註69〕由於慈利竹書整體資料尚未公佈，僅就已公佈的部分《吳語》來看，據何有祖先生的研究，簡背數字與正面所書寫的內容並不存在什麼關係，他認為「這有兩種可能，一種，即該數字與簡文所形成的上下文並無任何瓜葛，其數字也許與簡文順序無關。作為另一種可能，慈利簡文有著比今本《吳語》更為細緻的劃分，並且每個局部的順序都是重新從『一』開始。在數字信息不足的前提下，就會形成以上局部連續的數據鏈，當然數字間的差距越小當越能說明該鏈的可靠。」〔註70〕蕭毅先生認為「這些數字可能相當於頁碼，也可能是書手抄寫時的編碼，無論哪種情況都為我們瞭解竹書《吳語》的篇章結構等提供了信息，由於材料較模糊，比如不知道簡背數字在正面相對應的位置、簡的殘缺情況等等，有些問題頗為費解。」〔註71〕所以，目前我們還不能就這些簡背數字得出有意義的結論。

郭店竹書簡背的數字，在原來出版的《郭店楚墓竹簡》一書中並未說明，而是到了2006年原整理者才公佈了《尊德義》篇第11、12、15、28簡及《成之聞之》第13簡的簡背，分別寫有「百八」、「百四」、「百一」、「百」、「七十二」幾個數字，《成之聞之》篇一支簡的簡背數字距竹簡上端17.5釐米，《尊德義》篇四支簡的簡背數字距竹簡上端14.5釐米，簡背寫有數字的五支簡，其書寫方向均與正面文字相反，其書寫風格相同，很可能是同一位抄手所寫，但簡背面的數字有何作用，是簡的記數還是簡上文字的記數，尚不清楚。〔註72〕陳劍先生對此作了專門的研究，他首先排除了「簡上文字的記數」的可能性：

> 首先，在現有戰國楚簡中，還沒有看到在竹簡正面或背面記簡文字數的先例；其次，秦漢簡帛記簡文字數的，大都記於一章或一

〔註69〕張春龍：《慈利楚簡概述》，《新出簡帛研究》，文物出版社，2004年版，4～11頁。

〔註70〕何有祖：《慈利竹書與今本〈吳語〉試勘》，簡帛網，2005年12月26日。

〔註71〕蕭毅：《慈利竹書〈國語·吳語〉初探》，簡帛網，2005年12月30日。

〔註72〕劉祖信、鮑雲豐：《郭店楚簡背面記數文字考》，「新出楚簡國際學術研討會」論文，武漢大學，2006年。

篇之尾，緊接於正文部分，是對全章或全篇字數的統計，沒有看到記在篇中某簡或某幾簡背面的；同時，從秦漢簡帛記簡文字數的情況也可以看出，上舉郭店簡的這些數字太小，僅相當於幾支簡的字數。如果它們分別是對其前幾支簡簡文字數的統計，也看不出這樣做有什麼特別的必要性。〔註73〕

既然排除了簡背的數字是「簡上文字的記數」的可能性，那麼這些數字是不是「簡的記數」呢，陳劍先生結合郭沂、周鳳五和林素清、李零、王博、陳偉、顧史考、李學勤、廖名春等多位學者的研究成果，就簡背數字與簡序的關係做了多方面的考慮，但最終認為：

> 我們在最初著手將《尊德義》和《君子之於教》（引按：指《成之聞之》）兩篇的簡背所記數字，跟其簡序結合起來考察時，曾希望能夠對個別竹簡的編聯起到某種決定性的作用。但考察的結果是頗為令人失望的。總結本書所論，這兩篇簡背所記數字序列，通過跟研究者將其竹簡重新編聯的可靠結果的比較可以看出，跟簡序既有完全相合的，還有相差很遠無法排入同一組之中的。這些數字的性質，最可能是出於某種目的對有關竹簡從後往前清點計數，隨手記在簡背的數目字，因此某些簡背數字跟竹簡的先後順序是存在對應關係的。但由於資料太少，其計數的起點不明，還可能存在計數起點不同、計數起點相同的也因計數不止一次而略有出入等多種複雜情況，因此它們對於有關竹簡的編聯和全篇簡序的排定雖不無參考作用，但難以完全依賴。在關鍵的編聯之處，最重要的還是要看文意是否通順無疑。〔註74〕

雖然如此，廣瀨熏雄先生在此基礎上又作了進一步研究，他採取了陳偉先生將《尊德義》第11簡與第16簡連讀的意見，而簡背有數字的四支簡剛好在同一編聯組中，為說明問題，現將相關簡文引錄如下：

> 知禮而不知樂者，亡知樂而不知禮者。善取，人能從之。上也
> 11【百八】

〔註73〕陳劍：《郭店簡〈尊德義〉和〈成之聞之〉的簡背數字與其簡序關係的考察》，《簡帛》第二輯，上海古籍出版社，2007年版，210頁。

〔註74〕陳劍：《郭店簡〈尊德義〉和〈成之聞之〉的簡背數字與其簡序關係的考察》，224～225頁。

不以嗜欲害其儀軌。民愛則子也，弗愛則雔也。民五之方挌，26 十之方爭，百之而後服。善者民必富，富未必和，不和不安，不安不樂。27

善者民必眾，眾未必治，不治不順，不順不平。是以爲政者教道 12【百四】

之取先。教以禮，則民果以輕。教以樂，則民弗（？）德清將。教 13

以辯說，則民襄陵長貴以忘。教以勢，則民野以爭。教以技，14

則民小以客。教以言，則民吁以寡信。教以事，則民力嗇以衝利。15【百一】

教以權謀，則民淫悃遠禮亡親仁。先之以德，則民進善安 16

化。故率民向方者，唯德可。德之流，速乎置郵而傳 28【百】

命。其載也亡重焉，交矣而弗知也。明德者，且莫大乎禮樂。29

在這一編聯組中，簡背數字是從後往前計數的，所記數字與竹簡順序存在一定的關係：

這樣一來，如果從 28 號簡【百】數起的話，到 11 號簡正好是【百八】。

很奇怪的是，如果從【百】數起的話，祇有【百八】是對的，【百一】、【百四】都對不上。相反，如果從【百一】數起的話，祇有【百四】是對的，【百】、【百八】就對不上了。陳劍先生說「可以設想，在從某個起點開始計數數到一百　左右時，容易出現一兩號的差錯，這是完全可以理解的」。據此筆者進一步推測，當時清點的人很有可能好幾次從頭計數。比如說，第一次計數的時候，他數到 28 號簡，以爲這是第一百支，記下了「百」；第二次計數的時候，他數到 15 號簡，以爲這是第一百零一支，結果出了一支簡的差錯，但祇好記下「百一」；他後來又計數，這次 12 號簡是第一百零四支，正好與第二次計數的結果符合；到後來再次計數，這次 11 號簡是第一百零八支，又與第一次計數的結果符合。

雖然簡背數字和簡序不能完全對上，但其對應關係還是很清楚

的。正如陳劍先生所説，簡背數字是從後往前清點的數目。根據這些簡背數字，《尊德義》11-26-27-12-13-14-15-16-28 的編連可以説是鐵案了。

隨後，廣瀨熏雄先生又對《成之聞之》第 13 簡的簡背數字「七十二」作了探討，認爲陳劍先生對《成之聞之》篇的排序大體是可取的，但有一處需要調整，即將簡 29-23-22-30 的順序改爲 22-23-21-29，這樣調整後，且將《成之聞之》放在《尊德義》的後面，「其簡背數字和簡序果然有對應關係」，即如果從《成之聞之》第 13 簡的簡背數字「七十二」數起的話，「(《尊德義》篇) 28 號簡【百】是【百三】，15 號簡【百一】是【百五】，12 號簡【百四】是【百八】，11 號簡【百八】是【百十一】。其誤差都在三～四內。此誤差不小，但也不大。可見這些簡背數字都是從同一起點開始計數的。」由此得出結論：

> 陳劍先生説「我們在最初著手將《尊德義》和《君子之於教》兩篇的簡背所記數字，跟其簡序結合起來考察時，曾希望能夠對個別竹簡的編聯起到某種決定性的作用。但考察的結果是頗爲令人失望的」。筆者就是因爲這個失望，才重新考慮這個問題。結果發現，陳劍先生對簡背數字的理解是對的，而且《尊德義》和《成之聞之》的排列方案只需要作部分調整，大部分都可從。更重要的是，做這一調整時，簡背數字確實起到了決定性的作用。〔註75〕

可見，這些寫在簡背面的數字與簡序是存在一定的關係的，只是目前這樣的例子還太少。如前所述，郭店竹書的這幾篇的調整，隨著新公佈的資料，又引起了新的討論，可參看。

簡背數字在竹書復原中的作用起到重要作用的是清華竹書，〔註76〕與郭店竹書《尊德義》和《成之聞之》簡背的不連續的數字不同，清華竹書就目前公佈的三冊來看，簡背有連續數字的有《尹至》、《尹誥》、《耆夜》、《周武王有疾周公所自以代王之志（金縢）》、《皇門》、《祭公之顧命（祭公）》、《楚居》、《繫年》、《說命（上、中、下）》、《周公之舞琴》、《芮良夫毖》、《良臣》、《赤鵠之集湯之屋》，這些數字就是爲了標明簡序的，故這些

〔註75〕廣瀨熏雄：《郭店楚簡〈尊德義〉和〈成之聞之〉的簡背數字補論》，簡帛網，2008 年 2 月 19 日。

〔註76〕上博竹書中竹簡上有表明竹書順序的數字且對竹書復原起到作用的目前只有第九冊裏的《卜書》篇，不過其數字是寫在竹簡正面的下端的，是比較特殊的例子。

篇的編聯沒有問題。少數幾篇簡背沒有數字的，其編聯就可能會出現問題，如《程寤》〔註77〕、《保訓》〔註78〕，可見簡背數字在竹書復原中所起的作用。

　　隨著對戰國竹書研究的深入，簡背除了數字，對竹書復原有重要作用的簡背畫線也引起了學者的注意。由於以往公佈的竹簡，只注重竹簡寫字一面的內容，故簡背除了個別有字等特殊情況的竹簡，竹簡背面的照片都沒有公佈，清華竹書則公佈了全部竹簡的背面照片，學者通過研究發現編排成冊的竹書簡背刻有基本連貫的「簡冊背畫線」，同時上博竹書裏公佈了簡背面照片的幾支簡，也存在這樣的刻畫線。而這些連續的簡背刻畫線則可提示竹簡的編聯，或可以用來檢驗竹簡編聯的正確與否，孫沛陽先生對此有專門的討論，他認為：

> 簡冊背畫線可以幫助解決一些竹簡編聯問題。但是，古人並不一定每次書寫都按序取簡，也不一定有足夠多的竹簡來寫完一長篇文字，這些不可知的因素，說明簡冊背畫線對於簡序編排並無決定性作用。所以，雖然簡冊背畫線有提示簡序的作用，但只是輔助性的，不可以孤立運用。只有同時綜合考慮竹簡上其他信息，諸如竹簡尺寸、文字內容等，與簡冊背畫線形態彼此互證，以簡文通讀為首要標準，才會真正發揮簡冊背畫線的作用。〔註79〕

這一問題目前的資料還不夠豐富，有待進一步探討。

　　除了上面的情況之外，正面漏寫或寫錯而補寫或改寫在簡背的情況，有時會在竹簡正面標有明顯的標記，如上博竹書（五）《鬼神之明》篇簡2正面漏抄了「此以桀折於鬲山，而受昏於只社」這段話，補寫在了該簡的背面，在正面以「━」標明。但有的在竹簡正面不會有明顯的標記，如郭店竹書《緇衣》篇簡40正面漏抄了「句又言，必晤其聖」這句話，雖然補寫在了該簡背面，但正面未見明顯標記。

〔註77〕復旦大學出土文獻與古文字研究中心研究生讀書會：《清華簡〈程寤〉簡序調整一則》，復旦大學出土文獻與古文字研究中心網，2011年1月5日。

〔註78〕白於藍：《清華簡〈保訓〉篇竹簡編連問題芻議》，復旦大學出土文獻與古文字研究中心編《中國古文字研究會第十九屆學術年會散發論文合集》，2012年10月，7～11頁。

〔註79〕孫沛陽：《簡冊背畫線初探》，《出土文獻與古文字研究》第四輯，上海古籍出版社，2011年版，458頁。

　　還有一種情況是整理者在公佈材料時遺漏而未能公佈出來，如郭店竹書《五行》篇簡 36「敬而不▢」，其中的「▢」據馬王堆漢墓《五行》篇當讀爲「懈」，但楚文字中的「懈」一般作「▢」，後來李零先生在參觀荊門博物館時發現《五行》篇簡 36 的背面與「▢」對應之處有一楚文字中的「懈」字，這一現象在《郭店楚墓竹簡》一書中並沒有反映出來。李先生認爲簡背的「懈」字是「▢」字的「改錯之字」。〔註 80〕不過也有學者認爲，簡背的「懈」字是用來替換正面難認的「▢」字的，起著類似注釋一樣的作用，或認爲「▢」是古文「懈」的另一種寫法。〔註 81〕無論如何，這種情況也是竹書復原過程中應注意的。

　　總之，竹書復原是一項複雜的工作，同時也是「一項長期艱巨的任務」，「有的經過一段時間的討論，就會在學界形成一致或傾向性的看法；有的也許將在很長時期內存在不同見解的相持。」〔註 82〕在戰國竹書整理復原中創獲頗多的陳劍先生在總結自己的經驗時，提出四個步驟：

> 其一是竹簡的分篇，需要關注竹簡形制和書手字體。其二是竹簡的拼合，需要關注簡長、契口和編繩痕迹以及拼合處茬口形狀和殘字。其三是竹簡的編聯，關鍵在於注意行文脈絡，尋找排比句式或相近的句式、前後反覆出現的覆上之文、歸納之文等，同時還要注意排除兩簡連讀處存在誤字、衍文、倒文等的干擾。其四是竹書全篇的復原，一般是先整理出若干個小的拼合編聯組，然後再復原出全篇，其間要考慮全篇的行文特點及完整情況，由此可以決定復原到什麼程度，以及各編聯組有無連讀的必然性的問題，還要重視篇題簡、篇末簡的作用。〔註 83〕

有實際竹書整理經驗的李零先生將竹書拼合、復原總結爲八個步驟：〔註 84〕

> 1、用剪刀或裁刀剪裁照片，並在簡文的上下保留臨時編號，以便查對。

〔註 80〕 李零：《郭店楚簡校讀記》，194 頁。
〔註 81〕 參看馮勝君：《郭店簡與上博簡對比研究》，325～326 頁。
〔註 82〕 陳偉：《郭店竹書別釋》，13 頁。
〔註 83〕 這是陳劍先生於 2010 年 6 月 28 日在復旦大學出土文獻與古文字研究中心所作的「簡帛古書拼綴雜談」講座時提到的，參看復旦大學出土文獻與古文字研究中心網報導《陳劍教授在中心作講座》，2010 年 6 月 30 日。
〔註 84〕 參看李零：《簡帛古書與學術源流》，155～157 頁。

2、按簡長、簡形對照片做初步分類，把剪開的照片分成若干小堆。

3、按字體和內容對照片做進一步分類，在小堆裏面在分堆，分之又分，直到每一篇各自成堆。最後，把暫時難以歸併的殘簡單獨放在一起。

4、按分類結果，爲每一篇做分簡釋文。

5、根據分簡釋文，把文意可以銜接的殘簡和完簡盡量綴合拼聯起來。

6、在圖版紙上畫線，即以完簡的長度爲準，用鉛筆畫出標識簡端、簡尾和契口、編痕位置的橫線，然後按這幾道橫線，核對位置，黏貼照片。

7、在各篇大致排定後，還應進一步調整每篇之內的順序，檢查各篇之間是否仍有混入的簡文，然後出此入彼，做進一步調整，並檢查上述難以歸併的殘簡，看看是不是還有可以拼入的簡文。最後，按排定的順序重新編號，每篇自爲起訖，並把無法歸併的殘簡編爲附錄。

8、凡竹簡本身有篇題，應以竹簡原來的篇題作篇題；沒有，則可拈篇首之語或隱括全篇內容以爲題，並用表示補字的〔　〕號括起，以示區別。

這些都是經驗之談，若竹書的復原能按這樣的程序操作，應該會給以後的研究帶來很多方便。

第二章　文字考釋

　　考釋古文字，首先要明確什麼是古文字，一般學術意義上的古文字指《說文》小篆體系之前的文字，「古文字學之所以產生，是因為要識讀與小篆相異的先秦文字」，而「不論小篆與後代通行漢字形體上有多大的差異，小篆是屬於已識字之列的」，所以我們所說的文字考釋就是「認齣目前尚未識讀的先秦文字是後代的什麼字」，然後「在識字的基礎上解釋文句所表達的意義，也就是確定這些字在具體使用場合下的特定含義」。〔註 1〕每個文字都是形音義的統一體，考釋古文字應兼顧這三方面，對於考釋古文字的方法，前輩學者已有過不少的討論，〔註 2〕他們總結的方法對我們考釋古文字有重要的指導作用。何琳儀先生在《戰國文字通論（訂補）》〔註 3〕一書中所列舉的「戰國文字釋讀方法」也有重要的參考價值。

　　李零先生認為，現在的戰國文字研究「是傳統的格局仍在，但面臨巨大轉折，很多事情都值得反省和總結」，「今天，簡帛研究正在走向專門化，這對戰國文字的研究衝擊很大」，進而指出：1、簡帛文字的大量出土使我們進入了一個「大規模識字」的階段。因為它們已經不再是一個個孤立的「字」，或單詞，或短語，而是一篇篇內容豐富的「書」。2、現在我們對簡帛文字的考釋，從表面上看，似乎並沒有方法上的突破。但大家對考釋方法的側重，因為條件的改變，和過去已經有所不同。3、考釋古文字，並非全是「發明」，它還依賴於「發現」，有時「發現」比「發明」更重要。4、過去，古文字學

〔註 1〕林澐：《古文字研究簡論》，吉林大學出版社，1986 年版，3 頁。
〔註 2〕參看唐蘭：《古文字學導論》，齊魯書社，1981 年版；李學勤：《古文字學初階》，中華書局，1985 年版；林澐：《古文字研究簡論》，吉林大學出版社，1986 年版；高明：《中國古文字學通論》，北京大學出版社，1996 年版。
〔註 3〕何琳儀：《戰國文字通論（訂補）》，江蘇教育出版社，2003 年版。

家對「同音假借」和「同義換讀」等正常現象注意比較多，而對錯字卻不大理睬，沒有注意它在文字考釋上的重要性和規律性。5、對考釋簡帛文字，書手的個體差異也很重要，很多字的確認必須根據書手本人的書寫習慣來辨認。〔註4〕但也有學者對此並不樂觀，張桂光先生指出，「利用傳世文獻的相關字句、篇段的比照去釋讀簡帛文字，認字、釋義、斷句都可省去很多繁瑣的考證，對殘簡的編聯整理尤可收到事半功倍之效，因此為研究者所樂用」，但「簡便快捷往往不利研究的深入」，造成許多不好的後果，如「釋字滿足於與傳世文獻的比附而對字形不加深究，因而為形近字所蒙蔽」，「僅據今本比照，不作任何分析便加釋定」，「解字、釋義、斷句曲就傳世文獻以致造成不必要的附會」，把出土文獻與傳世文獻的異文看作一種「共時」現象，「考察時缺乏時代、地域觀念，以致將異代語言文字混為一談」等。〔註5〕陳偉先生也認為，「在楚簡研究中，文字釋讀依然任重而道遠」，並且「我們目前至少面臨三個層面的問題」，1、「還有一些字未能釋出」，2、「有些字知道在某些場合的讀法，但不知道在另外一些場合的讀法」，3、「有些知道讀法的字，在文字學上還沒有確切的解釋」。〔註6〕我們認為，戰國竹書的大量出土，因有很多傳世文獻和不同版本的出土文獻可以相互對照，的確為古文字的考釋工作帶來了便利，使得一些以前無法釋讀或考釋有誤的古文字得到了正確的釋讀或糾正，也有學者以戰國竹書文字為線索，成功地考釋出了其他類型的古文字。但就目前來看，如張桂光和陳偉兩位先生所言，戰國竹書文字的釋讀仍然存在一些問題，還沒有達到預想的境地，文字考釋仍然是戰國竹書研究中一個重要的方面，且這一工作的好壞直接影響學界對戰國竹書的理解和應用。戰國竹書文字屬於古文字中的戰國文字的一個分支，古文字考釋的方法對釋讀戰國竹書文字同樣適用，但戰國竹書文字又有其自身的特點，如有不同版本的文獻可以對照、上下文意的比較、篇章用韻特點等，故我們考釋戰國竹書文字時，應結合古文字考釋的一般方法及學者們的研究實踐，探索戰國竹書文字自身的釋讀方法。本章我們主要討論戰國竹書文字的考釋方法及應注意的問題，以及對戰國竹書中一些特殊字的處理和利用戰國竹書文字考釋其他古文字及校補《說文》等。

〔註4〕李零：《簡帛古書與學術源流》，168～172 頁。
〔註5〕張桂光：《新世紀古文字研究的若干思考》，「第四屆國際中國古文字學研討會」論文，香港中文大學，2003 年 10 月。
〔註6〕陳偉：《楚簡冊概論》，85 頁。

第一節　考釋方法

一、字形分析

　　文字是形音義的結合體，考釋古文字要三方面兼顧，但對於一個不認識的古文字，我們所能知道的一是它的字形，一是它出現在什麼樣的語句中，亦即「辭例」，這兩方面是我們考釋古文字的出發點。但由於辭例的限定性有時很難把握，因此我們考釋古文字應該以字形爲基本出發點，也就是「以形爲主」。「以形爲主」考釋古文字就是要通過分析字形結構，弄清它的構造方法，而每個文字都有自己的演變過程，因此研究字形的根本方法就是歷史比較法，即通過把已識字與未識字按時代順序逐次比較其字形，以達到釋讀未識字的目的。但把已識字與未識字進行比較，並不是籠統地對照，而是要對字形的每一部分作仔細的比較，也就是「偏旁分析」。偏旁分析法是歷史比較法的主幹，即應該從文字可分解爲偏旁的角度去進行字形的歷史比較。〔註7〕這是考釋古文字的正確方法，也是我們考釋戰國竹書文字的基本方法。

　　下面我們看一個利用歷史比較法考釋戰國竹書文字的例子。

　　上博竹書（四）《昭王毀室》簡3：

　　　　　僕之毋辱君王，不△僕之父之骨在於此室之階下，僕將埱亡老

　　　□

其中的△字原作「」，原整理者隸定作「㹮」，認爲從犬，屰聲，讀爲「逆」，「不逆」是君子的謙稱，並把「不逆」屬上讀。此後的研究者雖然在斷句上存在分歧，但大都認可整理者對字形的隸定和分析。陳劍先生指出，戰國文字中的「屰」很常見，如：

逆：行氣玉銘　侯馬盟書156：2　中山王方壺

朔：梁十九年鼎　公廚左官鼎　《古璽彙編》3092　溫縣盟書

上面這些字所從的「屰」旁，或在倒寫的「大」形中間加一小點作爲飾筆，小點又演變爲一橫，確與△字左半很相近。但這些字都屬於三晉系的文字，而在楚系文字中，「屰」旁寫法與以上諸形卻有很大不同，如：

朔：《古璽彙編》3558　《古璽彙編》3185　包山簡63

〔註7〕參看林澐：《古文字研究簡論》，吉林大學出版社，1986年版，36〜68頁。

逆：[鄂君啓車節] [包山簡 75] [曾侯乙墓簡 13]

[郭店簡《性自命出》10]

「由以上諸形可以看出，楚系文字中的『屰』旁自有其獨特寫法，與『丰』
和『毛』都頗爲相近，而跟前舉三晉系文字的寫法有很大差別。」因此，△
字作爲典型的楚文字，其左旁顯然不能認爲是「屰」，而楚系文字作「倒矢」
形和從「倒矢」形的字很多，主要有如下形體：

矢：[曾侯乙墓簡 3] [曾侯乙墓簡 37] [上博簡《孔子詩論》22]

弞（射）：[鄂君啓舟節] [包山簡 38] [郭店簡《窮達以時》8]

比較可知，△字左旁就是「倒矢」形，故△字應分析爲左從「倒矢」右從「犬」，
仿照「函」字中的「倒矢」形演變爲「𠂤」形，此字可隸定作「狀」。陳劍先
生認爲「狀」其實就是「幸」字，這需要從秦漢文字入手，馬王堆漢墓遣策
文字中的「幸」字跟「羊」字和作偏旁的「羊」主要有以下形體：

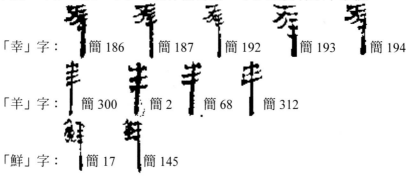

「幸」字：簡 186　簡 187　簡 192　簡 193　簡 194

「羊」字：簡 300　簡 2　簡 68　簡 312

「鮮」字：簡 17　簡 145

對比可知，這些「幸」字下半跟「羊」顯然不同，而是「倒矢」形，這一點
可以從「欮」字形體的演變得到有力印證，「欮」字或從「欮」的字從西周金
文到漢簡中的形體演變如下：

之後，陳劍先生指出：

> 排比早期隸書中的「欮」字、「欮」旁和「幸」字，可以看出
> 「欮」旁所從的「倒矢」形和「幸」字的下半最常見的寫法都可以

歸納爲「羊」形、「羊」形和「王」形三類，兩者的變化是平行的。又前文曾舉出睡虎地秦簡中「幸」字下半跟「逆」、「朔」等字所從的「屰」旁相同之例，早期隸書中「屰」旁最常見的寫法也有「羊」形、「羊」形和「王」形三類，所以在《說文》篆形中，「欮」和「幸」就都變成從「屰」的了。……由此可見，秦漢文字中的「幸」字較爲原始的寫法實當分析爲上從「犬」下從「倒矢」形。古文字的偏旁作左右平列和作上下重疊沒有區別是常見的現象，所以我們認爲，從字形上看《昭王毀室》的「犾」字就是「幸」字。

至於斷句，陳劍先生認爲「不幸」應屬下讀，「不幸」古今皆常用，由「不幸運」的基本義引申可用於表示不希望、不願意看到的情況存在或出現，不希望、不願意看到的事情發生等，在文中顯然是很合適的。〔註8〕

　　從以上所引陳劍先生的分析過程可以看出，此字的釋出是從其與秦漢文字中「幸」字及相關文字的歷史比較而來的，也就是把已識字與未識字按時代順序逐次比較而得出的結果。從辭例看，把此字釋爲「幸」，「不幸」屬下讀，於文獻有徵，放在文中非常合適，可見這一釋讀是可信的。這是利用歷史比較法考釋戰國竹書文字的成功例子。

　　下面再看一個通過偏旁分析考釋戰國竹書文字的例子。

　　郭店竹書《老子》乙篇簡5、6有這樣一段話：

　　　　人寵辱若△，貴大患若身。何謂寵辱？寵爲下也。得之若△，

　　失之若△，是謂寵辱△。

其中的△字分別作「䌩」、「䌩」、「䌩」等形，此字在今本中作「驚」，原整理者將「△」釋爲「纓」，注云：「纓，簡文從『系』從『賏』。《汗簡》引《古老子》『嬰』作「䋝」。即『賏』，與『嬰』同音。『纓』讀作『驚』。裘錫圭先生按語認爲，「簡文此字似從『賏』從『縈』。『賏』、『縈』皆影母耕部字，如『縈』的『系』旁兼充全字形旁，此字仍可釋爲『纓』。」也就是說都認爲該字上部從「賏」，且都主張將該字釋爲「纓」。白於藍師根據李守奎先生對「貝」、「見」二字的分析，即楚簡中貝字作「𧵮」，而「見」字作「𧠭」，區別主要在於「貝字上部均作平首狀，而見字上部所從『目』旁是銳角狀」的分析，指出△字上部所從乃是「䀠」字，而其下部所從即裘按之「縈」字，故△字當分析作從

〔註8〕陳劍：《釋上博竹書〈昭王毀室〉的「幸」字》，《漢字研究》第一輯，學苑出版社，2005年版。

眲熒聲，可隸作「爨」。至於其釋法，白於藍師提出了兩種可能，一、「爨」即「睯」字異構，古文字中表義偏旁單複每無別，故「眲」與「目」當可互換。《說文》：「睯，惑也。從目榮省聲。」在簡文中讀作「驚」。二、字書中「眲」及從「眲」之字亦多具有驚顧、驚視之義。如《說文》：「眲，左右視也。從二目。……讀若拘。又若良士瞿瞿。」饒炯《部首訂》：「會意。從二目，左右視也，即申釋二目會意之旨，蓋驚恐者目善搖。」徐灝《注箋》：「左右視者，驚顧之狀。」《說文》：「瞿，鷹隼之視也。」徐鍇《繫傳》：「驚視也。」《莊子‧徐旡鬼》：「子綦瞿然喜曰：『奚若？』」陸德明《釋文》：「瞿然，李云：驚視貌。」《爾雅‧釋訓》：「瞿，儉也。」郝懿行《義疏》：「瞿，驚顧貌。」所以，「爨」很可能正是「驚」字之異構（上古音驚、熒俱為影母耕部字）。《說文》：「驚，馬駭也。從馬敬聲。」也可能《說文》此「驚」是「馬驚」之「驚」的專字，而「爨」則專用於表示「驚視」、「驚顧」之義，起初並非一字，後世借「馬驚」之「驚」表示「驚視」、「驚顧」之「爨」，故「驚」行而「爨」字廢。〔註9〕總之，不管哪種釋法更符合此字的本意，但白於藍師根據偏旁分析法所指出的此字上部所從乃是「眲」字而非「睍」字的看法應該是正確的，而此字的釋讀也須以此為出發點。

戰國文字，既延續了之前古文字的構形特點，又有了較大的發展變化，且戰國時各系文字又有自身的特點，「戰國文字中的秦文字，還算容易釋讀，六國古文的特點則是形體變化特多，有種種我們不熟悉的結構形式，加以普遍使用同音假借，很難辨識。」〔註10〕戰國竹書文字作為手寫文字，即使是同一系的文字，因書寫者的不同，也各有變化，這些都為釋讀帶來了困難。我們只有堅持歷史比較法，找出文字演變的鏈條，並結合偏旁分析法，弄清每個古文字形體的構形成分，才能正確釋讀戰國竹書文字。

二、字音推考

上節我們討論的是通過歷史比較法或偏旁分析法考釋戰國竹書文字的例子，但對於戰國竹書中一些暫時無法從字形分析入手考釋的文字，若能推考出其讀音，可以為我們正確考釋提供很大的幫助。郭店竹書《緇衣》簡16：

〔註9〕白於藍：《讀郭店簡瑣記（三篇）》，《古文字研究》第26輯，中華書局，2006年版。

〔註10〕李學勤：《古文字學初階》，47頁。

　　　　子曰：長民者，衣服不改，（以下用△1 代替）容有常，則

民德一。

上博竹書《緇衣》作：

　　　　子曰：長民者，衣服不改，（以下用△2 代替）容有常，則

民德一。

今本《緇衣》作：

　　　　子曰：長民者，衣服不貳，從容有常，以齊其民，則民德壹。

可以看出，與今本「從」字對應的字分別作△1、△2，對於△1 曾有釋「適」、

釋「夏」及「從止倉聲」等意見，上博竹書《緇衣》公佈後，李家浩先生指

出，釋「夏」和分析爲「從止倉聲」兩說已經被上博簡《緇衣》的字形「所

證明是有問題的，可以不談」，「從容」是一個疊韻連綿詞，△字的釋讀應該

跟「從」字讀音相近結合起來考慮，因此主張△1 和△2 所從的聲符是「彔」

字之省，△1 和△2 爲「逯」字的異體，「逯」與「從」音近可通。〔註 11〕馮

勝君先生也指出，「今本的『從容』是一個連綿詞，所以 A1（引按：即我們所

說的△字，下同）肯定是『從』字的異體或與『從』讀音相近的字。郭店和

上博《緇衣》中『從』字均常見，與 A1 形體懸殊，所以 A1 不太可能是『從』

字的異體，那麼就只能在與『從』讀音相近的字中加以考慮了。」上博竹書

（三）《周易》簡 14 有字，此字今本作「簪」，帛書本作「讒」，馮勝君先

生指出，「今本《周易・豫卦》『朋盍簪』之『簪』，陸德明《經典釋文》引荀

爽說一作『宗』，而 A3（引按：從上下文意看應是指 A1）字在簡本《緇衣》

中讀爲『從』，『宗』爲精紐冬部字，與『從』讀音相近（從，從紐東部。精、

從均爲齒音，冬、東二部關係密切），所以荀爽所說當有所本。」〔註 12〕陳劍

先生根據以上字形及新蔡楚簡中用爲「憯」的字，指出：

　　　　總結眾多研究者意見中的合理部分，我們可以得到如下認識。

前舉楚簡諸字只能據其讀音(亦即其聲旁形的讀音)與「從」、「宗」

和「簪」等字（不出齒音東、冬、侵三部）相近立論，這是考慮諸

字釋讀問題的基本出發點，也是爲曾研究過這些字的諸學者所一再

〔註 11〕李家浩：《戰國竹簡〈緇衣〉中的「逯」》，荊門郭店楚簡研究（國際）中心編：
　　　　《古墓新知──紀念郭店楚簡出土十週年論文專輯》，國際炎黃文化出版社，
　　　　2003 年版，17～24 頁。
〔註 12〕馮勝君：《郭店簡與上博簡對比研究》，線裝書局，2007 年版，129、131 頁。

加以強調的。同時還要特別注意到的是，研究者似乎大都忽略了這些字形的一個重要特點，即其所從以 形為代表者的部分，其中間兩橫筆之間都是沒有豎筆的。現在大家所舉出的、楚文字中能拿來跟前舉諸字作比較的「帝」、「彔」和「甬」等字之形，其中間大都是有一豎筆的。即使個別字形沒有豎筆，但全面觀察考慮，「帝」、「彔」和「甬」等字的變體是有豎筆與無豎筆共見，而前舉諸形出現的次數已不算少，同時又是在幾批不同的楚簡中出現，其中間都沒有豎筆，這就應該加以特別的注意了。從近年研究者成功釋讀楚簡文字的經驗來看，楚簡中這類形體特別、用例又自成一套的字，很可能是自有其獨特的古老來源的。考釋它們要盡量往上追溯尋找其來源，眼光不能局限在戰國文字之中。

以「 形的讀音（不出齒音東、冬、侵三部）」為線索，陳劍先生考查了甲骨金文中的下列形體：

甲骨文：

金文：

指出：

甲骨金文「亞」字係「琮」的表意初文；其簡體「亞」添加意符「玉」，即成金文「珤」字，「珤」即「琮」之古字。「亞」及其簡體「亞」在殷墟甲骨文、殷代金文和周初文王玉環中用為地名、人名和國族名，即古書中的「崇」，地在今河南嵩縣附近。以「亞」及其簡體「亞」為聲符的「帝」、「宮」、「寷」、「寢」和「實」等字，在殷代和西周金文中或用為「寵」，或用為「造」。「寷」字在戰國楚簡中的變體和省體，在郭店和上博簡《緇衣》中讀為「從容」之「從」；在上博簡《周易》中與「簪」、「宗」等字相通；在新蔡簡中義為「速」，讀為「憯」，殷墟甲骨文裏同樣用為副詞的 字可能也讀為「憯」義為「速」。

觀察「亞／亞」符在古文字資料中所代表的讀音，其聲母多為齒音，韻部則分佈在冬、侵、幽、東幾部。我們知道，關於上古冬部是否獨立，冬、東兩部和冬、侵兩部的分合關係等問題，古音學

家的看法還不完全一致，有的還存在較大分歧。本書對古文字中「亞／亞」和以之爲聲符之字的釋讀，爲進一步討論有關的古音學問題提供了更多資料。〔註13〕

我們看其考釋過程，因有今本的對照，首先可以確定戰國竹書中的△字讀音——這也是其他學者考釋此字的出發點，然後根據「近年研究者成功釋讀楚簡文字的經驗」，在甲骨文金文中找到其源頭，使得△字的形音義都得到了圓滿的解釋，並順便考釋出了甲骨文金文中的一系列字，這是字音推考與歷史比較法的結合，其結論顯然是正確的。在這一考釋過程中，△字的讀音起到了關鍵作用，像這樣的連綿詞，在其他類型的古文字中是較少見到的，這也是戰國竹書文字給我們帶來的便利。同時，陳劍先生提到的「從近年研究者成功釋讀楚簡文字的經驗來看，楚簡中這類形體特別、用例又自成一套的字，很可能是自有其獨特的古老來源的。考釋它們要盡量往上追溯尋找其來源，眼光不能局限在戰國文字之中。」這也可以作爲我們考釋戰國文字的一個重要啓示。

　　在文字的發展過程中，添加聲符使某些沒有聲符的文字變成形聲字或會意字兼形聲字是一種很常見的現象，我們一般考釋古文字都是要找出其聲旁，並以此爲基礎來釋讀。但會意也是一種造字方式，某些古文字並不存在聲旁而是純粹的會意字，我們在考釋這類文字時，若誤把某部分當做聲旁，往往不能正確釋讀。下面我們就來看一個這樣的例子。

　　在上博竹書中有以下幾種字形：

A：![字形]《上博（二）·容成氏》簡21　![字形]《上博（四）·曹沫之陳》簡11

B：![字形]《上博（五）·三德》簡13　![字形]《上博（六）·平王與王子木》簡3

其辭例分別爲：

　　　　《容成氏》：禹然後始行以儉：衣不襲美，食不重味，朝不車逆，春不毇米，△不折骨。【21】

　　　　《曹沫之陳》：莊公曰：「晚哉！吾聞此言。」乃命毀鍾型而聽邦政。不晝【10】寢、不飲酒、不聽樂；裾不襲文，食不貳△【11】

　　　　《三德》：身且有病，惡盍與食；邦且亡，惡聖人之謀【13】

〔註13〕陳劍：《釋「琮」及相關諸字》，「中國簡帛學國際論壇2006」論文。

《平王與王子木》：酪盃不酸。【3】

另外，學者還指出此字還見於金文：

C：庚兒鼎（《殷周金文集成》5.2715、2716）

徐王糧鼎（5.2675）

其辭例分別為：

> 庚兒鼎：唯正月初吉丁亥，徐王之子庚兒自作食䤵。用徵用行，用和用鬻，眉壽無疆。

> 徐王糧鼎：徐王糧用其良金，鑄其𩱏鼎。用鬻魚臘，用雍（饔）賓客。子子孫孫，世世是若。

學者一般認為這三種形體是一字，只是繁簡不同而已，這一意見是正確的。對於《容成氏》中的䀇字，原整理者李零先生隸定作「鑃」，並認為字從採聲，疑讀為「宰」（「採」是清母之部字，「宰」是精母之部字，讀音相近），指殺牲。「折骨」是節解的牲肉。〔註14〕張新俊先生把竹書中的䀇字和金文中的鬻字結合起來考慮，認為皆是從「採」得聲，並根據上博竹書《周易》簡21「勿藥有茮」，相對應的馬王堆帛書《周易》作「勿樂有喜」，今本則作「勿藥有喜」，認為：

> 簡文中的「茮」字，顯然是帛書本、今本「喜」字的同音假借字。「茮」的上古音屬清母之部，「喜」屬曉母之部字，二者韻部相同；從聲母上說，上古音清、曉二母關係密切。例如從「及」得聲的「笈」、「扱」古音屬清母，而「吸」、「疲」則屬曉母。上古音「僉」、「譣」、「憸」屬清母，但「險」、「獫」等則屬曉母。銀雀山漢簡《善者》「故善者制僉量粗（阻）」，「僉」讀作「險」。「僉」上古音屬清母，「險」則屬曉母；又《周禮‧秋官》有「赤犮氏」，《經典釋文》作「捇拔氏」，「捇」字音「採昔反」，又「呼陌反」。前者屬清母，後者屬曉母。以上諸例皆是清、曉二母相通的證據。所以，我們說上博楚簡《周易》中的「勿藥又（有）茮」和馬王堆帛書本、今本《周易》所表達的意思是完全相同的。但是，學者之間對此段爻辭的理解並不一致。如鄧球柏先生解釋作：「不努力的毛病根源於淫樂，若能禁淫樂則無盃之疾可去矣，喜莫大焉。」孔穎達《周易正

〔註14〕馬承源主編：《上海博物館藏戰國楚竹書（二）》，上海古籍出版社，2002年版，266頁。

義》說：「勿藥有喜者，若疾自己招，或寒暑飲食所致，當須治療；若其自然之疾，非己作致，疾當自損，勿需藥療而有喜也。」我們認爲孔氏的說解是正確的。此處的「藥」應該解釋作「醫療」之意。如《詩經・大雅・板》：「多將熇熇，不可救藥。」《荀子・富國》：「彼得之不足以藥傷補敗。」楊倞注：「藥，猶醫也。」可以爲證。

　　既然「喜」、「菜」可以相通，「饎」從「喜」得聲，「菜」又從「採」得聲，「採」當然也可以讀作「饎」。上文所說的《容成氏》中的「釃」字和邻（徐）王糧鼎中的 字，都是從「採」得聲的，所以它們都可以讀作「饎」。

　　《說文》：「饎，酒食也。從食，喜聲。《詩》曰：『可以饙饎。』餴，饎或從配。糦，饎或從米。」《說文》的這一義項無論放在簡文中還是在金文中都不是很合適，所用當非此意。「饎」字除了酒食之外還可以訓作「炊」、「熟」。《廣雅・釋詁》：「饎，熟也。」王念孫《廣雅疏證》說：

　　　　《爾雅・釋訓》《釋文》引《字林》云：「饎，熟食也。」
　　《士虞禮》：「饎爨在東壁。」鄭注云：「炊黍稷曰饎。」《周官・
　　饎人》鄭眾注云：「主炊官也。」故書饎作餴、饎、餴、糦並同。
　　　　《儀禮・特牲饋食禮》：「饎爨在西壁。」鄭玄注：「饎，炊也。」
　　《呂氏春秋・仲冬紀》：「湛饎必潔，水泉必香。」高誘注：「饎，炊
　　也。」《方言》卷七：「胹，餁、亨、爛、糦、酋、酷，熟也。自關而
　　西秦晉之郊曰胹，徐揚之間曰餁，嵩嶽以南陳潁之間曰亨，自河以北
　　趙魏之間火熟曰爛，氣熟曰糦，久熟曰酋，穀熟曰酷。熟，其通語也。」
　　《周禮・地官》：「饎人掌凡祭祀共盛，共王及后之六食，凡賓客共七
　　簠簋之實，饗食亦如之。」鄭玄注：「饎，炊而共之。」根據《周禮・
　　地官》我們知道，饎人職掌祭祀、賓客、王及王后的飲食等等，先秦時期的「饎」在表示「炊」這一含義的時候，並不是完全如鄭玄所說僅僅指炊粟稷之類，我們認爲凡言炊、熟者都可以稱作「饎」。這樣，邻（徐）王糧鼎的「用釃（饎）魚臘」，也就是說此鼎是用來炊、熟臘肉之類的食物的。《容成氏》中的「釃（饎）不折骨」，和「春不毇米」相對爲言，都是比喻節儉之意。關於「折骨」，蘇建洲先生已經指出，相當於《左傳・宣公十六年》「王享有體薦，宴有折俎」的「折

俎」，其說可從。但蘇文所說的「宰殺牲體時，不節解其骨、肉，所
以不能食用，比喻節儉之意」，與我們所理解的炊、熟食物的時候不
節、解骨肉，以示節儉，則略有不同。〔註15〕

這一說法較有根據，且大體能讀通辭例，所以學界頗有信從者。

禤健聰先生也認爲這些字都是從「探」聲，而釋「𩰲」字爲《說文·艸部》
「羹菜也。從艸、宰聲」的「莘」字，字亦或作「宰」，意爲烹菜爲羹。並認
爲「《曹沫之陳》的『食不二莘』，就是每餐不作兩次烹煮，也就是每餐只烹
煮一次（一樣菜式），也略相當於『食無二味（肴）』。」〔註16〕《三德》篇公
佈後，其中的「盇」字整理者釋爲「菜」，禤健聰指出「此字應即『𩰲』字省
體」，並認爲它「與『食』並舉，知前釋不誤」。〔註17〕這一說法也得到了部
分學者的信從。

從上舉各家看法可以看出，學者皆以爲這些形體中的「探」是聲符，並
以此爲線索來釋讀相關的辭例，雖然大體能講得通，但卻存在明顯不同的兩
種意見，而這兩種說法顯然是不可能同時成立的。正是有鑒於此，陳劍先生
提出了新的意見，在楊樹達等釋 C 字爲「羹」的基礎上，認爲這些字都應釋
爲「羹」。陳劍先生首先從音韻上否定了這些形體以「探」聲符的看法，指出
「庚兒鼎『用徵用行，用和用𩰲，眉壽無疆』，三句末字中『𩰲』處於『行』
與『疆』之間。根據同類金文的通例可知『𩰲』字必定當與『行』、『疆』押韻，
應是一個陽部字，而『羹』字古音正在陽部」，然後指出「將『盇』直接釋爲
今天所說飯菜的『菜』，其實與『菜』的古義不合」，在先秦時代，「菜」跟今
天所說的與「主食」相對的飯菜之「菜」，完全不是一回事。「『菜』作爲佐食
菜肴的泛稱，蓋在魏晉後。《北史·胡叟傳》：『然案其館宇卑陋，……而飯菜
精潔。』『菜』指菜肴。此乃口語用法。」〔註18〕作爲「肴饌的總稱」的「菜」
這個詞，是不可能在戰國楚簡裏出現的。《三德》的「惡羹與食」，「食」與「羹」
對舉。在先秦時期，跟今語與「菜」相對的「飯」或「主食」相當的的詞，
在「飯」出現並廣泛使用之前，正是「食」。跟今語作爲佐食菜肴泛稱的「菜」

〔註15〕 張新俊：《上博楚簡文字研究》，吉林大學博士學位論文，指導教師：吳振武
教授，2005 年，131～135 頁。

〔註16〕 禤健聰：《上博楚簡釋字三則》，簡帛研究網，2005 年 4 月 15 日。

〔註17〕 禤健聰：《上博楚簡（五）零箚（一）》，簡帛網，2006 年 2 月 24 日。

〔註18〕 黃金貴：《古代文化詞義集類辨考》，上海教育出版社，1995 年版，882～883
頁。

相當的詞，用得最爲廣泛普遍的，正是「羹」。分析了「羹」字在各條辭例中的用法後，陳劍先生又進一步從字形方面對這些形體作出了解釋：

先來看《説文》的羹字：

《説文・𩰲部》：█（𩰲），五味盉羹也。（小徐本「盉」作「和」。）從𩰲、從羔。《詩》曰：亦有和█。（小徐本「█」作「羹」。）█（𩰲），█或省。█（█），或從美、█省。（小徐本作「█或省鬲。」）羹（羹），小篆從羔、從美。

商周古文字中未見此類「羹」字。秦漢出土文字數據中，「羹」字只看到「█」和「羹」兩類形體。例如：

　馬王堆帛書《養生方》216 行　　馬王堆帛書《胎產書》008 行

　睡虎地秦墓竹簡《秦律十八種・傳食律》簡 179，又簡 181、182 略同

很顯然，後一類「羹」形下方所從並不是「美」，而與其上半相近，也是「羔」形。清代説文學家多已指出，《説文》「羹」和「█」的中間部分之篆形，諸本多有作上下二「羔」形者；《古文四聲韻》平聲庚韻「羹」字下引崔希裕《纂古》作█（█），尚較爲近古。不少研究者已經指出，所謂「美」或「羔」形都來源於表示烹煮的容器「鼎」或「鬲」的底部筆畫加上「火」旁之形。其下方本從「火」，又多少有受到上半「羔」旁之「類化」作用的因素，遂變作「羔」形，再訛爲「美」。《説文・𩰲部》解釋「𩰲」字説「古文亦鬲字。象孰飪五味氣上出也」。研究者也多已指出，其上半的「弜」或「𢎤」形，實爲寫得比較寬闊的鼎鬲類烹煮容器兩邊的筆畫，與烹飪之氣無關。可見「鼎或鬲加火旁」之形的下半很早就可以變爲「皿」。春秋金文的「█」字與《容成氏》和《曹沬之陳》的「█」字，其間關係相同。「鼎或鬲加火旁」之形的下方變爲從「鬲」或從「皿」，皆並非字形的自然演變，而是將「火旁加鬲底筆畫之形」替換爲了另一成字的意符，上半仍保留「弜」或「𢎤」形。我們在本書開頭説「姑且從通行的辦法」將徐王䣅鼎和庚兒鼎之字隸定作「█」，就是因爲從以上字形關係來看，上舉諸形中的大多數除去上半中間的

部分之後，餘下的形體嚴格講實際上對應的是《說文》篆形「蠹」除去「羔」之後的「蠹」類形，而不是「鬻」。

由以上所論可知，「羹」字的原始字形應係以火烹煮鼎鬲類容器中的羊羔，從「羊羹」、「肉羹」的角度來會「羹」意。

古以「採」表「菜」，前已引《說文》「菜」字段玉裁注「古多以採爲菜」。《周禮‧春官‧大胥》：「春入學，舍採合舞。」鄭玄注：「舍即釋也，採讀爲菜，始入學必釋菜禮先師也。菜，蘋繁之屬。」釋文：「採音菜。」《周禮‧天官‧夏採》釋文云「採亦作菜」。在出土文字數據中，睡虎地秦簡《秦律十八種‧傳食律》三見的「採羹」，即「菜羹」；馬王堆漢墓帛書《五十二病方》第 28 行有「麻洙採（菜）」；張家山 M247 漢簡《引書》簡 4 有「多食楺〈採─菜〉」。「菜」字雖已見於上博簡，但都不用其本意。《上博（三）‧周易》簡 21 的「菜」字，前文已經提到，與今本和帛書本「喜」字相當；《上博（一）‧孔子詩論》簡 17「菜」字用於《詩經》篇名，與今本毛詩《王風‧採葛》之「採」相當。從以上情況可以肯定，「菜」字在戰國時代雖已出現但尚未通行。見於春秋金文的「蠹」字在其造字時，「採」旁代表「菜」意合於當時的用字情況。在圖形式的表意字中，這種不以形體表意（即「形符」）而以字義表意（即「義符」）的情況，是不乏其例的。〔註19〕

回過頭來看，釋爲「饎」或「菜」，都是以其所從的「採」爲聲符爲出發點的，如此其下部的「皿」、「鬲」便成了多餘的了。通過這個例子我們可以看出，在考釋戰國竹書文字的過程中，若能確定某字的讀音或聲符可以爲我們提供很大的幫助，但我們也要知道文字的構形方式是多種的，若把不是形聲字的字當做形聲字，非要給它找出一個聲符是不能正確釋讀的。所以我們考釋古文字要採取靈活的方法，不能只從某一種構形考慮。

三、字義比勘

對於戰國竹書文字中的某些不認識的字，可以通過對上下文意的疏通以確定不識字的大致代表哪個詞，爲考釋提供線索。如郭店竹書《六德》篇有

〔註19〕陳劍：《釋上博竹書和春秋金文的「羹」字異體》，「中國簡帛學國際論壇 2007」論文。

這樣一段話：

　　　　疏斬布経丈，爲父也，爲君亦然。疏衰【27】齊牡麻経，爲 A
　　弟也，爲妻亦然。……【28】……爲 A 弟絕妻，不爲妻絕 A 弟。【29】
其中的 A 字分別作：

原整理者當作不識字處理，裘錫圭先生按語指出，「『弟』上一字不識，但可
知其在此必當讀爲『昆弟』之『昆』。……據《儀禮・喪服》，服昆弟之喪，『疏
衰裳齊，牡麻経……』，與簡文合」，從用字習慣和典籍記載來看，裘錫圭先
生的這一論斷顯然是正確的，但 A 字何以是「昆」呢？李家浩先生以《汗簡》、
《古文四聲韻》爲線索，爲此疑問找到了正確答案。《汗簡》、《古文四聲韻》
裏有下列諸形的「昆」、「混」字：

　《汗簡》卷中之一日部引《碧落碑》「昆」

　《古文四聲韻》卷一魂韻引《碧落碑》「昆」

　《古文四聲韻》卷三混韻引《古老子》「混」

　《古文四聲韻》卷三混韻引《古老子》「混」

李家浩先生據此指出：

　　　　第一、二兩個古文「昆」，都是引自《碧落碑》，區別是中間上
　　部的圓圈中，一個有一點，一個沒有一點。我們現在所見到的《碧
　　落碑》拓本無此字，不能確定哪一個字形是原碑的寫法，所以一併
　　錄出。「混」從「昆」聲，故《古文四聲韻》所引《古老子》「混」，
　　或以「昆」爲之。

　　　　《六德》的 A，與上錄古文「昆」十分相似，唯簡文 A 中間的
　　頭部寫作實筆而已。不過這個字在戰國文字中，也有中間的頭部不
　　寫作實筆的，如望山二號楚墓 6 號簡一個字所從的偏旁：

　　　　　　　《望山》52・6

此字所從偏旁的寫法，跟《古文四聲韻》所引《碧落碑》的「昆」

更爲相似。據此，《六德》的 A 顯然是古文「昆」。

在楚墓竹簡裏，古文「昆」有時不寫一橫，如上錄《六德》古
文「昆」的第三種寫法。眾所周知，戰國文字往往在豎形之類的筆
畫上加一橫畫。根據戰國文字的這一特點，古文「昆」當以沒有一
橫畫的寫法爲正體，有一橫畫的寫法爲異體。……

總之，不論是從文義來說，還是從字形來說，《六德》的 A 都
應該是古文「昆」。那麼，上揭望山二號楚墓竹簡那個從古文「昆」
的字應該是「緄」，舊釋爲「綷」，現在看來是錯誤的。〔註20〕

裴錫圭先生根據文例指出 A 字必當讀爲「昆弟」之「昆」，但沒有證據，李
家浩先生利用《汗簡》、《古文四聲韻》中保存的古文字形，對此字做了正確
的釋讀，並糾正瞭望山楚簡的誤釋。在此字的釋讀過程中，除了文意外，起
到關鍵作用的是《汗簡》、《古文四聲韻》中保存的古文字形。我們知道歷史
上發現的孔壁中書、汲塚古書等戰國古文字資料，由於各種原因其實物未能
保存下來，但流傳至今的《說文》籀文、古文和三體石經古文中保存了部分
戰國古文字字形，爲我們辨識古文字提供了基礎，而《汗簡》、《古文四聲韻》
等字書中也保存了大量的古文字字形，「以往的學者由於對《說文》的尊崇，
因而對其所載古籀也深信不疑；石經古文爲曹魏眞迹，也比較可靠；而對《汗
簡》、《四聲韻》之類的古文，則很不以爲然。其實……《汗簡》、《四聲韻》
與《說文》古籀、石經古文都是包蘊大量戰國文字的傳抄資料。既然是『傳
抄』，就難免有錯。《說文》古籀、石經古文的訛誤也不乏其例。當然，由於
《汗簡》、《四聲韻》體例失謹，濫收一些僞造古文，再加上後人竄改和翻版
時所造成的訛誤，其缺點比《說文》古籀、石經古文尤爲嚴重。然而，這不
能成爲厚此薄彼的理由。因爲我們在考釋古文字時，對待一切傳抄資料同樣
要採取吸收其合理因素，參考其訛變因素的原則，」故「凡此傳抄『古文』，
實乃古代發現戰國文字之吉光片羽，彌足珍貴。以其與新出戰國文字比勘研
討，則不失爲考釋戰國文字的重要途徑。」〔註21〕這是一個很重要的意見，
我們再看一個利用《汗簡》、《古文四聲韻》書保存的古文字字形考釋戰國竹
書文字的例子。在郭店竹書及其他楚簡中常見有一字作以下諸形：

〔註20〕 李家浩：《楚墓竹簡中的「昆」字及從「昆」之字》，《著名中年語言學家自選
集・李家浩卷》，安徽教育出版社，2002 年版，307～309 頁。

〔註21〕 何琳儀：《戰國文字通論（訂補）》，84、34 頁。

《尊德義》簡 17　　　《性自命出》簡 17　　　《語叢一》簡 4

《語叢三》簡 41　　　《語叢三》簡 44　　　《包山楚簡》190

李天虹先生根據陳偉先生的研究，指出這些字都應讀爲「文」，但此字爲什麼可以用爲「文」，「卻是一個很難解釋的問題」，推測此字可能是「麟」的象形字，故可通假爲「文」。〔註22〕隨後，李家浩、李學勤先生分別指出這個字見於《古文四聲韻》、《汗簡》引石經，爲古文「閔」字，故可通假爲「文」。〔註23〕可見，傳抄古文是我們考釋戰國竹書文字的一個重要媒介，其中所保存的古文字形體往往能給我們提供直接的線索。

　　上面我們提到的「昆」字的考釋，主要是依據典籍里常見「昆弟」一詞，且其辭例與典籍可以相比勘，除此之外，還有一種通過字義比勘來考釋戰國竹書文字的情況，戰國竹書的某些字雖然通過字形的分析，可以釋出，但需要與傳世典籍里所反映的歷史信息來比勘，才能準確地把握其所包含的豐富內涵，從而全面正確地釋讀。下面來看一個這樣的例子。

　　上博竹書（二）《子羔》篇有這樣一段話：

　　　　契之母，有娀氏之女【10】也，遊於瑤臺之上，有燕銜卵而錯諸其前，取而吞之，▉【11下】三年而▉於膺，生乃呼曰：【中文大學藏簡】「△。」是契也。〔註24〕【12】

其中的△字，原作：

原整理者釋爲「欽」而無說。裘錫圭先生認爲，此字右旁與同篇 11 號簡下段的「歛」字所從的「欠」旁有別，而與《郭店楚墓竹簡》中《五行》篇 13、14 號簡「色」字相似，與 14 號簡之▉尤爲一致，故此字應釋爲「䬠」，但它與

〔註22〕李天虹：《釋「廈」》，原載《華學》第三輯，後收入其著《郭店竹簡〈性自命出〉研究》，湖北教育出版社，2003 年版，14～22 頁。

〔註23〕李家浩說見張富海：《北大中國古文獻研究中心「郭店楚簡研究」項目新動態》，簡帛研究網，2003 年 6 月 2 日；李學勤：《試解郭店簡讀「文」之字》，原載《孔子·儒學研究文叢（一）》，後收入其著《中國古代文明研究》，華東師範大學出版社，2005 年 4 月版，229～230 頁。

〔註24〕此段編聯可參看參陳劍《上博簡〈子羔〉、〈從政〉篇的竹簡拼合與編連問題小議》，《文物》2003 年第 5 期。

現代新造的金屬元素字「鉈」毫無關係，在傳統字書中也找不到。至於其在文中的用法，裘錫圭先生指出，楚簡中的其他從「色」之字，其本義大概也大都是一種顏色之名，「鉈」應該分析為從「色」從「金」，「金」亦聲，是金色之「金」的專字，在文中則應讀為金錫之「金」，契生而呼曰「金」，蓋與商得金德之說有關。在釋讀此字之後，裘錫圭先生又指出典籍中多有記載商得金德之說的，如：

> 在採用五行相勝之序的早期五德轉移（即五德始終）說裏，商是得金德的。據《呂氏春秋·應同》，黃帝為土德，夏為木德，商為金德，周為火德。現在把其中講商的一段引錄於下：
>
> > 及湯之時，天先見金刃生於水，湯曰：「金氣勝！」金氣勝，故其色尚白，其事則金。
>
> 從《子羔》說契「生乃呼曰『金』」來看，古代應有商自始祖契即得金德之說。
>
> 晉代王嘉《拾遺記》說：
>
> > 商之始也，有神女簡狄遊於桑野，見黑鳥遺卵於地，有五色文，作「八百」字。簡狄拾之，貯以玉筐，覆以朱紱，夜夢神母謂之曰：「爾懷此卵，卵生貴子，以繼金德。」狄乃懷卵，一年而有娠，經十四月而生契。
>
> 一般認為《拾遺記》缺乏史料價值，但神母讓簡狄生契「以繼金德」的說法，倒跟《子羔》說契「生乃呼曰『金』」很合拍。

以往學者的研究一般都認為少暤與商始祖契為同一傳說之分化，這應該是可信的，而典籍中也多見少暤與契都得金德，應該不是偶然的，裘錫圭先生又據此討論的五德終始說的起源問題：

> 從秦獻公已將金瑞與白帝聯繫起來看，以五色配五行的思想應該出現得相當早。《子羔》簡文將「金」寫作從「色」的「鉈」，可能與這種思想有關。不過「殷人尚白」之說，從殷墟卜辭特別重視白馬的情況來看，似有很古老的淵源，倒不見得是商得金德說出現後才產生的。
>
> 顧頡剛認為我們上面引過的、見於《呂氏春秋·應同》的五德轉移說，就是此說創造者鄒衍的說法。其說可從。鄒衍的主要活動時間約在公元前三世紀上半期，已可視為戰國晚期人。即使不考慮

與少皞傳說的關係，僅就《子羔》篇來看，商得金德說的出現時代，也顯然要早於鄒衍。《子羔》篇如基本是子羔與孔子間答問的實錄，應爲春秋末期作品；如是孔門後學託名之作，其時代也不會晚於戰國中期。篇中所反映的契得金德的說法的出現時間，當然還是早於此篇的寫作，跟鄒衍的時代顯然已有一段不短的距離。

　　系統的五德終始說爲鄒衍說創立，這是治中國古代思想史的人的共識。古人創立一種學說，爲了易於取信於人，總會在可能範圍內，盡量利用已有的相關說法作爲素材。商得金德之說在鄒衍之前就已存在，是一點也不奇怪的。黃是土色，《應同》以黃帝爲土德，與《月令》通。此說也應出現得比較早。《應同》說：「及文王之時，天先見火赤鳥銜丹書集於周社，文王曰：『火氣勝！』」而《墨子·非攻下》已說：「赤鳥銜珪，降周之岐社，曰：『天命周文王伐殷有國。』」珪上「天命……」等字如用朱砂書寫，就是「丹書」。看來，周得火德之說也有可能在鄒衍之前就已存在。〔註25〕

從上面的引述，我們可以看出，裘先生先是根據字形釋此字爲「鉋」，又根據楚簡的用字習慣，指出此字是金色之「金」的專字，在文中則應讀爲金錫之「金」，並結合典籍記載指出古代多有商得金德之說；然後以此爲線索談論了五德終始說的起源問題。可見一字之考釋關係到重大問題的探討，這是根據字形分析、字義比勘，並結合相關的歷史背景知識考釋戰國竹書文字，然後又反過來探討思想史問題的一個典範。

　　在考釋戰國竹書文字的過程中還存在一種情況，因用字習慣的問題，某字既可用爲甲又可用爲乙，一個字形可以對應兩個甚至兩個以上的音義，〔註26〕這就需要通過聯繫上下文的文意，從而確定其在文中的眞正含義。

　　上博竹書（三）中有一篇整理者稱爲《亙先》的，爲了討論方便，先把相關文句抄錄如下：

　　　　亙先無有，質（？）、靜、虛。質，大質。靜，大靜。虛，大虛。自厭不自忉，域作。有域焉有氣，有氣焉有有，有有焉有始，

〔註25〕 裘錫圭：《釋〈子羔〉篇「鉋」字並論商得金德之說》，《簡帛》第二輯，上海古籍出版社，2007年版。
〔註26〕 參看陳斯鵬《楚系簡帛中字形與音義關係研究》（中國社會科學出版社，2011年版）第一章「楚系簡帛中字形與音義對應關係概論」、第二章「楚系簡帛中的一字形表多音義現象」的相關內容。

有始焉有往者。未有天地，未【1】有作行出生，虛靜爲一，若寂寂夢夢，靜同而未或萌，未或滋生。氣寔自生，互莫生氣，氣寔自生自作。互氣之【2】生，不獨有與也。域互焉，生域者同焉。昏昏不寧，求其所生。【3】

此篇公佈後，研究者也沒有就篇名及其含義提出異議，裘錫圭先生指出在楚簡文字中「互」既可以用爲「恒」，也可以用爲「極」，「『亟』和『互』不但字形在楚文字中相似，而且上古音也相近，二者的聲母皆屬見系，韻部有職、蒸對轉的關係，所以楚人會以『互』爲『亟』。」既然存在以「互」爲「亟（極）」的情況，那麼「互先」能否讀爲「亟（極）先」，「互先」跟「太極」有沒有語言層面上的關係呢？裘先生認爲答案是肯定的：

馬王堆帛書《老子》乙本卷前古佚書中，有一篇道家論「道」的文章《道原》，其首段以「恒無之初」開頭：

恒無之初，迥同大虛。虛同爲一，恒一而止。濕濕夢夢，未有明晦。……

李學勤先生在 1994 年發表的《帛書〈道原〉研究》中引用此文時，把第一句引作「恒先之初」（《古文獻叢論》，上海遠東出版社，1996 年 11 月，頁 163）。後來，李先生在《楚簡〈恒先〉首章釋義》中，說明他把《道原》的「恒無」改釋成「恒先」，是由於「該件帛書的『無』、『先』兩字，寫得難以區別」，「就在同帛書的上兩行（引者按：指 166 行下），有『柔節先定』句，『先』字寫法完全相同」。當然，李先生一定是結合文義來考慮這個問題的。在「恒先之初」這個指時間的詞組裏，「先」似乎比「無」好講。也可能李先生認爲以「無」來指稱「道」，並不合適。楚簡《互先》發表後，絕大多數學者都認可了李先生的改釋。我想學者們所以沒有明確提出「互先」能否讀爲「極先」的問題，帛書〈道原〉有「恒先」，可能是一個重要原因。其實，這並不能證明楚簡的「互先」必須讀爲「恒先」。

《易繫辭》的「太極」，馬王堆帛書本作「大恒」。雖然有些學者認爲作「大恒」更近古，張政烺、李學勤、廖名春等先生則都認爲「恒」是「極」之形誤。我認爲他們的意見是對的。李先生認爲「帛書《易傳》，包括《繫辭》，當爲楚人所傳」，並指出「太極」的

「極」「可寫作『亙』，故與當時所寫的『恒』形近」。大概戰國時楚人抄《易繫辭》，把「太極」寫作「大亙」，漢初人就誤認作「大恒」了。同爲馬王堆帛書的《道原》中的「恒先」，也當來自楚人抄本《道原》中的「亙先」。因此楚簡「亙先」的「亙」究竟應讀爲「恒」還是「極」，不能由帛書《道原》的「恒先」來決定。後者也有可能把本應讀爲「極先」的「亙先」，誤讀成了「恒先」。

……

從楚簡用字習慣和《亙先》文義來看，「亙先」、「亙氣」應讀爲「極先」、「極氣」。前者指宇宙本原，後者意近「元氣」。「極莫生氣」的「極」是「極先」的簡稱。「太極生兩儀」的「太極」這一名稱，可能是在「極先」這一系統的宇宙生成學說的影響下產生的。〔註27〕

裘先生從「亙」字在楚簡中往往可以用爲「亟（極）」這種現象出發，提出「亙先」能否讀爲「極先」，「亙先」跟「太極」有沒有語言層面上的關係，通過與相關典籍的比對，給出了肯定的回答，並從地域差別及用字習慣方面糾正了後世典籍的錯誤，論證嚴密，結論可信。這也是通過字義比勘釋讀戰國竹書文字的例子。

以上所討論的都是通過字義比勘，並通過字形分析得到正確釋讀的戰國竹書文字，同時我們也要看到，還有不少的戰國竹書字，雖然我們能確定其讀法或字義，但目前還不能從文字學方面做出解釋，也就不能說我們已經成功地釋讀了這個字。如陳偉先生提到的，上博竹書《周易》簡33中讀爲「噬」的字、郭店竹書《五行》簡13中用爲「察」的字等。〔註28〕

四、文獻對校

上節我們所討論的通過字義比勘來考釋戰國竹書文字，主要是根據某些用字習慣或特定的歷史信息來準確地釋讀戰國竹書文字，在戰國竹書中有某些篇章或個別段落、詞句有傳世文本的直接對照，爲我們考釋其文字提供了重要線索，使得一些難以解決的問題得到了順利的解決。裘錫圭先生指出，「出土的簡帛古書，有些是尚未失傳的書。釋讀這種簡帛古書，當然需要跟傳世

〔註27〕裘錫圭：《是「恒先」還是「極先」》，「中國簡帛學國際論壇2007」論文。
〔註28〕陳偉：《楚簡冊概論》，85頁。

本相對照。已失傳的簡帛古書也往往含有個別或一些可以跟傳世古書相對照的語句。如果不知道它們可以跟傳世古書相對照，釋讀時就非常可能犯不應有的錯誤。」〔註29〕郭店竹書《性自命出》簡34、35有這樣一段話：

　　憙（喜）斯慆（陶），慆（陶）斯奮，奮斯羕（詠），羕（詠）斯猷（猶），猷（猶）斯辷（舞）。辷（舞），憙（喜）之終也。恩（慍）斯息（憂），息（憂）斯戚（戚），戚（戚）【34】斯戁（歎），戁（歎）斯枲（辟），枲（辟）斯通。通，恩（慍）之終也。【35】

郭店竹書出版後，有學者指出，《禮記・檀弓下》所記子游論禮之語中，有與這段話大體相同的文句：

　　人喜則斯陶，陶斯詠，詠斯猶，猶斯舞，舞斯慍，慍斯戚，戚斯歎，歎斯辟，辟斯踊矣。

裘錫圭先生作為郭店竹書釋文的校訂者，後來說：

　　我為「辷」字加了按語，認為此字可能當釋為「迋」。

　　……把上引簡文跟《禮記》此文對照一下，就可以知道：簡文「辷」應該讀為「舞」。「辷」從「亡」聲，「舞」從「無」聲，「亡」、「無」古通。我在《郭簡》中懷疑此字當釋「迋」，完全錯誤。隸定為「戚」之字應釋為「感」。「感」、「戚」古通。「戁」當讀為「歎」，「通」當讀為「踊」。

　　上引《禮記》文「舞斯慍」一句不好理解。《禮記・釋文》所據本無此句，「慍斯戚」句《釋文》說：「此喜怒哀樂相對。本或於此句上有『舞斯慍』一句並注，皆衍文。」從上引簡文看，此說可信。簡文與《禮記》「陶」字相當的字是「慆」，《說文》訓「慆」為「說（悅）」。《禮記》「陶」字，鄭注訓為「鬱陶」，似不如據簡文讀為「慆」合理。

　　由於我們不知道上引簡文可以跟《禮記》對照，不但在釋讀上犯了不應該的錯誤，而且丟失了以簡文校正《禮記》的機會，並使在討論《性自命出》跟孔門的關係時可用的一條重要線索變得模糊了。〔註30〕

〔註29〕裘錫圭：《中國古典學重建中應該注意的問題》，《中國出土古文獻十講》，6頁。
〔註30〕裘錫圭：《中國古典學重建中應該注意的問題》，《中國出土古文獻十講》，6～7頁。

再看一個例子。上博竹書《武王踐阼》簡 10 有一原整理者釋爲「卣」讀爲「牖」的字，作：

今本《大戴禮記・武王踐阼》與之相對應的字爲「戶」，復旦大學出土文獻與古文字研究中心研究生讀書會同意整理者的意見，認爲「銘文講得位、得士，則銘於『戶牖』之上的可能性要比銘於酒器『卣』之上的可能性大。」〔註31〕劉洪濤先生指出，戰國竹書中的「卣」字一般作下列諸形：

　上博《周易》1 簡　　上博《周易》28 簡　　上博《周易》20 簡　　郭店《緇衣》45 簡

這些「卣」字的共同特點是中間有一豎畫，而《武王踐阼》簡 10 的所謂「卣」，中間看似也有一豎畫，但把圖版放大後仔細觀察就可發現，所謂豎畫實際上是沾染了墨迹的竹簡的紋理，釋爲「卣」並不十分合適。而戰國竹書中的「戶」字一般作：

　　　上博《周易》5 號　　　　　　　　郭店《語叢四》4 號

比較可知，《武王踐阼》簡 10 的那個字也應該釋爲「戶」，只是書寫角度的不同而已。再結合今本與之相當的字也作「戶」來看，釋爲「戶」就可以確定下來了。〔註32〕釋爲「戶」既有傳世文本的對照，又有字形依據，是可信的。

　　以上兩例就是通過文獻對校考釋戰國竹書文字的例子，因爲有傳世文獻的對比，可以爲我們提供線索，使我們能正確地釋讀。裘錫圭先生在前引考釋了《性自命出》簡 34、35 那段話後說，「通過郭簡的釋讀，我們深刻地認識到，像我們這種古書不夠熟的人，在釋讀簡帛佚籍時，必須隨時翻看有關古書，必須不怕麻煩地利用索引書籍和電腦做大量的檢索工作，盡最大努力去尋找傳世古書中可以跟簡文對照的語句。」〔註33〕這是經驗之談，值得我

〔註31〕復旦大學出土文獻與古文字研究中心研究生讀書會：《〈上博七・武王踐阼〉校讀》，復旦大學出土文獻與古文字研究中心網，2008 年 12 月 30 日。

〔註32〕劉洪濤：《上博竹書〈武王踐阼〉所謂「卣」字應釋爲「戶」》，簡帛網，2009 年 3 月 14 日。

〔註33〕裘錫圭：《中國古典學重建中應該注意的問題》，《中國出土古文獻十講》，8 頁。

們注意，但就如前面所說，就算有文獻對校，我們對戰國竹書文字的釋讀也必須有字形依據，而不能屈形就義。

我們以上所討論的戰國竹書文字的考試方法，是建立者以往學者考釋古文字方法的基礎上的，也就是說以往學者總結的考釋古文字的方法在考釋戰國竹書文字時完全適用，同時我們也要看到戰國竹書自身的特點，充分認識和利用這些特點，可以提高我們考釋古文字的準確性，如前面提到的幾點，雖然在其他類型的古文字考釋中也可能會應用到，但總不如戰國竹書文字這樣普遍。

五、應注意的問題

前面的論述中，我們已經提到了各種考釋方法所應注意的問題，除此之外，還有一些普遍性的問題，應該引起我們的注意。

1、字形與辭例

考釋古文字時，必須字形和辭例兼顧，以形為主，考釋戰國竹書文字同樣如此。學者在考釋戰國竹書古文字，特別是有今本對照的篇章時，往往喜歡用今本比附竹書，甚至置字形於不顧。郭店竹書《老子》甲篇簡 11 有「𡥈終如始」，今本作「慎終如始」，原整理者認為𡥈與金文中舊釋「誓」的𡥈、𩙿等字字形近，故釋為誓，讀為「慎」，此說顯然是從今本的辭例推斷出來的，「裘按」已指出此字「是否可以釋為『慎』待考」。陳劍先生指出，𡥈與𡥈等字形近而有別，「誓」與「慎」韻部也有一定的距離，釋為「誓」是有問題的，其實𡥈是「慎」的異體。〔註34〕這一釋法顯然是正確的。林澐先生指出，「在字形和辭例這兩個客觀存在中，我們必須以字形為研究的主要出發點，及『以形為主』。一個初學者如果一開始就信從『以文義定字形』、『屈形就義』，必將誤入歧途。」〔註35〕這是我們在研究中要時時牢記在心的。

2、語法

戰國竹書作為供人閱讀的文章，其行文都是合乎語法的，否則就會文意不通。所以，我們在考釋戰國竹書文字時，不能不顧語法。《容成氏》簡 2、3 有這樣一段敘述身體殘疾者皆有所用的文字：

〔註34〕陳劍：《說慎》，《簡帛研究二〇〇一》，廣西師範大學出版社，2001 年版，207～214 頁。
〔註35〕林澐：《古文字研究簡論》，48 頁。

於是乎喑聾執燭，矇瞽鼓瑟，跛躃守門，侏儒爲矢，長者酥宅，

僂者坟護，瘻【2】者煮鹽，蝨者漁澤，濊棄不廢。【3】

這段文字中「喑聾」、「矇瞽」等指的是身體患有這種疾病的人，「執燭」、「鼓瑟」等動賓結構的短語是根據這些人的身體特點所從事的職業。對於其中的「酥宅」，何琳儀先生認爲，酥字左從「首」，右從「禾」，當是從「首」得聲之字。「酥宅」，疑讀「戚施」。《詩·邶風·新臺》：「燕婉之求，得此戚施。」傳：「戚施，不能仰者。」〔註36〕比照上下文，「長者酥宅」句中的「酥宅」顯然是「長者」根據其身體特點所應做的事情，何琳儀先生讀爲「戚施」，訓爲「不能仰者」，這句話就成了「長者不能仰者」，顯然是不合語法的，且與上下文的敘述明顯矛盾，肯定是有問題的。可見，我們考釋戰國竹書文字不能不顧語法。

3、濫用通假

多用通假字是戰國竹書文字的一個顯著特徵，某些字照本字讀無法理順文意，只有通過通假才能正確釋讀。若按本字讀能讀通就無需通假了，但在研究過程中卻存在濫用通假的現象，如郭店竹書《老子》簡1有「民復季子」，其中的「季子」今本作「孝慈」，帛書《老子》甲本作「畜茲」，乙本作「孝茲」，故學者多有把竹書本的「子」讀爲「慈」，把「季」看作「孝」的訛字的，這顯然是受了今本和帛書本的影響。也有學者指出，文中的「季子」不必破讀，「季子」指嬰兒，「民復季子」指人們復歸於嬰兒一樣的淳樸狀態，今本《老子》有「常德不離，復歸於嬰兒」語，即此意。〔註37〕後一種看法應該是正確的。針對竹書《老子》，裘錫圭先生提醒我們「不能濫用假借的方法去追求簡本《老子》與舊本的統一，否則所有新發現的本子都可以通轉到舊本上去。」〔註38〕張桂光先生也指出「出土文獻的可靠程度一般都較傳世文獻高，在按簡帛原文釋讀於義已足的情況下，還要左通右假去遷就傳世文獻，就有些本末倒置了。」〔註39〕

〔註36〕何琳儀：《滬簡二冊選釋》，簡帛研究網，2003 年 1 月 14 日。

〔註37〕參看裘錫圭：《糾正我在郭店〈老子〉簡釋讀中的一個錯誤》，《中國出土古文獻十講》，230～241 頁。

〔註38〕見《美國「郭店〈老子〉國際研討會」綜述》，《郭店楚簡研究》（《中國哲學》第二十輯），遼寧教育出版社，1999 年版，404 頁。

〔註39〕張桂光：《新世紀古文字研究的若干思考》，「第四屆國際中國古文字學研討會」論文，香港中文大學，2003 年 10 月。

4、以今臆古

戰國竹書作為戰國時代的典籍，其用語反映的是那個時代的特點，在考釋戰國竹書文字時，我們要熟悉當時的用語習慣，而不能用今天的詞語想當然地套用。如《容成氏》簡6、7：

> 於是乎方【6】百里之中，率天下之人就，奉而立之，以為天子。於是乎方圓千里，於是乎持板正立，四向阧和，懷以來天下之民。【7】

其中的「方圓千里」是原整理者的釋法，看起來很通順，但在先秦文獻中沒有這樣的用法。查先秦文獻可知，一般說「方百里」、「方千里」，而不說「方圓百里」、「方圓千里」。上文即作「方百里之中」，而非「方圓百里之中」，所謂的「圓」字釋讀是有問題（參看第四章中的相關論述）。這是典型的以今臆古。再如我們前面談到的《三德》篇中的「盍」字，有學者釋為菜，以現代詞彙來看，是很合適的，所以頗有信從者。但正如陳劍先生所指出的那樣，在先秦時期，跟今語作為佐食菜肴泛稱的「菜」相當的詞，用得最為廣泛的是「羹」，釋為「菜」顯然是「以今臆古」。〔註40〕

以上所說的是我們考釋戰國竹書文字過程中應注意的問題，除此之外，前輩學者總結的教訓也應時時注意，如唐蘭先生總結的研究古文字的六條戒律：1、戒硬充內行，2、戒廢棄根本，3、戒任意猜測，4、戒苟且浮躁，5、戒偏守固執，6、戒駁雜糾纏。〔註41〕在學術研究中經常提到的闕疑精神，也是我們應該牢記在心的，對於一時無法釋讀的文字，不妨留待以後有更多資料時再作考慮。

第二節　特殊字的處理

一、殘字

在古文字考釋過程中，由於載體的殘損或字迹的模糊往往會給文字的釋讀帶來很多困難，甲骨文、金文等都有這樣的問題，遇到這樣的問題，往往使研究者束手無策。戰國竹書由於在發掘過程中或流傳過程中造成的竹簡殘

〔註40〕參看陳劍：《釋上博竹書和春秋金文的「羹」字異體》，「中國簡帛學國際論壇2007」論文。
〔註41〕唐蘭：《古文字學導論》，272～275頁。

斷、保護不善等，也會出現字體殘缺、字迹模糊等問題，給文字釋讀帶來了一定的困難。與甲骨文、金文不同的是，戰國竹書中的殘字因爲有相同文字的重複出現或上下篇文意的對照，常常可以得到正確的釋讀。

　　《上海博物館藏戰國楚竹書（二）‧子羔》簡 4 是一支殘簡，其文爲：

　　　　吾聞夫舜其幼也，每以△寺，其言……

其中的△字作：

原整理者當做不識字處理，李銳先生認爲「據此字輪廓，當爲『學』字之省體」，黃德寬先生也認爲此字當是「學」字，〔註42〕楚文字中的「學」字一般作如下諸形〔註43〕：

比較來看，△字的左半與楚文字中一般的「學」字確實十分相似，故此說得到了大多數學者的贊同。但郭永秉先生對此提出了異議，指出此字下部從「子」似沒有異議，把它釋爲「學」的省體「斈」，根據的主要是此字左上角的殘畫。從放大的圖版看，這部分殘畫確由一豎折和兩橫組成，但這些筆畫不可能是「斈」字所從「臼」的左半。由於《子羔》篇和同人抄寫的《孔子詩論》、《魯邦大旱》都無「斈」字，郭永秉先生把這個字和這三篇竹書中多見的從「臼」的「與」字和「豊」字作了比較，認爲△字上部所從與「臼」有明顯不同，因此△字應該不會是「斈」字，進而認爲△字應是「好」字，《孔子詩論》中的「好」字一般作「斈」：

　　　　把這兩個字形比較後，就可以知道所謂「學」字所從的「臼」應該是「女」字之殘。左上半的兩橫，其實就是「女」字第二筆的那個圈形的起筆和收筆。右上角的墨團，就是這個圈形轉折的部分。有人可能要懷疑，爲何沒有「女」字的一斜畫。從圖版看，寫「女」形一斜畫的地方恰好是竹簡泐損最嚴重的部分，這一筆不留什麼痕迹也是很正常的。

〔註42〕李銳：《讀上博館藏楚簡（二）札記》，上海大學古代文明研究中心、清華大學思想文化研究所編：《上博館藏戰國楚竹書研究續編》，上海書店出版社，2004 年版，526 頁；黃德寬：《戰國楚竹書（二）釋文補正》，《上博館藏戰國楚竹書研究續編》，438 頁。

〔註43〕參見李守奎：《楚文字編》，華東師範大學出版社，2003 年版，210 頁。

確定了△字應是「好」字,「寺」字讀爲「詩」的說法也可以確定下來了,又引《禮記·樂記》「昔舜作五弦之琴,以歌《南風》」,《史記·樂書》「夫《南風》之詩者生長之音也,舜樂好之,樂與天地同意,得萬國之歡心,故天下治也」等內容,認爲簡文記舜「敏以好詩」跟這些傳說似當有一定聯繫,至少可以說明,舜的不少傳說確與「好詩」(並不是「學詩」)有關,而且他的「好詩」多與後來治理天下有密切關係,這和《子羔》所說的意思是相當接近的。〔註44〕

再看一個例子,《武王踐阼》簡13～14有這樣一段話:

太公答曰:「丹書之言有之曰:志勝欲則 A,欲勝志則喪。志勝欲則從,欲勝志則凶。敬勝怠則吉,怠勝敬則滅。」

其中 A 字是簡14的第一字,因簡首殘缺,致使此字只剩下殘畫,其形爲:

整理者釋此字爲「利」,沈培先生指出,如果是「利」字的話,就跟後面「欲勝志則喪」的「喪」不押韻,顯然是有問題的。簡3～4有幾句話跟上引簡文相類,其中「怠勝義則喪,義勝怠則長」正是「喪」、「長」兩個陽部字相押,因此此二句也應當是兩個陽部字相押。以此爲線索,沈培先生認爲此字應該就是「昌」字,楚文字中的昌字一般作:

A 字的寫法應當與之相似,將此字釋爲「昌」字,「志勝欲則昌,欲勝志則喪」與下面古書中兩句話很類似:

《六韜》:故義勝欲則昌,欲勝義則亡;敬勝怠則吉,怠勝敬則滅。

《淮南子·謬稱》:故情勝欲者昌,欲勝情者亡。

這是「昌」、「亡」二字押韻,更可證簡文也是兩個陽部字相押。〔註45〕

由於竹簡的殘斷造成文字的殘損,如果能夠根據例證、文意等考釋出殘字,對理解整篇文章當然是最好的結果,但這必須有充分的依據,不能憑主觀臆斷。若沒有充分的依據,還是不要隨意考釋爲好。

〔註44〕郭永秉:《讀〈六德〉、〈子羔〉、〈容成氏〉札記三則》,簡帛網,2006年5月26日。

〔註45〕沈培:《〈上博(七)〉殘字辨識兩則》,復旦大學出土文獻與古文字研究中心網,2009年1月2日。

二、合文、重文

　　戰國竹書中的合文、重文符號都是「＝」，這樣就會出現把合文當做重文的錯誤。郭店竹書《語叢四》：

　　　　善使其下，若【17】蚈蛩之足，眾而不🔲而不僕。【18】

其中的🔲字，右下方有「＝」，學者一般都當做重文符號看，如原整理者認爲是「割」的重文，且都讀爲「害」，即「眾而不害，害而不僕」。李零先生也認爲是「割」的重文，但都不破讀，即「眾而不割，割而不僕」。〔註46〕劉釗先生與李零先生一樣，也認爲是「割」的重文，且都不破讀，認爲「簡文此句意爲善於御使下屬者，就像蚈蛩的足一樣，雖然眾多卻連續不斷，即使割斷也不至於仆倒」。〔註47〕陳偉先生把前一「割」字讀爲「害」，後一「割」字不破讀，即「眾而不害，割而不僕」，並解釋：

　　　　裘錫圭先生按云：「『蚈』即百足蟲。蛩，除解釋爲蛈蜋外，亦
　　　　有借爲百足蟲的。」「割」字原釋文並讀爲「害」。《淮南子》有與本
　　　　句類似的説法。《説林訓》：「善用人者，若蚈之足，眾而不相害。」
　　　　又《兵略訓》：「故良將之卒，若虎之牙，若兕之角，若鳥之羽，若
　　　　蚈之足，可以行，可以舉，可以噬，可以觸，強而不相敗，眾而不
　　　　相害，一心以使之也。」「眾而不害」即「眾而不相害」，是説眾者
　　　　之間由於統一指揮，彼此協調，不致相互衝突。後一「割」當讀如
　　　　字。僕，字本作「僕」。原注釋云：「借作『僕』。《漢書·鄒陽傳》
　　　　『卒僕濟北』注：『僵僕也』。」僕指倒下。「割而不僕」是説即使割
　　　　掉百足蟲的一些腳，其他腳仍能發揮作用，不致倒斃。《太平御覽》
　　　　卷944引《魯連子》曰：「百足之蟲，斷而不蹷，持之眾也。」「斷」
　　　　與「割」、「蹷」與「僕」兩兩相通。〔註48〕

比較來看，我們認爲陳偉先生的解釋是合理的，但他遵從整理者的意見把🔲看作「割」的重文，並把前一「割」字讀爲「害」卻是有問題的。其實，🔲本就應該看作「害」「割」二字的合文，而不是「割」的重文。〔註49〕戰國竹書中的合文大致可分爲三種類型：

〔註46〕李零：《郭店楚簡校讀記（增訂本）》，北京大學出版社，2002年版，45頁。
〔註47〕劉釗：《郭店楚簡校釋》，福建人民出版社，2005年版，231～232頁。
〔註48〕陳偉：《郭店竹書別釋》，湖北教育出版社，2003年版，239～241頁。
〔註49〕其實李守奎先生在《楚文字編》（華東師範大學出版社，2003年版）裏就是把
　　　　🔲本當作「害」「割」的合文而收錄的（877頁），只是未引起學者的注意。

A 類是兩個完全沒有關係的字因結構比較簡單，為了節省空間而把它們寫在一起；B 類是兩字共用了某一部分而組成的合文，這類是比較常見的；C 類是兩個字其中一個屬於另外一個的一部分，換句話說就是一個字（一般是合體字）包含另外一個字。比較可知，𦥑 屬於 C 類，即「割」字中包含「害」字，所以可以直接釋為「害」「割」二字，而不必麻煩地當作「割」的重文，再把前一「割」字通假為「害」。這就告訴我們，由於戰國竹書文字中的合文、重文符號是一樣的，所以在釋讀時，正確判斷其是合文還是重文就顯得十分重要。

還有一種情況是，合文符號不明顯，需要借助文意才能正確釋讀。今本《緇衣》引《大雅》中的一句話「穆穆文王，於緝熙敬止」，這句話在郭店竹書本作「穆穆文王，於𦥑遷敬止」，其中的「𦥑遷」顯然應從今本讀為「緝熙」。這句話在上博竹書本作：

穆穆文王，於 𦥑 義止。

「義」字與同篇的「敬」相似，當是「敬」字之誤。𦥑 原整理者釋為「幾」，無論是字形還是文意顯然不通。李家浩先生指出：

值得注意的是，與 A（引按：即 𦥑 字）字相當的字，不論是郭店簡本《緇衣》，還是今本《緇衣》和《詩‧‧大雅‧文王》，都是兩個字。根據這一情況再來審觀此字，就會發現 A 是兩個字的合文，右下側兩斜畫即合文符號。這一認識對正確釋讀 A 很重要。把 A 的合文符號去掉後，可以將其分析為 A1、A2：

A1 𢆉   A2 𢎥

李先生通過對比文獻，認為此字「右下側兩斜畫即合文符號」，可謂卓識，為正確釋讀此合文找到了線索。李先生接著指出，包山楚墓竹簡 176 號「姬」字所從「臣」旁作：

𠤎 《包山楚簡》圖片八〇

比較可知，A2 就是「臣」字的訛體，即把「臣」的「ㄴ」字形筆畫寫作一撇，

再把中間一横省去，下面右側一畫寫到上面横畫之下。而 A1 則有「丝」、「茲」、「絲」、「𢆶」等四種釋法，從音韻的上考慮，應該以釋爲「𦀚」字所從聲旁「𢆶」爲是，在此也應該從今本《緇衣》和《詩》讀爲「緝」。「熙」從「𦣝」聲，「𦣝」所從「臣」、「巳」皆聲，A2 的「臣」也應該從今本《緇衣》和《詩》讀爲「熙」。於此可見，上博簡本《緇衣》A 與郭店簡本《緇衣》「𦀚遁」，儘管文字寫法不同，但是它們所表示的詞卻是相同的。《詩・大雅・文王》毛傳：「緝熙，光明也。」〔註 50〕

再來看一個與此類似的例子。上博竹書（三）《仲弓》簡 16：

宜。之至者，教而使之，君子無所厭人。

對於其中的字，學者或釋爲道，或釋爲順，在字形上都存在可商之處，程鵬萬先生通過比較指出，這個字其實是「小人」的合文，楚簡中常見的「小人」的合文主要有：

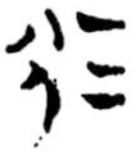 包山楚簡 141　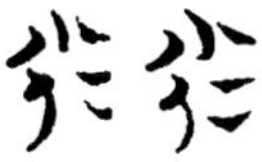 包山楚簡 142

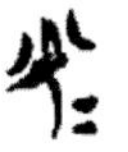 郭店楚簡《語叢四》11　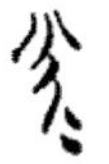 郭店楚簡《成之聞之》32

「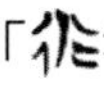字與上舉小人的合文字形一致，只不過是將左側人字寫的較小罷了」，故簡文可釋寫爲：

宜。小人之至者，教而使之，君子無所厭人。〔註 51〕

這一釋讀有字形依據，從文意上來看，「小人」與「君子」對文，也很恰當，應該是正確的。

通過以上兩例可以看出，有些時候合文符號不是很明顯，或者與文字混爲一體，這就需要認眞辨認，才能正確釋讀。還有一種情況是，由於抄寫者的水平不高或一時疏忽把重文或合文符號當成了筆畫，如果不能仔細辨別，就會誤釋。如上博竹書（四）《相邦之道》簡 1 有如下兩字：

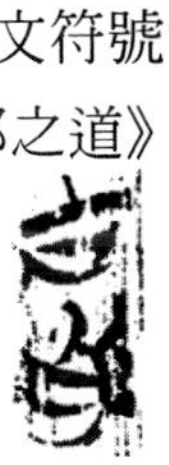

〔註 50〕李家浩：《釋上博戰國竹簡〈緇衣〉中的「丝臣」合文》，《康樂集：曾憲通教授七十壽慶論文集》，中山大學出版社，2006 年版。

〔註 51〕程鵬萬：《釋〈仲弓〉第 16 簡的「小人」》，《古文字研究》第 26 輯，中華書局，2006 年版，355 頁。

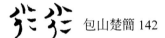

原整理者釋爲「古此」，裘錫圭先生指出，第二字右旁的兩點其實是重文符號，由於與「出」字貼近，抄寫者誤以爲兩點屬於字的筆畫，遂將「出」字誤寫爲「此」字了，而原整理者沒有辨認出重文符號，將此釋爲「古此」是錯誤的。〔註52〕

三、錯別字

　　戰國時期的書籍多是以書面形式存在，並且在傳抄過程中一般都是有底本作爲依據的。〔註53〕郭店竹書和上博竹書雖然是楚地出土的，但據馮勝君等先生的研究，其中的某些篇章卻是從其他系的底本傳抄來的。〔註54〕這樣在傳抄過程中，由於文字的差異及抄手水平較低等原因，〔註55〕就可能會把某些字寫錯。裘錫圭先生指出，「抄書的人不時寫錯別字，有時把字寫得不成字，有時把字寫成另一個形近的字」，因此「我們在釋讀楚竹書文字的時候，應該把竹書中有錯別字這一點牢記心頭。如果遇到錯別字而不能辨明，就會無法理解或誤解文義」。〔註56〕也有學者不同意水平說和錯別字說，劉信芳先生分析了學者認爲竹書的訛誤或錯別字的26例，認爲都是以不誤爲誤，然後說：

　　　　我本人孤陋寡聞，尚未讀到清代以前有將「錯別字」當作專門學問的。清代學者校勘經典，也主要只是還經典之舊，且恭敬從事，理論嚴謹。先秦是否有關於「錯別字」的相關規範，我們並不清楚。

〔註52〕 裘錫圭：《上博簡〈相邦之道〉1號簡考釋》，《中國文字學報》第一輯，商務印書館，2006年版，71頁。

〔註53〕 參看馮勝君：《從出土文獻看抄手在先秦文獻傳佈過程中所產生的影響》，「2008年國際簡帛論壇」論文。

〔註54〕 參看馮勝君：《有關戰國竹簡國別問題的一些前提性討論》（《古文字研究》第26輯，中華書局，2006年版）及《郭店簡與上博簡對比研究》（線裝書局，2008年版）中的相關論述。

〔註55〕 關於抄手的文化水平問題，1998年郭店竹書剛公佈時在美國達慕思大學舉行的一次國際學術討論會上，裘錫圭先生指出，郭店竹書的簡文字體風格是粗草的，其文字有許多基本的錯誤，說明抄手受教育的程度不高，有些錯誤是由於水平不夠，而不是粗心大意，李學勤先生同意這一看法，認爲漂亮的書法並不一定意味著文獻抄寫得準確（參看艾蘭、魏克彬原編，邢文編譯《郭店老子——東西方學者的對話》，學苑出版社，2002年版，127～128頁）。

〔註56〕 裘錫圭：《談談上博簡和郭店簡中的錯別字》，原載《華學》第六輯，後收入其著《中國出土古文獻十講》，復旦大學出版社，2004年版。

在這種情況下，怎能以今人理解的「錯別字」去匡正古人呢？……筆者之所以對此痛加針砭，是因為「水平」說已經超出了學術批評的範圍，以學術裁判自居，這是很不妥當的。由於「水平」說與「錯別字」說對郭店、上博藏兩批戰國竹書的準確程度作了過低的估計，致使不少學者研究竹書的隨意性增加。……竹書「錯別字」一說既出，大開方便之門，學者遇到竹書、帛書中不合己意之處，便將錯誤推給古人，實在是很可悲的事情。〔註57〕

戰國竹書作為抄本，其中的訛誤肯定是難免的，但是否就是「錯別字」確如劉信芳先生所言，是值得商榷的。裘先生沒有就竹書的「錯別字」作具體說明，其所說的「錯別字」大都是誤摹字，並不是我們今天所理解的錯別字。但在戰國竹書中確實存在錯別字，如《容成氏》：

〔啓〕王天下十又六年而桀作。桀不述其先王之道，自為【35A】

湯王天下三十又一世而紂作。紂不述其先王之道，自為芑為【42】

對比可知，這兩句話很相似，分別敘述夏商的開國君主到最後亡國君主，但一個是「年」一個是「世」，李銳先生指出，根據上下文意，知此處不是講湯受命稱王十六年後桀作，而是啓王天下十六世後桀作，「年」當為「世」之訛。據《史記‧殷本紀》自湯至受（紂）總共三十一世。則「十六世」為自啓至桀總共十六世。據《史記‧夏本紀》，啓之後有太康、中康、相、少康、予、槐、芒、泄、不降、扃、厪、孔甲、皋、發、履癸（桀），正為十六世。《太平御覽》卷八十二皇王部引《紀年》：「自禹至桀十七世」，《史記‧夏本紀》集解、索隱等說法相同，是包括禹在內。〔註58〕這一理解顯然是正確的，簡35中的「世」字被誤寫為了「年」。可見，作為抄本戰國竹書中有錯別字是難免的，像「世」與「年」這種差別較大的字都能抄錯，那麼形體相近的字更可能會抄錯了，如前面提到的上博竹書《緇衣》篇中「穆穆文王，於緝熙敬止」的「敬」字被抄成了形體相近的「義」字。而值得注意的是，這一錯誤也見於上博竹書《武王踐阼》中，第3、4簡：

怠勝義則喪，義勝怠則長，義勝欲則從，欲勝義則凶。

與此類似的話在今本中作「敬勝怠者強，怠勝敬者亡，義勝欲者從，欲勝義者凶」，草野友子比較了戰國竹書中的「敬」和「義」的寫法之後，指出竹書

〔註57〕劉信芳：《關於竹書「錯別字」的探討》，《考古》2006年第10期。

〔註58〕李銳：《上博藏楚簡（二）初箚》，簡帛研究網，2003年1月6日。

《武王踐阼》中「義」是「敬」字的誤摹。〔註59〕所以，在戰國竹書中錯別字或誤摹字是存在的，但「在處理這類問題時必須謹慎，不要把不是錯別字的字誤認爲錯別字。」〔註60〕至於個別學者在研究中的確有輕易認定某字是錯別字的現象，是需要特別注意的。

四、脫字、衍字

戰國竹書作爲抄寫本，除了存在錯別字外，還有脫字、衍字等現象，如上博竹書（二）《民之父母》有下面一段話：

無聲之樂，氣志不違；【10】無體之禮，威儀遲遲；無服之喪，內恕（？）𢓴悲。

無聲之樂，塞於四方；無體之禮，日就月將；無體〈服〉之【11】喪，純德同明。

無聲之樂，氣【12】志既得；無體之禮，威儀翼翼；無服喪，施及四國。

無聲之樂，氣志既從；無體之禮，上下和同；無服【13】之喪，以畜萬邦。

這是四組對比整齊的話，比較可知，第三組中「無服喪」明顯少了一個「之」字，這類脫字可以通過上下文的比較補上。

再看一個通過與傳世典籍的對比補充脫字的例子，上博竹書（七）《武王踐阼》篇甲本簡 5、6：

武王聞之，恐懼，爲【5】銘於席之四端曰：「安樂必戒。」右端曰：「母行可悔。」席後左端曰：「民之反側（？），亦不可志（忘？）。」後右端曰：……【6】

今本《大戴禮記‧武王踐阼》作：

王聞書之言，惕若恐懼，退而爲戒書，於席之四端爲銘焉，……席前左端之銘曰：「安樂必敬」；前右端之銘曰：「無行可悔」；後左端之銘曰：「一反一側，亦不可以忘」；後右端之銘曰：「所監不遠，視邇所代」。

〔註59〕草野友子：《關於上博楚簡〈武王踐阼〉中誤寫的可能性》，復旦大學出土文獻與古文字研究中心網，2009 年 9 月 22 日。

〔註60〕裘錫圭：《談談上博簡和郭店簡中的錯別字》，《中國出土古文獻十講》，316 頁。

對比可知，今本的敘述更完整合理，而竹書本明顯有脫漏，如「安樂必戒」
一語前明顯少了「席前左端」，從文例看「右端」前似乎少了一個「前」字等，
這些脫字均可據今本校正補充。

　　下面再來看衍字的情況，上博竹書（二）《容成氏》篇：

　　　　於是乎喑聾執燭，矇瞽鼓瑟，跛躃守門，侏儒為矢，長者酥氒，

　　僂者事數，瘻【2】者煮鹽，{氒}癭者漁澤，澀棄不廢。【3】

這段話中的第二個「氒」字，或認為屬上讀，或認為屬下讀，但從上下文都
是四字為句看，似乎都有問題，此「氒」字應是涉上文「酥氒」之「氒」字而
衍，當刪除。這是涉上文而衍的例子，再看兩個旁記文字誤入正文而衍的例
子。上博竹書（六）《孔子見季桓子》簡3：

　　　　上不親仁，而綵專聞其詞於逸人乎？

對於其中的「綵專聞」三字，陳劍先生認為：

　　　　不管是將「綵專聞」三字連讀看作三個動詞連用，還是斷讀作

　　「綵專/聞」（即將「聞」看作動詞，「綵專」作副詞修飾它）、「綵/專

　　聞」（即將「專聞」看作兩個動詞連用，「綵」作副詞修飾它們），其

　　節奏都是很彆扭的。同時，「綵」、「專」又皆以「父」為基本聲符，

　　其讀音極為接近甚至相同。據此完全可以斷定，「綵」、「專」兩字中

　　必有一字係衍文。

至於出現這種現象的原因，陳劍先生認為，「『綵』字較為生僻，疑係原以小字
將更通行的『專』字注在『綵』字之下，傳抄中「專」字又闌入正文。」這一
看法應該是正確的，同時，陳劍先生還指出這種現象又見於上博竹書（六）《競
公瘧》簡10「貧苦約疒疾」，其中的「約疒疾」與「綵專聞」一樣，「約」、「疒」
二字均從「勺」聲，因此必有一字是衍文。〔註61〕其實這種現象在古書中也
存在，俞樾在《古書疑義舉例》中把這種現象概括為「以旁記字入正文例」，
即原本是讀書者記在旁邊以起標音、注釋等作用的字，被後來的抄寫者誤認
為是原文而一併抄錄了。〔註62〕還有一種衍文是由於抄寫者誤標了重文符號
而造成的，如上博竹書（三）《仲弓》簡7、8：

　　　　老＝（老老）慈幼，先有司，舉賢才，宥過赦（？）罪【7】

〔註61〕陳劍：《〈上博（六）·孔子見季桓子〉重編新釋》，《出土文獻與古文字研究》
　　　　第二輯，復旦大學出版社，172～174頁。

〔註62〕俞樾等：《古書疑義舉例五種》，中華書局，2005年版，95～98頁。

　　　　若夫老＝（老老）慈＝（慈慈）幼，既昏（聞）命矣【8】

對比可知，簡 8「慈」字下的重文符號明顯是受了上文「老」字重文符號的影響而誤加的，因為如果按重文讀的話就成了「老老慈慈幼」，顯然是不通的。

　　由以上所列舉的例子可以看出，雖然戰國竹書中存在脫字、衍字等現象，但一般可以通過疏通上下文意，或通過與傳世典籍的對比得到解決。

第三節　拓展研究

　　前面兩節我們討論了考釋戰國竹書文字的方法及一些特殊字處理問題，正如前文所指出的那樣，戰國竹書因其特殊性為我們提供了大量的古文字字形和辭例，對它們的釋讀比其他類型的古文字更具有方便性，使得大量的文字得到了正確的釋讀。以此為基礎，為考釋其他類型的古文字提供了線索，學者在研究過程中，利用戰國竹書文字考釋其他類型的古文字也取得了豐富的成果，陳劍先生指出，「郭店楚墓竹簡對古代文史研究各個領域的深遠影響，現在正隨著研究的深入逐步顯現。僅就古文字學研究而言，依靠郭店簡提供的證據和線索，舊有的戰國文字尤其是楚文字中的不少奇字難句已經得到了正確釋讀。同時，郭店簡文字中還『蘊含著許多商周以來傳襲的寫法，為解讀更早的文字充當了鑰匙』。」〔註 63〕李零先生更認為，「中國古文字學的發展，其順序是從簡帛到銅器（漢到宋），從銅器到甲骨（宋到清），然後又回到簡帛（現在）。它是以簡帛文字為主體線索，起樞軸作用，簡帛是它的開端，也是它的結尾。」〔註 64〕本章我們主要討論利用戰國竹書文字提供的線索考釋商周及戰國文字。《說文》是考釋古文字的重要參考書，但長期的傳刻使其多有訛誤，或其中的一些字的解釋在傳世文獻裏找不到例證，而戰國竹書文字能為我們提供恰當的例證，使我們可以校補《說文》。以往的學者利用出土文獻校讀傳世典籍，取得了很多的成績，〔註 65〕而戰國竹書正是當時的典籍，其中的一些用字習慣和字形特點正可用來校讀傳世古書的訛誤。

〔註63〕陳劍：《據郭店簡釋讀西周金文一例》，《北京大學古文獻研究中心集刊（二）》，北京燕山出版社，2001 年版，後收入《甲骨金文考釋論集》，線裝書局，2007 年版。

〔註64〕李零：《簡帛古書與學術源流》，166 頁。

〔註65〕參看馮勝君：《二十世紀古文獻新證研究》，齊魯書社，2006 年版。

一、考釋甲骨文

甲骨文年代久遠，文句又簡潔，其中的某些字很難正確釋讀，而以戰國竹書文字為線索，可以為甲骨文中的某些難識字找到突破口。下面來看兩個例子。

以往的研究者多將戰國文字中「妟」與「晏」混為一體，一般認為下列寫法的「嬰」或「瓔」字，均從「晏」聲：

三晉： 㻽 璽彙 0527　　 㻽 璽彙 1935　　 㻽 璽彙 2907　　 㻽 璽彙 2109

燕： 㻽 璽彙 5664　　 㻽 璽彙 3504　　 㻽 璽彙 4129　　 㻽 璽彙 5349

馮勝君先生指出，這些字所從的右旁應該隸定為「妟」，它與「晏」是不同的，然後說：

> 戰國楚地竹簡文字材料中，有些「妟」旁的形體雖然與「晏」旁非常接近，但通過細緻地排比和分析，還是能發現不少「妟」與「晏」非一字的線索的。除了前面提到的同一批材料中，「妟」與「晏」旁會有意在形體上加以區別的現象外，還有就是形體與「妟」相近的「晏」均出現在偏旁中，單獨成字的「晏（晏）」均從「安」省聲，沒有一例寫作與「妟」相近的形體。這是因為偏旁對於人們辨識某些形體相近的字，是有制約和區分作用的。例如上博簡《孔子詩論》和《子羔》篇讀為燕子之「燕」的字寫作㻽形，右旁與「妟」相近。但因為這個字從「鳥」，所以古人會很自然地把聲符理解為「晏」，將字讀為「燕」（這個字應該就是燕子之「燕」的本字）。如果把聲符理解為「妟」的話，這個字就會被釋讀為「鸚」。而在早期文獻中，表示鸚鵡這種鳥的時候，均「鸚鵡」連言，未見有單用「鸚」來指代鸚鵡這種鳥的例子。所以在這種情況下，聲符「晏」雖然與「妟」相近，仍然不會給當時的人造成釋讀上的困擾。再有就是，楚文字中確切無疑的「晏」（包括從日從女的「晏」和從日安河聲的「晏—晏」）字多見，卻未發現一例可以確定的用作耕部字（其實都是「嬰」或從「嬰」聲的字）聲符的例子。這也從反面說明，那些與「妟」形體相近、用作「嬰」或從「嬰」聲字聲符的偏旁，不能釋為「晏」。
>
> 以上討論的「妟」旁形體，當以寫作㻽、㻽形者為準，燕文字寫

作█形當是省訛之體。以「妟」爲基本聲符之字，可以確釋的如「瓔」、「癭」、「嬰」字，均從「嬰」聲，可見「妟」的讀音應與「嬰」相同或相近。

以此爲線索，馮先生糾正了甲骨文中的一個舊被釋爲「妟」、「項」、「允」等的字：

如果試著在早期文字中給「妟」字找一個來源的話，那麼下引甲骨文形體或許與之有關：

合集 190　　　　　　　　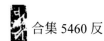合集 5460 反

這個字在卜辭中用爲人名，《甲骨文校釋總集》隸定爲「妟」，顯然不確。從字形上看，這個字與我們討論的東周文字「妟」字相同，或許是同一個字。字形象女人的頸項部位有突起物，結合「妟」的讀音與「嬰」相同或相近，則甲骨文形體可能就是「癭」字的表意初文。《說文·疒部》：「癭，頸瘤也。」《釋名·釋疾病》：「瘤，流也，血流聚所生瘤腫也。」這個字正像女人的脖頸處長有腫瘤的樣子。戰國文字中的「癭」字，是「妟」的後起形聲字。

……嬰、頸均爲喉牙音耕部字，從「嬰」之字的含義往往與「頸」有關。如《說文·女部》：「嬰，頸飾也。」《荀子·富國》：「辟之是猶使處女嬰寶珠，佩寶玉，負戴黃金而遇中山之盜也。」楊倞注：「嬰，繫於頸也。」《廣韻·清韻·嬰小韻》：「瓔，瓔珞。」《慧琳音義》卷七十八：「瓔珞，頸飾也。」《釋名·釋首飾》：「纓，頸也，自上而下繫於頸也。」《文選·枚乘〈七發〉》：「鵷鶵鵁鶄，翠鬣紫纓。」李善注：「纓，頸毛也。」同樣，「癭」之得名無疑也是來源於其所附著的部位名「頸」。換句話說，甲骨文█字生腫瘤的那個部位，應該名「頸」，這就爲甲骨文█（█）字的釋讀提供了線索。看下引卜辭：

疾█，御於妣己暨妣庚。　　英藏 97 正

此字《殷墟甲骨刻辭摹釋總集》、《殷墟甲骨刻辭類纂》及《甲骨文字形表》均摹而未釋。……甲骨文「肩」字寫作█，像牛的肩胛骨形。█從字形來看，無疑是指人的頸項部位或該部位所患疾病。如果我們對甲骨文中表示頸部疾病「癭」字的釋讀可信的話，

那麼 $\textbf{?}$ 應該是指人的頸項部位。我們前面已經論證過，甲骨文中表示頸項部位的詞當為{頸}，則 $\textbf{?}$ 字無疑應該釋為「頸」。在先秦兩漢古書中，表示頸項含義的字通常用「頸」，極少用「項」。而用「領」字來表示頸項含義時，則多出現在「要（腰）領」、「首領」或「引領」等固定搭配中。所以將 $\textbf{?}$ 釋為「頸」，也與古書用字習慣相吻合。《說文・頁部》：「頸，頭莖也。」也就是今天所說的脖子。〔註66〕

馮先生根據戰國文字中「妟」與「晏」不同，及其在竹書文字中的讀音差別，得出「『妟』的讀音應與『嬰』相同或相近」的結論，進而釋甲骨文中的 $\textbf{?}$ 為「頸」，結論是正確的。

趙平安先生根據郭店竹書《六德》簡16「股肱」的「股」作「」和上博竹書《周易》簡9的「盈」作「」，指出甲骨文中舊釋為「尻」的「」字應釋為「股」，也是一個利用戰國竹書文字考釋甲骨文的佳例。〔註67〕

二、考釋金文

金文有些字長期誤釋沒有引起研究者的注意，或各家意見不一，戰國竹書文字為其正確釋讀提供了線索。

郭店竹書中「慎」字的寫法，除了一例作「」，與《說文》「慎」字的古文相同，其他的「慎」字主要有下列幾種形體：

1、《語叢四》4

《老子》甲11，《緇衣》30、32、33

《緇衣》15

〔註66〕馮勝君：《試說東周文字中部分「嬰」及從「嬰」之字的聲符——兼釋甲骨文中的「瓔」和「頸」》，「出土文獻與傳世典籍的詮釋——紀念譚樸森先生逝世兩週年國際學術研討會」論文，復旦大學，2009年6月。
〔註67〕趙平安：《關於「及」的形義來源》，《中國文字學報》第二輯，商務印書館，2008年版，20～21頁。

2、 ![字形] 《老子》丙 12，《成之聞之》3、19、38、40，《性自命出》27、49

3、 ![字形] 《五行》16

4、 ![字形] 《五行》17

郭店簡的原整理者把上舉四類形體分別隸定爲「訢」、「斳」、「懃」、「誃」，並把 1 類形體釋爲「誓」，借作「愼」，裘按認爲所謂的「誓」字與「訢」爲一字，是否可釋爲「誓」待考。〔註68〕陳劍先生指出：

> 「誓」是月部字，「愼」是眞部字，古音有一定距離。從字形上看金文的「誓」與「訢」、「斳」也缺乏必然的聯繫和演變的中間環節。裘先生的懷疑是很有道理的。
>
> 「愼」寫作「訢」、「斳」、「懃」、「誃」等形前所未見，是一個值得注意的重要線索。由此上朔，我們發現西周金文中形體與「訢」相當接近的「![字形]」字（見番生簋），表示的也應該是「愼」這個詞。以此爲突破口，可以釋出金文、璽文等古文字中一批舊被誤釋爲「誓」、「悊」、「賛」的字。

西周金文中過去誤釋爲「誓」、「悊」、「賛」等讀爲「哲」的字主要有下列幾種形體：

![字形] 師望鼎　![字形] 克鼎　![字形] 井人妄鍾　![字形] 番生簋　![字形] 叔家父匠

金文中的這些形體幾乎都是用在「德」或「厥德」前，陳劍先生指出，這些字「或從心或從言或從貝，而聲旁則顯然相同，它們代表的無疑是同一個詞。又這些銘文格式、用語大多相近，應是代表了西周中晚期撰作銅器銘文的某種風尚。其中的『－厥德』或『－德』，看來也是當時金文中流行的用語。『厥德』或『德』前一字應該是一個動詞，『德』作它的賓語。大家知道，西周春秋金文中好多流行一時的常用語，往往能在大致同時的古書中找到。排比文獻，可以發現古書中只有『愼厥德』、『愼德』的說法能與金文『－厥德』、『－德』相當。」如：

> 《尚書‧文侯之命》：「丕顯文武，克愼明德。」

〔註68〕荊門市博物館：《郭店楚墓竹簡》，文物出版社，1998 年版，115 頁。

《墨子・非命下》：「禹之《總德》有之曰：『允不著，惟天民
不而葆，既防凶心，天加之咎，不慎厥德，天命焉葆？』」

《禮記・大學》：「是故君子先慎乎德。」

因此，「除了認爲它們表示的就是文獻中的『慎』這個詞，恐怕沒有更好的解
釋。」陳劍先生指出這些字與金文中讀爲「哲」的那些字從辭例和字形上完
全可以區分開，它們所從的其實就是所，即質字的聲符：

「質」古音在章母質部，「慎」在禪母眞部，它們聲母爲旁紐，
韻部有嚴格的陽入對轉關係。西周金文中的質、晉諸字可以讀爲古
書中的「慎」，這應該是不存在問題的。〔註69〕

這一論斷顯然是可信的，已得到學界的廣泛認同。

我們來看一個利用戰國竹書文字考釋春秋金文的例子。

春秋時期的鄭國銅器鄭與兵壺：

唯正五月初吉壬申，余鄭太子之孫與兵，擇其吉金，自作宗彝，
其用享用孝於我皇祖文考，不△春秋歲常。（下略）

其中的△字作「▮」，李學勤先生將△前的「不」字讀作「丕」，訓「大」，將
△隸定作「敕」，引《方言》「敕，備也」，認爲「丕敕」就是大備。〔註70〕王
人聰先生也認爲「不」通「丕」，爲語首助詞，而△字即「陳」字，係陳之省。
陳，訓久。丕陳，爲陳久之義。「春秋」泛指四時。「嘗」本爲秋祭之名，引
申泛指祭祀。歲嘗，猶言歲祀。「自作宗彝，其用享用孝於我皇祖文考，不△
春秋歲嘗」，整個句子的意思是說，器主作此宗彝，用於祭祀祖考以及長久以
來一年四時舉行的祭祀典禮。〔註71〕魏宜輝認爲釋爲「敕」或「陳」從字形
上來說是不可信的，指出「對於鄭與兵壺銘文中的這個『△』字，在新出的
戰國竹簡資料裏我們發現了新的線索可以與之聯繫」。魏先生所說的新線索指
下面的例子，《上博簡（二）・容成氏》篇簡22有這樣一段話：

禹乃建鼓於廷，以爲民之有謁告者訊焉。▲鼓，禹必速出，冬
不敢以寒辭，夏不敢以暑辭。

〔註69〕陳劍：《說慎》，《簡帛研究二〇〇一》，廣西師範大學出版社，2001 年版，後
收入《甲骨金文考釋論集》，線裝書局，2007 年版。

〔註70〕李學勤：《春秋鄭器與兵方壺論釋》，《松遼學刊（人文社會科學版）》2001 年
第5 期。

〔註71〕王人聰：《鄭大子之孫與兵壺考釋》，《古文字研究》第24 輯，中華書局，2002
年版。

其中的「▲」字作■，此字或釋爲「撞」，或釋爲「動」，裘錫圭先生釋爲「塹」讀爲「擊」。〔註72〕今本《周易》中的「上九：擊蒙」，上博竹書本與「擊」相對應的字作■，戰國文字中作爲局部形體的「田」、「目」形經常互混，因此■與▲應是同一字，而△與▲是同一個字，也應釋爲「塹」，進而對壺銘作了新的解釋：

> 首先，對於「不」字，我們認爲還是應該讀本字，用作否定副詞。銘文中的「春秋」，王人聰先生認爲泛指四時，「春秋歲嘗」指一年四時舉行的祭祀典禮。我們認爲這裡的「春秋」應該和「歲嘗」一樣都是指祭祀。……
>
> 銘文中的「春秋歲嘗」指祭祀，結合上下文意分析，「不塹春秋歲嘗」一語應該是說器主與兵「對於祭祀不敢有懈怠」一類意思。結合聲韻的角度考慮，我們認爲銘文中的「塹」很可能應讀作「懈」。「塹」和「懈」古音相同，皆爲見紐錫部。在表示「懈怠」這個意思上，「懈」在古代文獻中又作「解」。文獻中亦有「擊」、「解」相通的例子。《呂氏春秋·精諭》：「若夫人者，目擊而道存矣，不可以容聲矣。」舊校云：「『擊』一作『解』」。可見，「塹」讀作「懈」在聲韻上是沒問題的。……
>
> 因此，我們認爲「不懈春秋歲嘗」一語中，「懈」字後當省略了介詞「於」。「不懈於春秋歲嘗」，意即「對於祭祀不敢有所懈怠。」這與前面一句銘文「用享用孝於我皇祖文考」在意思上正好承接。〔註73〕

另外，諸如劉釗先生根據郭店竹書中可用爲「察」、「淺」、「竊」三字聲符的形體，指出金文中過去釋爲「撲伐」的「撲」字應釋爲「剪」〔註74〕，陳劍先生根據郭店竹書中用爲「逑（仇）」的字，考釋了金文中用作「匹」意的「逑」字。〔註75〕雖然這些結論或有爭議，但都提供了很有價值的線索。

〔註72〕裘錫圭：《讀上博簡〈容成氏〉札記二則》，《古文字研究》第 25 輯，中華書局，2004 年版。

〔註73〕魏宜輝：《利用戰國竹簡文字釋讀春秋金文一例》，《史林》2009 年第 4 期。

〔註74〕劉釗：《利用郭店楚簡字形考釋金文一例》，《古文字研究》第 24 輯，中華書局，2002 年版。

〔註75〕陳劍：《據郭店簡釋讀西周金文一例》，《北京大學古文獻研究中心集刊（二）》，北京燕山出版社，2001 年版，後收入《甲骨金文考釋論集》，線裝書局，2007年版。

三、考釋其他類型的戰國文字

因戰國竹書是成篇的典籍，通過上下文文意的疏通，可以使某些不易辨認的文字較快地得到正確的釋讀，這是其他類型的文字所無法比擬的。戰國竹書文字因與其他類型的戰國文字有共時性關係，能爲其他類型的戰國文字的釋讀提供積極的幫助。

（一）考釋戰國金文

1933 年安徽朱家集李三孤堆出土的鑄客大鼎，在鼎口平沿上刻有 12 字銘文：

鑄客爲集　、造　、鳴腋　爲之。

其中的「鳴腋」二字作：

A、　　　　B、

過去有多種釋法，最近程鵬萬先生根據戰國竹書文字堆此作出了正確的釋讀：

鑄客大鼎銘中的第八、九字有不同的釋法，有「鼎能」、「鼎□」、「鼎豚」、「□腋」、「睘豚」、「冑腋」、「睘腋」、「鼎（員）□」等。

將銘文中的第九字釋爲能、豚，於字形不合，不可信。李學勤先生首先將之釋爲「腋」，至確。鼎銘腋字所從的亦字的右腋下有二畫，與楚文字的亦字（夾郭店簡《老子》乙 5）稍有差別。其實鑄客大鼎銘所從的亦是亦字的一種異體，上博簡《民之父母》篇中亦字或作**夾**，右腋下是有二畫的，與鑄客大鼎中的腋字所從亦字一致。鼎銘是在亦字上又加了「夕、肉」兩個偏旁，當釋爲腋。

我們再來討論鑄客大鼎第八字，其字形作：

從上述可知，此字舊釋鼎、鼎、睘、冑，從字形上看舊釋皆與字形不合。我們認爲此字是一個上下結構的字，字的上部是從口的，而下部所從當是鳥字。楚文字中鳥或從鳥的字作：

上容 21　　　　　上探 4　　　　　包山 80

鑄客大鼎第八字的下部所從與上舉鳥字相近，僅是鳥字兩邊的筆畫向下彎曲，與一般的鳥字不同。其實這一點兒也不奇怪，鑄客大鼎銘文的「之」字就是在最下面的橫畫做了曲筆的裝飾，字所從的鳥字有向下彎曲的筆畫當是同樣的道理。既然　字是從口從鳥，那麼

此字當釋爲鳴。……楚文字中鳴字作：

包山95　　　　　　　　　　　包山194

鳴字是左右結構，而鑄客大鼎中的銘字是上下結構，鑄客大鼎上的鳴字採取上下結構可能出於美觀的需要。

另外，包山楚簡第194簡上有「集胠鳴胘」，其中「鳴胘」作 **鳴胘**，其中胘字所從的亦字書寫的有些草率。包山簡上的「鳴胘」與鑄客大鼎中的「鳴胘」當是負責膳食的機構。〔註76〕

同是1933年安徽朱家集李三孤堆出土的一件青銅甗的銘文，銘文刻在甗口沿上：

　　　鑄客爲集□鑄爲之

其中的「□」字，學者有不同的釋讀，程鵬萬先生根據戰國竹書文字堆此作出了正確的釋讀：

　　　鑄客甗銘文第五字不清晰，崔恒升先生懷疑是「醻」字。郝本性先生曾做摹本：**既**，釋之爲「既」，讀爲「餼」，「集餼」是「主炊官」：

　　　《説文》：「氣，饋客芻米也，從米，氣聲。」或體爲 和餼。玄應《一切經音義》認爲：「餼古文作」。鄭玄注《禮記·中庸》「既廩稱事」的既爲。因此集既便是集餼。《國語·周語》載單襄公説：「膳宰致饗，廩人致餼。」據《周禮》所見廩人職務「大祭祀則共其接盛。」清儒胡匡衷以爲「廩人掌爲饎之事，兼饎人之職。」而《周禮》所載饎人（今本作 人）職務是：「掌凡祭祀共盛（鄭注：炊而共之）。共王及后之六食（鄭注：六食，六穀之飯）。凡賓客，共其簠簋之實。饗食亦如之。」集既是主炊官，祭祀時供給粢盛，平時供應楚王御王后的六穀之飯。正因爲甗爲炊器，所以歸其掌管。《儀禮·少牢饋食禮》所謂「廩人概甑、甗、匕與敦於廩爨」亦可爲證。

　　　鑄客甗銘第六字，崔恒升先生釋爲「鑄」，字形如下：

　　　鑄（原拓）　　**鑄**（photoshop修改）　　**鑄**（崔恒升摹本）

〔註76〕程鵬萬：《釋朱家集鑄客大鼎銘文中的「鳴胘」》，《江漢考古》2008年第1期。

郝本性諸先生在此之前已釋其爲「鑄」。我們將它和朱家集銅器銘文
中「鑄」字對比：

集成 2794　　 集成 4549　　 集成 4550　　 集成 4551

集成 4675　　 集成 4677　　 集成 4679　　 集成 4680

可以看出「🔲」字與「鑄」的字形明顯不同，將「🔲」釋爲「鑄」
值得商榷。

楚文字中「與」字寫法多樣，其中的一種寫法如下：

郭店・五行 29　　　　　 上博一・孔子詩論 2

上博一・孔子詩論 2　　　 上博三・周易 7

與鑄客甗銘「🔲」十分相近。不同的是「🔲」等字的下面所從「収」
爲分開狀，而「🔲」字所從「収」連寫爲一線。這種將「収」連成
一線的寫法在楚文字中並不罕見，如：

古璽彙編 1252　　　　　 古璽彙編 1257

將収字寫成，與早期隸書非常相近，如下張家山漢簡「與」字所
從：

脈書 20　　 脈書 25　　 脈書 35　　 脈書 38

上舉璽印文字以前多釋爲「鑄」，是不可信的。他們與郭店楚簡《緇
衣》篇 46 簡的「與」字完全一致，都是「與」字的異體。另外，
從《安徽出土金文訂補》54 頁刊佈的拓本來看，「🔲」字中間一豎
的上端或有一小撇，與上舉古璽文字和郭店楚簡《緇衣》篇 46 簡
的「與」字更爲接近。無論如何，鑄客甗銘的第六字釋爲「與」都
是合適的。張亞初先生曾將此字釋爲「賏（覝）」，從字形上看也沒
有依據。

巴納、張光裕編輯的《中日歐美澳紐所見所拓所摹金文匯編》
（下簡稱《彙編》）583 頁著錄了一件朱家集出土的青銅爐銘文。已
有學者指出青銅爐（下稱「鑄客爐」）與鑄客甗同銘，我們試作比較。
《彙編》583 頁著錄的鑄客爐銘文的第六字，作：

巴納摹本　　　　 Photoshop 修改

李零先生懷疑它是「鑄」字。此字僅右邊上部的手形摹寫走樣，我們將之稍作修改，上表中的修改字形，與楚文字「與」字相比，僅僅沒有下面的「止」形。再來看《彙編》著錄的鑄客爐銘第五字巴納先生的摹本作：𩰬，李零先生認爲是「既」字，與郝本性先生摹錄青銅甗「既」字也較接近。比較了鑄客甗和鑄客爐銘文者第五、六字，可以說二者是同銘的。

　　銅器銘文的「集既與」可能與古代管理收藏的官吏「輿」有關。《左傳・昭公四年》：「自命夫、命婦，至於老疾，無不受冰。山人取之，縣人傳之，輿人納之，隸人藏之。」杜預注：「輿、隸皆賤官。」古代管理收藏的軍吏也稱爲「輿」，《淮南子・兵略訓》：

> 良將之所以必勝者，恒有不原之智，不道之道，難以眾同也。夫論除謹，動靜時，吏卒辨，兵甲治，正行伍，連什伯，明鼓旗，此尉之官也。前後知險易，見敵知難易，發斥不忘遺，此候之官也。隧路壐，行輜治，賦丈均，處軍輯，井竈通，此司空之官也。收藏於後，遷舍不離，無淫輿，無遺輜，此輿之官也。凡此五官之於將也，猶身之有股肱手足也。必擇其人，技能其才，使官勝其任，人能其事。告之以政，申之以令，使之若虎豹之有爪牙，飛鳥之有六翮，莫不爲用。

「與」字通假爲「輿」在聲音上是沒有問題，前舉上博三《周易》7、8 簡的「與」字，與之對應的帛書《周易》，今本《周易》都是作「輿」，就是最好的例證。〔註77〕

這是利用戰國竹書文字考釋戰國金文的佳例。

（二）考釋戰國竹簡文字

　　郭店竹書、上博竹書都是出土於楚地的戰國竹書，主要是用楚系文字書寫的，我們可以用來考釋楚地出土的戰國時的其他竹簡上的文字，如包山楚簡中有下面一字：

𩰬 包山 63　　　　𩰬 包山 63

〔註77〕程鵬萬：《試說朱家集銅器銘文中的「集既鑄」》，《古籍整理研究學刊》2009年第 4 期。

學者一般根據戰國文字中的「啓」寫作：

　　　　 中山王響鼎　　　　 蜜壺　　　　　　 鄂君启舟节

　　　　 老子乙 13　　　　 從政甲 17　　　　 包山 13

將其看作上從「攺」下從「邑」，而戰國文字中「以地爲氏」的姓氏用字往往可以從「邑」，故把它看作是「啓」，作爲姓氏用。但是在上博竹書《容成氏》公佈後，其中有「於是乎攻益自取」（簡 34）、「武王素甲陳於郊」（簡 53），簡文中的毫無疑問是「啓」字，而字，整理者隸定作「營」，讀作「殷」，無疑也是正確，這說明「啓」與「殷」是不同的兩個字。據此，徐在國先生最早指出，上揭包山楚簡中的應改釋爲「殷」，〔註78〕顯然是正確的，這是利用竹書文字糾正戰國竹簡文字的一個佳例。

　　再看一個利用戰國竹書文字考釋戰國遺冊文字的例子。包山 257 號簡是遺冊簡，其中第一句：

　　　　食室所以△箕。〔註79〕

其中的「箕」，整理者認爲：「經與出土實物對照應是盛放食物的竹筍。」這一看法顯然是可信的，但對於其中的△字，整理者釋爲「食」而無說，湯志彪先生認爲：

　　　　把△字釋作「食」是有問題的。從字形來看，△字原作，與同簡「食」字作形存在明顯區別，也跟我們現在所能看到的楚文字裏所有的「食」字（包括「食」旁）都不類。

　　　　其次，從語法上來看，把△釋作「食」則無法通讀本句簡文。「箕」字，整理者認爲：「經與出土實物對照應是盛放食物的竹筍。」這就是說所謂的「食」是用來修飾「箕」的，如果是這樣的話，則本句缺乏謂語，換句話，如果說把△釋作「食」，那麼「食室所以△箕」則不成句。

　　　　細審 257 號簡圖版可知，△字其實由「宀」和「貝」兩部分組成，只是「貝」字最上面一橫與「宀」寫得過於接近以致較難辨認而已。但在該圖版中，△字「宀」和「貝」兩個部分之間還可見空白之處。「宀」旁作形习見於包山簡。可參看包山 255 號、257 號

〔註78〕徐在國：《上博竹書（二）文字雜考》，簡帛研究網，2003 年 1 月 14 日。
〔註79〕湖北省荊沙鐵路考古隊：《包山楚簡》圖版一一一，文物出版社，1991 年版。

簡「室」字，140、145 号簡「客」字，而恰好这几例中「室」和「客」字所从的「宀」旁 ⌒ 形、人 形互作无別。因此，将△分析爲從「宀」從「貝」應該是沒有問題的。我們認爲△字可能就是「賓」字。「賓」字見於郭店簡，《老子》甲 19 號簡：「侯王如能守之，萬物將自賓。」其中「賓」字作 ， 與△所從相同，形體十分接近，應該是一字，所以，△也當釋作「賓」。

上博六《用日》13 號簡有「 」和「 」字，整理者隸作牘，可信。此字右旁所從與我們討論的包山簡 字相同，可見將包山簡此字釋作「賓」是可信的。

簡文「賓」字在此當是「陳列」的意思。《楚辭·天問》：「啓棘賓商。」王逸注：「賓，列也。」《廣雅·釋詁一》：「賓，列也。」這種用法的「賓」又寫作「儐」。《詩·小雅·常棣》：「儐爾籩豆，飲酒之飫。兄弟既具，和樂且孺。」均其例。包山 257 號簡所言物品大多爲「箕」。據整理者概述，257 號簡出於「東室葬器之中，記載的食品與食器，均爲東室之物品」，「遣策稱東室爲『食室』」，而「東室確實出許多盛裝食物的竹笥」。「箕」，整理者又認爲「是盛放食物的竹笥」。可見，食室確爲陳列箕所用。包山 259 號簡第一句話言「相遅之器所以行」，整理者將此句簡文解釋爲：「西室内存放的物品是供出行使用的。」那麼參照 259 號簡，「食室所以賓箕」則可解釋爲「食室是用以陳列箕的」，簡文顯然是講「食室」的用途的。

我們知道，金文中，早期的「賓」字一般作「 」形，省「貝」而保留聲符「丏」，而到了後期則一般不省「貝」，作 （《集成》5.2787 史頌鼎）、 （《集成》8.4180 小臣守簋）等形。上引包山簡和郭店簡的「賓」字則省去了聲符，這可能是戰國楚文字特有寫法。〔註80〕

（三）考釋戰國璽印文字

戰國璽印中有下列一些：

《古璽彙編》4282　《古璽彙編》4284　《古璽彙編》4287　《古璽彙編》4291

〔註80〕湯志彪：《包山遣冊簡補釋一則》，《古籍研究》2008 卷·上。

　　這些璽印中右邊的字過去一般釋爲「惡」，陳劍先生在前揭《說愼》一文中根據郭店竹書中「愼」的寫法，把這些字改釋爲「愼」：

> 「愼言」、「愼事」、「愼行」等說法都是古書中極爲常見的。秦箴言璽中有「愼願恭敬」、「愼言敬願」、「壹心」、「愼事」等，與上舉有「愼」字的諸璽文可以相印證。

這樣，古璽印中的一系列的「愼言」、「愼命」、「愼生」、「愼官」等吉語璽都得到了正確的釋讀，顯然是正確。

　　再看一個利用戰國竹書文字考釋楚系璽印文字的例子。下面這方璽印出土於湖南常德漢壽縣聶家橋鄉 15 號墓：

陳松長先生對之作了考釋：

> 「圄」字亦見於另一支楚官璽中，有的學者將其釋爲「愧」，並用問號存疑，有的學者則釋爲「思」。按，該字又見於新出的郭店簡，如，「敬爾圄儀」（3·30）、「未型西民圄」（11·52），學界已多無異議地將此字釋定爲「愄」，通「畏」。此外，從示的「圄」即釋爲「禔」，可見，此字釋爲「愄」（畏）當無疑義。〔註81〕

戰國竹書文字作爲戰國時期的古文字，還爲戰國石器、貨幣、陶器、封泥、漆器、縑帛等上的古文字的正確釋讀提供了有價值的線索，學界利用這些線索考釋古文字正方興未艾，我們相信隨著戰國竹書研究的深入，對古文字研究，特別是戰國文字的研究必將產生重大的影響。

四、校補《說文》

　　《說文》在古文字考釋中的作用是不言而喻的，但由於時代的局限性及傳抄中的訛誤，雖然歷代學者對之做出了很多的校訂，但其中仍有不少問題。下面來看一個利用戰國竹書文字校正《說文》訛誤的例子。

　　郭店竹書《語叢四》簡 26、27：

〔註81〕陳松長：《湖南新出戰國楚璽考略（四則）》，「第四屆國際中國古文字學研討會」論文，香港中文大學，2003 年 10 月。

三雄一雌，三錡一莥，一王母保三嬰兒。

對於其中的「三錡一莥」，各家的釋讀分歧較大，張崇禮先生指出與此類似的話見於《淮南子》，如：

　　《淮南子・泰族》：「蓼菜成行，甌甒有莥，稱薪而爨，數米而炊，可以治小而未可以治大也。」

　　《淮南子・詮言》：「蓼菜成行，瓶甌有堤，量粟而舂，數米而炊，可以治家，而不可以治國。」

對比可知，簡文「三錡一莥」與《淮南子》的「甌甒有莥」、「瓶甌有堤」關係非常密切。「瓶」是陶製汲水器，「甌甒」泛指粗陋的陶製小盆、小甕等，「錡」字從缶，應該與瓶和甌甒是同一類的東西。這一看法應該是正確的，而對於其中的「莥」或「堤」卻有不同的解釋，《說文》：「莥，艸也。從艸，是聲。」從簡文和《淮南子》的語境來看，「莥」字肯定不是《說文》中的那個解釋。對於《淮南子》中「莥」字的用法，主要有三種不同的意見：一是指瓶類的底座，二是指瓶甌的提攜之處，即提梁之類，三認為「『莥』乃『匙』之借字」。結合簡文「三錡一莥」，正確理解應該是多個陶器一起放在几案一類的底座上。即「莥」字所表示的是几案一類的東西。〔註82〕這一看法顯然是正確的，較好地解釋了文意，但囿於《說文》「莥，艸也。從艸，是聲」的解釋，從而認為「莥」字肯定不是用的本義，未達一間。張湧泉先生根據敦煌寫本《切韻箋注》指出「莥」本意就是几案一類的東西，而現在看到的《說文》「莥，艸也。從艸，是聲」則可能是傳抄中造成的訛誤：

　　《說文・艸部》：「莥，艸也。從艸，是聲。」段注：「艸名之字，不當廁此。」

　　按：此字上下文分別為「蓧」（艸田器）、「草」（雨衣）、「苴」（履中艸）、「藨」（艸履）、「黃」（艸器），皆為與草相關的名物詞，唯「莥」為「艸也」，類屬不一，故段注疑其不倫。然究竟問題何在，段注未能揭明。今考敦煌寫本斯2055號《切韻箋注・支韻》是支反：「莥，草桉也。出《說文》。」其中的「桉」字故宮舊藏裴務齊正字本《刊謬補缺切韻》作「安」。今本《說文》「艸」下疑脫「桉」或「安」字。又考《四部叢刊》影印清道光間劉泖生影寫北宋本《淮南子・詮言》：「蓼菜成行，瓶甌有堤（許慎注：莥，瓶甌下安也），

────────────

〔註82〕張崇禮：《郭店楚簡〈語叢四〉解詁一則》，簡帛網，2007年4月7日。

量粟而舂，數米而炊，可以治家，而不可以治國。」同書《泰族》：
「蓼菜成行，瓶甌有莛，稱薪而爨，數米而炊，可以治小，而未可
以治大也。」「瓶甌有堤」「瓶甌有莛」句意相當，「堤」「莛」當是
一詞異寫，據《說文》比勘，字當以作「莛」爲是（《淮南子》「堤」
字許慎注引正作「莛」）。《說文》「莛」字很有可能即據《淮南子》
收載。許慎彼釋「草桉」（或「草安」），此釋「瓶甌下安」，「桉」「安」
顯指一物。「桉」同「案」，「安」則爲「案」字初文或其省借字（許
慎注「瓶甌下安」的「安」字明弘治十四年王薄刻本正作「案」）。
馬宗霍《淮南子參正》云：「『安』字古與『案通』。……許注『瓶甌
下安』者，即瓶甌下之案也。《說文·木部》云：『案，幾屬。』几
案亦可以承器物。」……據此，「莛」是「草案」，大約就是承盤（有
足）之屬，與《說文》上下條目的類屬正合。〔註83〕

結合兩位先生的論述來看，這一釋讀顯然是正確的。〔註84〕「三鈝一莛」中
的「莛」用的正是其本意，今本《說文》「艸」下顯然漏了一「桉」字，敦煌
寫本斯 2055 號《切韻箋注·支韻》是支反：「莛，草桉也。出《說文》。」應
是淵源有自的，郭店竹書《語叢四》這句話爲張湧泉先生的論述提供了一個
很好的例證。

　　《說文》對某些文字的解釋在傳世文獻中很難找到合適的例證，而在戰
國竹書文字中卻能爲其找到合適的例證。如《說文》：「詻，論訟也。傳曰：『詻
詻，孔子容。』」許慎所引「詻詻，孔子容」，已不知其所出，段注：「《玉藻》
曰『戎容暨暨，言容詻詻』，《注》『詻詻，教令嚴也』。」段注根據《玉藻》
指出「詻詻，教令嚴也」已得其本意，但仍未能找到其最早的用法，戰國竹
書的發現爲我們提供了較早的證據。上博竹書（五）《弟子問》簡 19「子路往
乎？子罷＝如也，如誅」，白於藍師認爲：

　　　　「罷」在此似當讀作「詻」，典籍中「罷」與「詻」音近可通。
　　《爾雅·釋天》：「在酉曰作罷。」《漢書·天文志》「作罷」作「作
　　詻」。即其例。又，《說文》「刵」之「籀文作𠜊。」亦可參。桂馥《說
　　文解字義證》：「惠棟曰：《漢書·天文志》：『太歲在酉曰作詻』。《注》

〔註83〕張湧泉：《讀〈說文〉段注札記五則》，《中國文字學報》第二輯，商務印書館，
　　　　2008 年版。
〔註84〕參見陳劍：《試說戰國文字中寫法特殊的「兀」和從「兀」諸字》，未刊稿。

云：『《爾雅》作作噩。』《殽坑神君碑》亦以詻爲噩。是詻詻即噩噩。」
更有學者認爲詻與咢同字，如王筠《說文句讀》：「詻蓋與咢同字。
吅部之咢，嘩訟也。咢之今字作噩。」

　　值得注意的是，《說文》「詻」字下所引傳曰「詻詻，孔子容」
並不見於現存典籍，故以往注家一直不得其解，如段玉裁《注》此
句注曰「未聞，《論語》曰『子溫而厲』」。桂馥《義證》注曰「未審
所出」。今據《弟子問》簡文，知《說文》言之有據。〔註85〕

這一釋讀使「孔子容」、「教令嚴也」都有了著落，可見是非常正確的。我們
知道子路在孔門弟子中是思維比較活躍，行動比較魯莽而又不受孔子待見的
一位，所以孔子對之「詻詻如也，如誅」也是常事，如下兩事即屬此：

　　《論語・子罕》：子疾病，子路使門人爲臣。病閒，曰：「久矣
哉！由之行詐也，無臣而爲有臣。吾誰欺？欺天乎？且予與其死於
臣之手也，無寧死於二三子之手乎？且予縱不得大葬，予死於道路
乎？」

　　《論語・衛靈公》：在陳絕糧，從者病，莫能興。子路慍見曰：
「君子亦有窮乎？」子曰：「君子固窮，小人窮斯濫矣。」

　　這是戰國竹書文字爲《說文》提供較早來源的例子。其實不只是《說文》，
同樣成書於漢代的《方言》中保存了「許多上古漢語方言詞語，爲後世瞭解
和研究漢語方言在漢代的表現提供了有利條件。不過，方言詞語由於地域性
強，使其在傳世文獻中較少見到例證。而且許多方言詞隨著時間的推移，漢
語的發展，已經變得面目全非，還有一些則被湮沒於歷史的變遷當中，這都
給研究帶來了一定的困難」，有鑒於此，范常喜先生根據學者的研究，列舉了
37 例出土文獻詞彙與傳世文獻中漢人所記的一些方言詞可以互證的例子，其
所列舉的出土文獻詞彙大都來自於戰國竹書，同時指出「不少漢人所記方言
詞不僅可以在出土文獻中找到例證，而且透過出土文獻的地域特點及時代信
息，還可以進一步追溯漢這些方言詞的源頭，推定其通行地域及歷史層次。
這無疑會進一步證明漢人所記方言材料的可靠性，同時也會在一定程度上豐
富和深化上古漢語方言的研究內容。」〔註86〕

〔註85〕白於藍：《〈簡牘帛書通假字字典〉部分按語的補充說明》，《新果集——慶祝
　　　　林澐先生七十華誕論文集》，科學出版社，2009 年版，637 頁。
〔註86〕范常喜：《上古漢語方言詞新證舉隅》，復旦大學出土文獻與古文字研究中心
　　　　網，2010 年 2 月 19 日。

五、校讀古書

　　傳世典籍經歷代傳抄翻刻，多有訛誤，學者利用出土的文字資料校讀古書，取得了顯著的成績，如清代數字學者各自利用金文校出《尚書》中的「寧王」「寧武」「前寧人」等文中的「寧」是「文」的誤字，〔註 87〕就是一個為人稱道的例子。戰國竹書的發現為我們校讀古書提供了更豐富的資料，有些甚至可以與傳世典籍直接對讀。下面來看兩個例子。

　　今本《老子》第五十四章首句是如下一段話：

　　　　善建者不拔，善抱者不脫，子孫以其祭祀不輟。

對於其中的「建」、「拔」、「抱」和「脫」四字，以往注家均依其本字加以訓解，並無異議，如《韓非子・解老》：「而今也玩好變之，外物引之，引之而往，故曰拔。至聖人不然，一建其趨舍，雖見所好之物不能引，不能引之謂不拔。一於其情，雖有可欲之類，神不為動，神不為動之謂不脫。」河上公《老子注》：「善建者不拔：建，立也。善以道立身立國者，不可得引而拔之。善抱者不脫：善以道抱精神者，終不可拔引解脫。」王弼《老子道德經》注：「善建者不拔：固其根而後營其末，故不拔也。善抱者不脫：不貪於多，齊其所能，故不脫也」。宋代呂吉甫《老子道德經注》：「凡物以建而立者，未有不拔者也。唯為道者建之以常無有，則善建而不拔矣。凡物以抱而固者，未有不脫者也，唯為道者抱神以靜，則善抱而不脫矣。」陳鼓應將該句解釋為「善於建樹的不可拔除，善於抱持的不會脫落」。〔註 88〕任繼愈則說：「善於建立的，不可動搖。⋯⋯善於抱持的，不會脫落。」〔註 89〕白於藍師指出：

　　　　上引諸説雖然在「建」、「拔」、「抱」和「脱」四字具體字義的
　　　　解釋上尚不太統一，但依照其本字加以訓解則代表了學界的通常看
　　　　法，但這樣的解釋其實是可以商榷的，因為這段文字中「不脱」是
　　　　與「不拔」對言，而「不拔」是被動用法（即不會被別人拔除），而
　　　　「不脱」則是主動用法（即自身不會將所抱持之物脱落）。一為主動
　　　　一為被動，句式上並不對應。

〔註 87〕 裘錫圭：《談談清末學者利用金文校勘〈尚書〉的一個重要發現》，《文史叢稿》，
　　　　　 上海遠東出版社，1996 年版，158～166 頁。
〔註 88〕 陳鼓應：《老子注譯及評介》，中華書局，1984 年版，275 頁。
〔註 89〕 任繼愈：《老子新譯》，上海古籍出版社，1985 年版，176 頁。

這段話在郭店竹書《老子》乙篇簡 15〜16 中寫作：

> 善建者不拔，善仳者不兌，子孫以其祭祀不輟。

「仳」字，整理者理者認爲「疑是『保』字簡寫，今本此字作『抱』，『保』『抱』音義皆近」。「兌」字，整理者從今本讀作「脫」。〔註90〕對於「仳」字，多數學者仍從今本將簡本之「保」讀作「抱」，但也有部分學者注意到了簡本之「保」有可能是正字，並試著依此對整段文字加以解讀，如郭沂先生認爲「作『保』義長」，並將前兩句話翻譯爲：「善於建樹的，不可拔除；善於保持的，不會脫失。」〔註91〕丁原植先生認爲前兩句話意謂：「善於建城立國者，不會被拔除。善於保有天命者，不會被取代而滅亡。」〔註92〕袁紅梅先生則認爲「善保者」即善於保持質樸的人。〔註93〕白於藍師認爲郭沂等人對「保」字字義的解釋尚不統一，但他們用「保」字來解釋文義則是正確的。簡本之「保」應是正字，王弼本之「抱」和傅奕本之「裒」均是借字。至於「兌」字，學者一般從今本讀作「脫」，而趙建偉先生將簡本之「兌」和今本之「脫」、「挩」統一讀作「敓（奪）」則是正確的。〔註94〕進而指出「善建者不拔，善保者不奪」之「不拔」與「不奪」均是被動用法，故「善建者不拔，善保者不奪」的意思是善於創建（創業）者，就不會被人拔除；善於保守（守業）者，就不會被人奪取，所以才能「子孫以其祭祀不輟」。《老子》這段話所講述的實際上就是創業和守業的問題。

這就從語法和文意上解決了今本中存在的問題，認爲這段話講的是「創業和守業的問題」也更符合《老子》一書的主旨。接下來白於藍師又從文字學的角度解釋了今本訛誤的原因：

> 我們回過頭再來看范應元本《老子》之「挩」。《說文》：「挩，解挩也。」《說文》：「敓，強取也。《周書》曰：『敓攘矯虔。』」從字義來講，「挩」即後世「解脫」、「逃脫」之「脫」字之本字，

〔註90〕荊門市博物館：《郭店楚墓竹簡》，文物出版社，1998 年版，118 頁、120 頁。

〔註91〕郭沂：《郭店竹簡與先秦學術思想》，上海教育出版社，2001 年版，116〜117 頁。

〔註92〕丁原植：《郭店竹簡〈老子〉釋析與研究》，萬卷樓圖書公司，1999 年增修版。

〔註93〕袁紅梅：《郭店楚簡〈老子〉校釋札記》，南京師範大學碩士論文，2005 年，26 頁。

〔註94〕趙建偉：《郭店竹簡〈老子〉校釋》，《本世紀出土思想文獻與中國古典哲學研究論文集》上冊，（臺北）輔仁大學出版社，1999 年版，又載《道家文化研究》第十七輯「郭店楚簡專號」，三聯書店，1999 年版。

> 「敚」即後世「搶奪」、「奪取」之「奪」字之本字。但是就字形而言，古文字中手旁和攴旁在用作形聲字的表義偏旁時常可互換，如《說文》「扶」字古文作「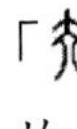」、「揚」字古文作「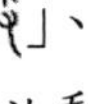」、「播」字古文作「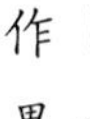」，均從攴表義，故「挩」與「敚」完全可以看作是一字之異。《慧琳音義》卷七十五「鳥挩」注：「挩，義與奪字同，《考聲》從攴作敚。敚，猶強取也。」就是將「挩」與「敚」當作是一字來看待的。有學者研究指出，范應元爲《老子》作集注，特別強調以古本爲依據。故範本之「挩」很可能也是來源於古本《老子》，原本就是當作「敚（奪）」字來用的，保存了《老子》這句話的本來意思，而其它版本中的「脫」，則是後人見「挩」之字義已被「脫」字所取代而人爲校改過來的。〔註 95〕

還可以補充的是，郭店竹書《老子》甲篇簡 2「視素保樸，少私寡欲」，其中的「視」字今本作「見」，「保」字今本作「抱」，裘錫圭先生指出，簡文「視」字「在此當讀爲『示』」，「視（示）素保樸」從文義上看似乎比今本好（原注：「示素」的說法比「見素」合理。「保」「抱」音近可通，但「保樸」比「抱樸」好理解），很可能是《老子》的原貌。〔註 96〕這一看法應該是正確的，作「抱」當是誤字，與「善保者不敚」中的「保」今本作「抱」類似。上博竹書（四）《曹沫之陣》簡 20「毋獲民時，毋敚民利」，又上博竹書（五）《三德》簡 15「驟敚民時，天饑必來」，兩句中的「敚」都是當做「奪」字來用的，與「善保者不敚」中的「敚」當作「奪」字用類似。可見，白於藍師的論述是正確的。

再來看一個利用戰國竹書文字校讀古書的例子。

《論語·鄉黨》末章：

> 色斯舉矣，翔而後集。曰：「山梁雌雉，時哉！時哉！」子路共之，三嗅而作。

此章中的「色斯」二字從古至今解釋各異，近來陳劍先生根據戰國竹書中的字體，指出了其中的訛誤，重新解釋了這段話。以往的研究者指出，「色斯舉矣」與下面兩段話有密切的關係：

〔註 95〕白於藍：《利用郭店楚簡校讀古書二例》，「紀念徐中舒先生誕辰 110 週年學術研討會」論文，2009 年。

〔註 96〕裘錫圭：《以郭店〈老子〉爲例談談古文字》，《郭店簡與儒學研究》（《中國哲學》第二十一輯），遼寧教育出版社，2000 年版，185 頁。

　　《呂氏春秋·審應》：孔思請行。魯君曰：「天下主亦猶寡人也，將焉之？」孔思對曰：「蓋聞君子猶鳥也，駭則舉。」

　　《孔叢子·抗志》：穆公欲相子思，子思不願，將去魯。魯君曰：「天下之王，亦猶寡人也。去將安之？」子思答曰：「蓋聞君子猶鳥也，疑之則舉。今君既疑矣，又以己限天下之君，臣竊爲言之過也。」

這一意見顯然是正確的，陳劍先生據此指出，「色斯舉矣」跟「疑之則舉」意思應該差不多，「色斯舉矣」的「斯」顯然對應於「疑之則舉」的「則」，「色」字的解釋也應該跟「疑」字聯繫起來考慮，從郭店竹書文字和傳抄古文提供的證據來看，「色」跟「疑」正有密切關係。《說文·色部》「色」字古文作「𢑚」，《集韻》卷十「色」字古文作「𢑚」，郭店竹書中疑惑之「疑」的表意初文作「𢀾」，即「矣」字之省寫，而郭店竹書中的「色」字作「𩉿」、「𩈑」等，即在「頁」或「色」字的基礎上加聲符「矣」而成，作爲「容色」、「顏色」之「色」的專字。可見，「色」從「疑」的表意初文得聲，故「色斯舉矣」可讀爲「疑斯舉矣」，即「（鳥）感到驚疑就飛起來了」。同時，陳劍先生還指出，《說文》古文是戰國齊魯系文字，上引郭店竹書中用爲「色」的那些字均見於《語叢一》，而在郭店簡中，《語叢》一、二、三是字體風格和用字習慣都較爲特殊的一組，據學者的研究其字體有明顯的齊魯系的特點。「今傳《論語》的來源不出齊論、魯論、古論（孔壁中書）三家，它們最初傳抄所使用的文字，正是齊魯系古文。由此看來，《論語》中這個很特別的用爲『疑』的『色』字，其來源可能正跟《論語》早期抄本所使用的齊魯系古文的特殊用字習慣有關。」〔註97〕這樣，通過分析字形關係、古音通假及文字的地域關係，確定了「色」乃當「疑」字用，論證嚴密，解決了這一疑案，正確可從。

　　數量更大的、正在陸續公佈的清華竹書，其中包含很多古書佚篇，特別是有關《尚書》、《逸周書》的部分，據李學勤先生介紹，「清華簡中已發現有多篇《尚書》，有些有傳世本，如《金縢》、《康誥》等，但文句多有差異，甚至篇題也不相同。更多的是前所未見的佚篇，在傳世本裏沒有，或雖見於傳世本，但後者是僞古文，如《傅說之命》，即先秦不少文獻引用過的《說命》，和今天流傳的《說命》僞古文不是一回事。」〔註98〕雖然清華竹書目前才出

〔註97〕陳劍：《據戰國竹簡文字校讀古書兩則》，「第四屆國際中國古文字學研討會」論文，2003 年。

〔註98〕李學勤：《初識清華簡》，3 頁。

版了三冊，但已引起了學界的廣泛關注，利用其內容校讀古書、探討《尚書》的各種問題亦正在興起。〔註 99〕隨著上博竹書和清華竹書的完全公佈，利用其相關內容校讀古書定會取得更多的成績。

〔註99〕 參看劉國忠：《走近清華簡》，高等教育出版社，2011 年版；清華大學出土文獻研究與保護中心編《清華簡研究》第一輯，中西書局，2012 年版；清華大學出土文獻研究與保護中心等編《古代簡牘保護與整理研究》，中西書局，2012年版。

第三章　文獻比勘

　　在戰國竹書發現之前，我們所看到的先秦典籍都是經歷代傳抄翻刻而來的，其中難免有錯訛，雖經歷代學者校訂，但有些問題還是難以解決。戰國竹書保存了當時文本的原貌，使我們對戰國時期的書籍情況有了直觀的認識，歷史上幾次重要的戰國竹書的發現，都爲當時的學術研究注入了新的血液，當時的學者運用這些資料取得了不少的成績。針對 20 世紀以來的發現，裘錫圭先生在《考古發現的秦漢文字資料對於校讀古籍的重要性》、《談談地下材料在先秦秦漢古籍整理工作中的作用》、《閱讀古籍要重視考古材料》〔註 1〕等文章中，對利用出土文獻校讀傳世古書的各方面問題都做了很好的論述，對我們有著重要的指導作用。李零先生對戰國竹書有一形象的比喻，「如果我們把古書比作一條藏在雲端的龍，宋元以來的古書是它的尾巴，敦煌的發現是它的身子，那麼，現在的發現就是它的脖子，我們離看到龍頭的日子已不太遠了。」〔註 2〕作爲「脖子」的戰國竹書對學術研究的影響是多方面的，僅從文獻學的角度看，戰國竹書除了爲我們提供了大量有價值的佚書之外，還「提供了一些目前尚有傳本的古書的最早本子」，「使我們對古書的眞偽、時代和源流等方面的問題有了進一步的認識」。〔註 3〕

　　文獻比勘就是通過出土文本與傳世典籍的對比，理清傳世文本的篇章順序，校訂傳世文本的字詞訛誤，增進我們對傳世典籍眞偽、時代和源流等的

〔註 1〕見《中國出土古文獻十講》，復旦大學出版社，2004 年版。

〔註 2〕李零：《郭店楚簡校讀記·前言》，北京大學出版社，2002 年版，1 頁。

〔註 3〕裘錫圭：《中國出土簡帛古籍在文獻學上的重要意義》，原載《北京大學古文獻研究集刊（一）》（北京燕山出版社，1999 年版），後收入《中國出土古文獻十講》，82 頁。

新認識。馮勝君先生在《二十世紀古文獻新證研究》〔註4〕一書的第五章「出土文獻與傳世古書的對讀」中，對此有專門論述。劉嬌先生的博士論文《西漢以前古籍中相同或類似內容重複出現現象的研究》，「按照『篇章—段落—語句』的層次」，將「相同或類似內容重複出現現象」分為四類：1、兩種以上的古書存在重複之篇的情況；2、某種單獨成篇的古書被整篇吸收或被割裂的情況；3、兩種以上的古書存在文字相同或類似的段落或語句（不包括通行言辭）的情況；4、通行言辭（有的已經成為格言）被引用或彙錄的情況；並對以上四種情況及「兩種以上的古書記載同一模式的故事的情況」作了系統的梳理總結，對以後的研究很有幫助。〔註5〕單育辰先生的博士論文《楚地戰國簡帛與傳世文獻對讀之研究》，首先分析了楚地戰國簡帛與傳世文獻對讀對於考釋古文字和先秦典籍研究的重要性，第五章「楚地戰國簡帛與傳世文獻對讀類舉」，分「楚地戰國簡帛全篇與傳世文獻相合」和「楚地戰國簡帛語句、短語與傳世文獻相合」兩種情況，把郭店竹書和上博竹書前七冊中篇章、語句、短語與傳世典籍中相合的內容做了詳盡的收集整理，為校勘相關典籍提供了方便。〔註6〕其後公佈的上博竹書第八、九兩冊和清華竹書第一至三冊，其中與典籍相關的內容也都有學者做了探討。特別是清華竹書中與《尚書》、《逸周書》等相關的內容，更是引起了學界極大的研究興趣。〔註7〕此外，通過對這些戰國竹書的研究，還可以使我們對先秦古書的形成、傳佈及書籍體例、制度有更多的認識，這方面的研究主要有馮勝君先生的《從出土文獻談先秦兩漢古書的體例（文本書寫篇）》、《有關戰國竹簡國別問題的一些前提性討論》、《從出土文獻看抄手在先秦文獻傳佈過程中所產生的影響》、《出土材料所見先秦古書的載體以及構成和傳佈方式》〔註8〕，鳳儀誠先生的《戰國兩漢「于」「於」二字的用法與古書的傳寫習慣》、《古代簡牘形式的演變——從

〔註4〕齊魯書社，2006年版。

〔註5〕劉嬌：《西漢以前古籍中相同或類似內容重複出現現象的研究》，復旦大學博士學位論文，指導教師：裘錫圭教授，2009年。

〔註6〕單育辰：《楚地戰國簡帛與傳世文獻對讀之研究》，吉林大學博士學位論文，指導教師：吳振武教授，2010年。

〔註7〕這些成果可參看前面提到的李學勤先生的《初識清華簡》、清華大學出土文獻研究與保護中心編的《清華簡研究》第一輯，以及各網站上發佈的研究論文。

〔註8〕分別見《文史》2004年第4輯、《古文字研究》第二十六輯、《簡帛》第四輯、復旦大學出土文獻與古文字研究中心網2010年8月18日。

葬物疏說起》〔註9〕，來國龍先生的《論戰國秦漢寫本文化中文本的流動與固定》〔註10〕，李孟濤先生的《試探書寫者的識字能力及其對流傳文本的影響》〔註11〕等。余嘉錫先生的《古書通例》是研究先秦古書通例的一部重要著作，今天我們面對大量余嘉錫先生未曾見過的戰國竹書，既可以之來幫助我們更好地整理這些戰國竹書，同時，也可以檢討余先生總結的條例是否完善和全面，這方面的論文主要有顧史考先生的《以戰國竹書重讀〈古書通例〉》〔註12〕，李銳先生的《〈古書通例〉補》〔註13〕等。

　　本章我們根據學者的研究成果，分篇章結構與部分詞句兩個層次對戰國竹書與傳世先秦典籍作一對比研究，由於相關的研究成果比較豐富，特別是前面提到的劉嬌、單育辰兩位先生的研究成果，故我們不擬作過多的討論，只是簡單舉例性質地談一下，並對戰國竹書與傳世先秦典籍比勘的方法及應注意的問題加以探討。通過戰國竹書與傳世典籍的文獻比勘，來判定戰國竹書的學派屬性或思想傾向，以便更好地認識戰國時期學術思想交流的情況，也是文獻比勘的一項重要內容，我們通過幾個例子探討其中存在的問題。

第一節　與傳世典籍的篇章及詞句對比

一、對傳世文本的校正——以《緇衣》為例

　　在郭店竹書、上博竹書、清華竹書中，與傳世文本或其他出土文本有整篇可以比較的，主要有《緇衣》、《老子》、《五行》、《性自命出》、《周易》、《競公瘧》、《武王踐阼》、《周武王有疾周公所自以代王之志（金縢）》、《皇門》、《祭公之顧命（祭公）》等，〔註14〕學者利用這些出土文本對傳世文本進行校正，已取得了許多成果，本節我們以《緇衣》為例談談戰國竹書對傳世文本的校正。

〔註 9〕分別見《簡帛》第二輯、《簡帛》第四輯。
〔註10〕《簡帛》第二輯，上海古籍出版社，2007 年版。
〔註11〕《簡帛》第四輯，上海古籍出版社，2009 年版。
〔註12〕《簡帛》第四輯，上海古籍出版社，2009 年版。
〔註13〕李銳：《〈古書通例〉補》，收入《戰國秦漢時期的學派問題研究》，北京師範大學出版社，2011 年版。
〔註14〕同一墓所出的同一篇章有兩個文本的不在我們的統計範圍，如上博竹書中的《天子建州》、《鄭子家喪》、《君人者何必安哉》、《凡物流形》等。

在郭店竹書和上博竹書中都有《緇衣》，這兩種抄本除了文字大同小異之外，〔註15〕章節排序上沒有差別，郭店竹書《緇衣》篇的最後有「二十又三」表明全篇分爲二十三章，上博竹書雖然沒有標明章數，但以小短橫作爲分章標識，實際與郭店竹書是相同的，爲了敘述方便我們統稱爲竹書《緇衣》，而把傳世文本稱爲《禮記・緇衣》。《禮記・緇衣》的分章情況學者有分歧，我們採用傳統的分章方法，即以每一「子曰」爲一章，共二十五章。〔註16〕兩種竹書本《緇衣》公佈後，學者除了考證其與《禮記・緇衣》的文字差異之外，還就二者的篇章結構問題作了有益的探討，如彭浩、廖名春、邢文、張富海、夏含夷等先生。〔註17〕竹書《緇衣》與《禮記・緇衣》的章節對應關係爲：

竹書《緇衣》	1	2	3	4	5	6	7	8	9	10	11	12
《禮記・緇衣》	2	11	10	12	17	6	5	4	9	15	14	3

竹書《緇衣》	13	14 15 16	17	18	19	20	21	22	23	無	無	無
《禮記・緇衣》	13	7 8	24	19	23	22	20	21	25	1	16	18

對比可知，竹書《緇衣》的第十四、十五、十六三章被合併爲了兩章，

〔註15〕關於郭店竹書《緇衣》和上博竹書《緇衣》的文字對比可參看馮勝君：《郭店簡與上博簡對比研究》；虞萬里：《上博簡、郭店簡〈緇衣〉與傳本合校補正》（上、中、下），《史林》2002 年第 2 期、2003 年第 3 期、2004 年第 1 期。

〔註16〕參看張富海：《郭店楚簡〈緇衣〉篇研究》，北京大學碩士學位論文，2002 年，32～33 頁。

〔註17〕彭浩：《郭店楚簡〈緇衣〉的分章及相關問題》，《簡帛研究》第三輯，廣西教育出版社，1998 年版；廖名春：《荊門郭店楚簡與先秦儒學》，《中國哲學》第二十輯，遼寧教育出版社，1999 年版；邢文：《楚簡〈緇衣〉與先秦禮學》，《郭店楚簡國際學術研討會論文集》，湖北人民出版社，2000 年版；張富海：《郭店楚簡〈緇衣〉篇研究》，北京大學碩士學位論文，2002 年；夏含夷：《試論〈緇衣〉錯簡證據及其在〈禮記〉本〈緇衣〉編纂過程的原因和後果》，收入其著《古史異觀》，上海古籍出版社，2005 年版。

作爲《禮記・緇衣》的第七、八章，而《禮記・緇衣》第一、十六、十八章，竹書《緇衣》中卻不存在。再看章序，若以竹書《緇衣》爲準，《禮記・緇衣》顯得雜亂無序；同樣，若以《禮記・緇衣》爲準，竹書《緇衣》也是雜亂無序的。那麼，這兩種文本哪一種更合理，或者說哪一種更接近原貌呢？

先看《禮記・緇衣》的第一章：

> 子言之曰：爲上易事也，爲下易知也，則刑不煩矣。

以往學者也有懷疑此章不屬於本篇，但沒有明確的證據，竹書《緇衣》公佈後，夏含夷先生結合以往學者的研究，認爲至少有五個原因可以說明這一章原來不屬於《禮記・緇衣》，1、這一章既不見於郭店本，又不見於上博本《緇衣》；2、「子言之曰」這一套語與《緇衣》所有其他章文的「子曰」者不一樣，可是在與《緇衣》有姊妹關係的《表記》篇裏出現多到八處；3、《緇衣》所有其他的章文是由「子曰」的引語和「詩云」（或「書」的某一篇）的引語組成的，可是這一章僅僅見夫子的引語，沒有加上其他經典的引語，似乎不太完整；4、《緇衣》這個篇題是從次章「子曰：好賢如《緇衣》」的「緇衣」得來的。戰國時代作篇題的常用方法是採取頭一句話最顯著的兩個字。在郭店本《緇衣》裏「夫子曰：好美如好緇衣」這一章正好是全篇頭一章，與篇題的關係似乎可以證明這一章是全篇的開頭；5、「子言之曰：爲上易事也，爲下易知也，則刑不煩矣」一共只有十九個字，很可能是一條簡上所寫的文字，而錯置於此。〔註18〕這些顯然都是正確的，有了竹書本的對照，我們可以肯定第一章原本不屬於此篇，而是後世整理時誤置於此篇的。再看《禮記・緇衣》的第十六、十八章：

> 子曰：小人溺於水，君子溺于口，大人溺於民，皆在其所褻也。夫水近於人而溺人，德易狎而難親也，易以溺人；口費而煩，易出難悔，易以溺人；夫民閉於人，而有鄙心，可敬不可慢，易以溺人。故君子不可以不愼也。《太甲》曰：「毋越厥命以自覆也。若虞機張，往省括於厥度則釋。」《兌命》曰：「惟口起羞，惟甲冑起兵，惟衣裳在笥，惟干戈省厥躬。」《太甲》曰：「天作孽，可違也；自作孽，不可以逭。」《尹吉》曰：「惟尹躬天見於西邑夏，自周有終，相亦惟終。」（十六章）

〔註18〕夏含夷：《試論〈緇衣〉錯簡證據及其在〈禮記〉本〈緇衣〉編纂過程的原因和後果》，《古史異觀》，344頁。

子曰：下之事上也，身不正，言不信，則義不壹，行無類也。
（十八章）

對於這兩章，學者也大都認為不屬於《緇衣》，是後人整理時誤增入的，如彭浩先生認為：

（第十六章）文字是最多的，章末同時引用《尚書·太甲》、《兌命》和《尹吉》，與上述簡本各章體例顯然不同，估計是後人增入此章時添加了文字。……（第十八章）文字較短，在：「子曰」之後只有數句短語……其後也沒有引《詩》和《尚書》，與諸節多有不合。其文字與今本第四章「下之事上也」相重複，因此，我們判定，今本第十八章是後增入的。〔註19〕

夏含夷先生更進一步地指出，《禮記·緇衣》的第十八章「子曰：下之事上也，身不正，言不信，則義不壹，行無類也」，「這一句話是由二十一個字寫成的，也很可能是一條竹簡上所寫的文字」，也就是說剛好有一支簡錯置於此了。〔註20〕這些意見都應該是可信的。通過以上的對比研究，我們可以肯定，歷代學者認為有問題的、體例與其他章明顯不合的三章是有問題的，乃是後人的誤增，本不屬於此篇。

以上討論的是不見於竹書《緇衣》而見於《禮記·緇衣》的三章的情況，下面再看竹書《緇衣》第十四、十五、十六章與《禮記·緇衣》第七、八章的關係。為了便於討論，先列出原文，竹書《緇衣》：

子曰：王言如絲，其出如綸；王言如索，其出如綍。故大人不倡流。《詩》云：「慎爾出話，敬爾威儀。」（十四章）

子曰：可言不可行，君子弗言；可行不可言，君子弗行。則民言不危行，（行）不危言。《詩》云：「淑慎爾止，不侃於義。」（十五章）

子曰：君子導人以言，而恒以行。故言則慮其所終，行則稽其所敝，則民慎於言而謹於行。《詩》云：「穆穆文王，於緝熙敬止。」（十六章）

《禮記·緇衣》：

〔註19〕彭浩：《郭店楚簡〈緇衣〉的分章及相關問題》，《簡帛研究》第三輯，46頁。
〔註20〕夏含夷：《試論〈緇衣〉錯簡證據及其在〈禮記〉本〈緇衣〉編纂過程的原因和後果》，《古史異觀》，344頁。

　　　子曰：王言如絲，其出如綸；王言如綸，其出如綍。故大人不
　　倡游言。可言也，不可行，君子弗言也；可行也，不可言，君子弗
　　行也。則民言不危行，而行不危言矣。《詩》云：「淑慎爾止，不愆
　　於儀。」（七章）

　　　子曰：君子道人以言，而禁人以行。故言必慮其所終，而行必
　　稽其所敝；則民謹於言而慎於行。《詩》云：「慎爾出話，敬爾威儀。」
　　《大雅》曰：「穆穆文王，於緝熙敬止。」（八章）

對比可知，竹書本的第十四章相當於《禮記・緇衣》第七章的前半部分加第
八章的「《詩》云：『慎爾出話，敬爾威儀』」；竹書本的第十五章相當於《禮
記・緇衣》第七章的「可言也」以下的部分，而少了開頭的「子曰」；竹書本
的第十六章相當於《禮記・緇衣》第八章除去「《詩》云：『慎爾出話，敬爾
威儀』」的部分。也就是說《禮記・緇衣》的第七、八兩章是由竹書本的第十
四、十五、十六三章揉合而成的，無論是從文意還是從全篇體例上看，顯然
都是竹書本更合理。

　　除了以上的明顯差別外，相對應的各章只是有引《詩》、《書》文句的長
短和個別用字的差別，如竹書第五章「子曰」之後引《詩》作「誰秉國成，
不自爲正，卒勞百姓」，與之相對應的《禮記・緇衣》第十七章引《詩》作「昔
吾有先正，其言明且清，國家以寧，都邑以成，庶民以生。誰能秉國成，不
自爲正，卒勞百姓」。對於用字的差別，前面提到的各位學者都有考證，這裡
就不贅述了。至於兩種本子的章序，張富海先生通過對各章主旨的分析指出，
竹書本「章序相當合理，即旨意相同的章節必定相鄰」，而《禮記・緇衣》「章
序明顯缺乏條理」，但「從總體上看，楚簡本靠前的章節今本大多數也靠前，
居後的章節今本亦居後。可以說，今本章序雖亂而尚未大亂。」〔註21〕夏含
夷先生認爲，「郭店本《緇衣》（包括上博本）比《禮記》本更接近《緇衣》
的原來面貌，《禮記》本的編者在做整理工作的時候沒有郭店本來參考……《禮
記》本的編纂過程當中，《緇衣》經過了不少重要的改變。這些改變包括次序
不一樣、錯簡、把其他篇文的文字插進本書、文字隸定和改寫。我自己覺得
在大體上來說《禮記》本《緇衣》遠不如郭店本理想。」〔註22〕

〔註21〕張富海：《郭店楚簡〈緇衣〉篇研究》，34～35頁。
〔註22〕夏含夷：《試論〈緇衣〉錯簡證據及其在〈禮記〉本〈緇衣〉編纂過程的原因
　　　　和後果》，《古史異觀》，360頁。

通過以上以《緇衣》篇爲例的分析，我們可以得到如下的認識，傳世古書中有許多問題，歷代的學者研究這些古書時已經看出了這些問題，但是由於沒有直接的證據，所以他們一般持謹慎的態度，不妄作改動，我們有幸得見出土的戰國文本，而出土的文本一般都早於傳世文本，其可靠程度明顯較高，可以據之對傳世古書進行校正，盡可能恢復其原貌。以後研究像《緇衣》這樣有出土文本的傳世古書時，「除簡帛本明顯有誤之處外，應該盡可能以簡帛本爲依據。」〔註23〕否則，研究結論就會大打折扣，這也是戰國竹書的重大價值所在。

二、對傳世文本的新認識——以《老子》爲例

上節我們以《緇衣》爲例，討論了出土文本對傳世文本的校正，因出土文本較傳世文本而言明顯更爲合理，是一種理想的情況。本節我們以《老子》爲例，談談出土文本給我們帶來的對傳世文本的新認識，及研究過程中應注意的問題。

歷來對老子其人和《老子》一書的爭論就不斷，二十世紀上半葉「古史辨」運動興起後，討論更是熱烈。〔註24〕二十世紀七十年代，馬王堆帛書本《老子》的出土，也引起了學者的關注，但帛書本與今本相比，除了《道經》和《德經》的前後順序及個別字詞的差別外，沒有更大的不同，並且是漢代的抄本，不能給我們帶來更多關於老子其人其書的新認識。郭店竹書《老子》作爲戰國中晚期的抄本，由於其在文句及篇章結構上與帛書本、今本有較大不同，引起了許多學者的研究興趣，使我們對《老子》一書有了新的認識。十餘年來，關於郭店竹書《老子》的研究著作已有數十本之多，單篇論文更是不計其數，我們以下的討論，都是建立在這些研究成果的基礎上的。

郭店竹書《老子》作爲戰國中晚期的抄本帶給我們的新認識是多方面的，如今本的「絕仁棄義，民復孝慈」在竹書本中作「絕僞棄慮，民復季子」，可見《老子》並沒有反對「仁義」，而「絕僞棄慮」跟「民復季子」的配合是很好的，「按道家的看法，如果絕棄各種『背自然』的作爲和思慮，人們當然就會渾樸得跟稚子一樣」，這些差別對古代思想史研究有著重要意義。〔註25〕類

〔註23〕裘錫圭：《中國出土簡帛古籍在文獻學上的重要意義》，《中國出土古文獻十講》，86頁。

〔註24〕參看羅根澤編著：《古史辨》第四冊（影印本），上海古籍出版社，1982年。

〔註25〕裘錫圭：《糾正我在郭店〈老子〉簡釋讀中的一個錯誤》，《中國出土古文獻十講》，239頁。

似這樣的詞句差別，對我們認識《老子》一書所要表達的思想的本來面貌都有著重要意義。除此之外，郭店竹書本與今本在篇章結構上也有較大的不同。郭店竹書《老子》按竹簡形制、字體可分為三類，整理者分別命名為甲、乙、丙三篇，按今本八十一章的分章情況來看，甲篇與今本的對應關係為：

　　　　第十九章→第六十六章→第四十六章中段、下段→第三十章上段、中段→第十五章上段、中段→第六十四章下段→第三十七章→第六十三章上段、下段→第二章→第三十二章。

　　　　第二十五章→第五章中段。

　　　　第十六章章上段。

　　　　第六十四章上段→第五十六章→第五十七章。

　　　　第五十五章上段、中段→第四十四章→第四十章→第九章。

乙篇與今本的對應關係為：

　　　　第五十九章→第四十八章上段→第二十章上段→第十三章。

　　　　第四十一章。

　　　　第五十二章中段→第四十五章→第五十四章。

丙篇與今本的對應關係為：

　　　　第十七章→第十八章。

　　　　第三十五章→第三十一章中段、下段。

　　　　第六十四章下段。

以上的統計沒有標明某段的章基本與今本相同，「→」標明是連續抄寫的，「。」標明連續性至此斷開，故以上的順序只是整理者的意見，不一定代表原貌，也就是說我們討論其與今本的順序關係時，只能以「。」隔開的一部分為順序來討論，而不能把整體當做原來的順序。總體來看，三篇共出現了今本的三十一章，字數相當於今本的三分之一左右。〔註26〕從上面的列舉可以看出，與今本順序一致只有「第五十六章→第五十七章」、「第十七章→第十八章」兩處，今本的第六十四章分為上下兩段出現在甲篇的不同地方，下段又出現在丙篇中，但兩處文字頗有不同。

　　由於以上的差別，學者對竹書本與今本的關係的認識主要可分為兩大類：一是認為當時已存在相當於今本的《老子》，而郭店竹書的三篇是從中摘

〔註26〕參看裘錫圭：《郭店〈老子〉簡初探》，《中國出土古文獻十講》，188 頁；池田知久：《道家思想的新研究》，中州古籍出版社，2009 年版，71 頁。

抄來的；二是認為郭店竹書的三篇是當時流傳的各種「老子」中的三種，後
人整理《老子》時把這三篇吸收了進來，並調整了順序。〔註 27〕主張前一種
看法主要有王博、裘錫圭等先生，王博先生認為郭店竹書的三篇是按一定主
題從五千言本的《老子》中選輯出來的，即甲篇討論「治國方法」和「道、
天道與修身」，乙篇主題是修身，丙篇主題是治國。〔註 28〕裘錫圭先生認為：

> 如果在老聃死後，「五千言」形成之前，卻有多種「老子語錄」
> 在社會上流傳，而郭店的三組《老子》簡就是其中三種的話，就很
> 少有可能出現其內容全部見於「今傳《老子》中」的情況。很難設
> 想，在晚於郭店《老子》簡的時代，即晚於公元前 300 年左右的戰
> 國時期，有人能把一二百年甚至更長的時間內流傳的多種「老子語
> 錄」的內容絲毫不漏地合編成一部「五千言」。所以今天偶然發現的
> 三種「老子語錄」，其所抄各章竟然全都見於今傳《老子》，就未免
> 顯得太過湊巧了。
>
> 此外，郭店《老子》簡中，除了甲、丙兩組都抄有今本第六十
> 四章後半之外，三組內容沒有重複這一點，也很值得注意。如果它
> 們是「五千言」編成前的三種「老子語錄」，彼此重複的部分似乎不
> 可能這樣少。反之，把它們看作從「五千言」中有計劃地錄出的三
> 種摘抄本，這種現象就很好理解了。〔註 29〕

主張後一種看法主要有許抗生、池田知久等先生，許抗生先生認為「簡本《老
子》甲、乙、丙三組很可能是當時社會上流傳的多種老子語錄或著述中的三
組文字，是春秋末年流傳下來的，至戰國晚年由後人合編增補成較完整的帛
書《老子》和今本《老子》的。」〔註 30〕池田知久先生認為「郭店楚簡《老
子》並非已成形的《老子》的一部分，而是正處於形成階段的《老子》最古

〔註 27〕 或認為分為三種，除了上面提到的兩種，還有學者認為各種文本的《老子》
當時還「沒有被彙編成冊而成為一本書，而是被分成三個或更多的部分，作
為文本通用」（谷中信一：《從郭店老子看今本老子的形成》，《郭店楚簡國際
學術研討會論文集》，湖北人民出版社，2000 年版），這種意見與我們所列的
後一種並沒有本質上的不同，即都不認為當時已存在類似於今本的《老子》，
故我們把它併入後一種，不再作單獨討論。
〔註 28〕 王博：《關於郭店楚墓竹簡〈老子〉的結構與性質》，《道家文化研究（郭店楚
簡專號）》第十七輯，三聯書店，1999 年版。
〔註 29〕 裘錫圭：《郭店〈老子〉簡初探》，《中國出土古文獻十講》，190～191 頁。
〔註 30〕 許抗生：《再讀郭店竹簡〈老子〉》，《中州學刊》2000 年第 5 期。

版本。」〔註 31〕此外還有不少的學者就這一問題談了自己的看法，或贊成前說或贊成後說，李若暉、聶中慶、寧鎮疆等先生在他們的專著中都有評介，可參看。〔註32〕

就目前來看，似乎前一種看法在學界得到了更多學者的認同，但誠如李若暉先生所言這些論述都只是「片面的正義」，〔註33〕因為論證各自觀點的學者都能提出自己的證據，但都又沒辦法完全駁倒對方法的觀點，只是自說自話而已，這有點類似於當年「古史辨」時期各家關於老子其人其書的爭論，到現在也沒統一的意見。如前引王博先生對郭店竹書《老子》各篇主題的看法，只是一種推測，其所說的甲篇討論「治國方法」和「道、天道與修身」而丙篇主題是治國，那麼丙篇為什麼不併入甲篇，可見其本身就有矛盾，就連贊同其看法的裘錫圭先生也認為「這些意見是否完全合乎事實尚待研究」。〔註34〕裘錫圭先生所謂的「除了甲、丙兩組都抄有今本第六十四章後半之外，三組內容沒有重複」，並進而認為只有把郭店竹書的三篇是「有計劃地錄出的三種摘抄本，這種現象就很好理解」，但正是這裡有問題，若真是「有計劃地錄出的三種摘抄本」，為什麼同樣摘抄了今本第六十四章後半段的甲篇、丙篇文字卻頗有不同？類似的問題雙方的論述中都存在，贊同後一種看法的許抗生先生文中提到了「很可能」，可見也並不是十分肯定。

總之，我們認為雖然郭店竹書三種《老子》文本的發現，使我們對《老子》的成書、流傳情況有了一些新的認識，但同時我們也要謹記，我們現在所看到的只是偶然發現的楚地的某一墓葬中的一些書籍，它只是當時書籍的很小的一部分，且與墓主個人的愛好有著密切的關係，任何試圖由這一點東西而想推論出過多內容的嘗試都是危險的，也是不現實的。對於《老子》的成書、流傳情況，僅憑郭店竹書的三種文本還不能得出決定性的意見，只能期待更多材料的出土。

〔註31〕池田知久：《郭店楚簡〈老子〉——形成階段的〈老子〉最古文本》，收入其著《池田知久簡帛研究論集》，中華書局，2006 年版，35 頁。

〔註32〕參看李若暉：《郭店竹書老子論考》，齊魯書社，2004 年版，89～98 頁；聶中慶：《郭店楚簡〈老子〉研究》，中華書局，2004 年版，154～172 頁；寧鎮疆：《〈老子〉「早期傳本」結構及其流變研究》，學林出版社，2006 年版，64～81 頁。

〔註33〕李若暉：《郭店竹書老子論考》，90 頁。

〔註34〕裘錫圭：《郭店〈老子〉簡初探》，《中國出土古文獻十講》，191 頁。

　　以上我們分別以《緇衣》、《老子》爲例，談了戰國竹書與傳世先秦典籍的篇章對比情況，此外有些出土典籍雖然沒有傳世文本，但卻有不同的出土文本可以對比，通過對比不同時期的出土文本，可以幫我們弄清以往一些無法解決的問題。二十世紀七十年代馬王堆漢墓出土的帛書《五行》，是一部古佚書，學者對其認識存在許多不同之處，如對其是否應稱爲「五行」、是否應分爲經和說兩部分及成書年代等都有不同看法，郭店竹書《五行》的出土使得這些問題大都取得了一致的意見。帛書《五行》主要分爲兩部分，第一部分論述仁、義、禮、智、聖爲「五行」，第二部分是對第一部分的逐句解說與發揮，龐樸先生最早根據戰國時期文獻有經有說的體例，提出將全篇分爲經和說兩部分。〔註35〕郭店竹書《五行》篇首有「五行」兩字，使得其應命名爲《五行》的問題得到了解決。從內容上來看，竹書《五行》的內容基本爲帛書《五行》的經部，而沒有說部，可見龐樸先生將帛書《五行》分爲經和說兩部分的看法是正確的。郭店竹書《五行》的成書年代的下限是公元前 300 年，即其成書在孟子之前，如此，以往認爲《五行》成書於漢代的說法就有修正的必要了。此外，陳來先生還指出，《荀子‧非十二子》講到：

　　　　略法先王而不知其統，猶然而猶材劇志大，聞見雜博。案往舊造說，謂之五行。甚僻違而無類，幽隱而無說，閉約而無解。案飾其辭，而祗敬之，曰：此眞先君子之言也。子思唱之，孟軻和之。

對於其中「子思唱之，孟軻和之」的「五行」說，在傳世的相關典籍中很難找到與此相應的內容，而郭店竹書《五行》的出土爲這一問題的解決提供了重要的證據和契機：

　　　　既然我們承認帛書《五行》篇的思想是思孟學派，現在《五行》篇的經部被證明與說部不是同時完成，經部乃成於孟子之前，而且《五行》篇的經部與《緇衣》同抄，這就在相當程度上證明了《五行》的經部爲子思所作（或傳爲子思所作）。有了《五行》經部爲子思所作這個結論，「子思唱之」才有了堅實的證明……竹簡《五行》出土後，我們不能僅僅一般地肯定子思作竹簡《五行》，還必須明確地在「子思唱之」的意義上肯定竹簡《五行》爲子思所作。同理，

〔註35〕龐樸：《馬王堆帛書解開了思孟五行說古謎》，《帛書五行篇研究》，齊魯書社，1980 年版，8～9 頁。

在此基礎上，只有同時肯定《五行》的說文爲孟子所作，才是對「孟
軻和之」的最好證明。〔註36〕

這一看法應該是正確的，這就使得學術史上的「子思唱之，孟軻和之」的
「五行」說問題得到了合理的解釋。這是通過對比不同時期的出土文本得
出的結論，也使我們對先秦典籍的形成過程有了更深入的認識。另外，有
的典籍則有更多的不同時期的文本及傳世文本可資對比，如《周易》，先後
有敦煌唐代寫本、馬王堆漢墓帛書本、阜陽漢墓竹簡本等，每一公佈都引
起學界熱議。2004 年初，上海博物館藏戰國竹書本《周易》公佈，這是現
在所能見到的最早版本，有關《周易》的研究在學術界又掀起了新的熱潮。
〔註37〕

三、與傳世典籍的詞句對比

自清代考據學興起之後，利用出土文獻校正傳世典籍中的各類訛誤，已
經取得了顯著成就。二十世紀以來，隨著出土文獻的增多，學者有意識地利
用出土文獻校讀古書中的各種訛誤，並形成了專門的「新證派」，取得了很好
的成績。〔註38〕前面兩節我們討論了戰國竹書與傳世典籍有篇章可以對比的
兩種情況，現在發現的戰國竹書中更多的是沒有傳世文本的典籍，但其中的
某些詞句卻在傳世典籍中有相同或類似的內容。戰國竹書作爲先秦古書較好
地保存了先秦典籍的原貌，正好可以用來校正傳世先秦典籍中的訛誤。在第
二章的論述中我們已經列舉了幾個利用戰國竹書的用字習慣及字形特點校正
古書中訛誤的例子，下面我們再看一個通過戰國竹書與傳世典籍的詞句對比
校正傳世典籍的例子。

上博竹書（二）《民之父母》簡3、4、5：

孔子曰：「『五至』乎，物之所至者，志亦至焉；志之【3】[所]至
者，禮亦至焉；禮之所至者，樂亦至焉；樂之所至者，哀亦至焉。
哀樂相生，君子【4】以正，此之謂『五至』。」【5】

與此類似的話出現在《禮記・孔子閒居》中：

孔子曰：「志之所至，詩亦至焉；詩之所至，禮亦至焉；禮之

〔註36〕陳來：《竹帛〈五行〉爲子思、孟子所作論》，收入《竹帛〈五行〉與簡帛研
　　　究》，三聯書店，2009 年版，106～107 頁。

〔註37〕參看侯乃峰：《〈周易〉文字彙校集釋》，臺灣古籍出版有限公司，2009 年版。

〔註38〕參看馮勝君：《二十世紀古文獻新證研究》，齊魯書社，2006 年版。

所至，樂亦至焉；樂之所至，哀亦至焉。哀樂相生。是故正明目而
視之，不可得而見也；傾耳而聽之，不可得而聞也。志氣塞乎天地。
此之謂五至。」

對比可知，這兩段話有一處明顯的不同，《禮記‧孔子閒居》中多了一些內容，
顧史考先生認爲：

今本《孔子閒居》實有兩種大誤，正可通過《民之父母》來糾
正。其一是「是故正明目」至「塞乎天地」三十一字，實與「五至」
無關，而應如《民之父母》將之排到「三無」的敘述當中，此顯爲
錯簡所致（原注：此點陳劍已指出過，見其《上博簡〈民之父母〉
「而得既塞於四海亦」句解釋》，簡帛研究網站，2003 年 1 月）。《民
之父母》的「哀樂相生，君子以正」，亦正好以韻文結語（「生」「正」
皆耕部），與下面「三無」之言「君子以此，皇於天下」情形相近。
其二則是《孔子閒居》的「志」「詩」「禮」「樂」「哀」的次序頗難
說通，似不如《民之父母》的「物」「志」「禮」「樂」「哀」之爲簡
樸好解。〔註39〕

這一看法應該是正確的，這是通過文獻比勘，得到的認識。我們在第二章提到
的利用《性自命出》的簡文校讀《禮記‧檀弓下》的相關詞句的例子也是如此。

雖然我們說戰國竹書一般較傳世典籍更好地保存了原貌，但並不是說戰
國竹書就一定比今本好，戰國竹書中也有各類訛誤衍脫需要利用傳世典籍對
其進行校正。裘錫圭先生曾說，「我們也不能盲目地推崇古本，排斥今本。由
於底本和抄手的好壞不同，新發現的這些古本的價值是不一致的。並且就是
比較好的本子，也免不了有訛誤衍脫的地方需要用今本去校正。抄得壞的本
子就更不用說了。」〔註40〕下面我們看一個通過傳世典籍與戰國竹書的詞句
對比校正戰國竹書的例子。

上博竹書（七）《武王踐阼》篇甲本簡 5、6：

武王聞之，恐懼，爲【5】銘於席之四端曰：「安樂必戒。」右
端曰：「毋行可悔。」席後左端曰：「民之反側（？），亦不可志（忘？）。」
後右端曰：……【6】

〔註39〕 顧史考：《古今文獻與讀者之喜新厭舊》，劉笑敢主編：《中國哲學與文化》第
六輯，廣西師範大學出版社，2009 年版，49～50 頁。
〔註40〕 裘錫圭：《考古發現的秦漢文字資料對於校讀古籍的重要性》，《中國出土古文
獻十講》，97 頁。

今本《大戴禮記・武王踐阼》作：

> 王聞書之言，惕若恐懼，退而爲戒書，於席之四端爲銘焉，……
> 席前左端之銘曰：「安樂必敬」；前右端之銘曰：「無行可悔」；後左
> 端之銘曰：「一反一側，亦不可以忘」；後右端之銘曰：「所監不遠，
> 視邇所代」。

對比可知，今本的敘述更完整合理，而竹書本明顯有脫漏，如「安樂必戒」
一語前明顯少了「席前左端」，從文例看「右端」前似乎少了一個「前」字等，
均可據今本校正補充。

　　通過上面的兩個例子可以看出，戰國竹書在校正傳世文獻方面有重要價
值，但我們也應該認識到戰國竹書作爲抄本，本身也有這樣那樣的問題，在利
用戰國竹書校正傳世文獻時，不能一味地厚此薄彼，而應該全面權衡，找出最
佳的方案，才能得到正確的認識。劉嬌、單育辰兩位先生的博士論文已有系統
的整理，總結得非常全面，故我們在此就不再就這一問題作更多的論述了。

第二節　應注意的問題

一、趨同與立異

　　在上一節的論述中，我們討論了戰國竹書與傳世典籍對比的一些情況，
隨著戰國竹書出土的增多，學者在把出土典籍與傳世典籍對比時往往有「不
恰當的『趨同』和『立異』兩種傾向」，「前者主要指將簡帛古書和傳世古書
中意義本不相同之處說成相同，後者主要指將簡帛古書和傳世古書中彼此對
應的、意義相同或很相近的字說成意義不同。」〔註41〕顧史考先生則將此更
形象地比爲「喜新厭舊」和「忠貞不渝」，前者指「新見的古文出土本一出，
乃竭力執之以糾正傳世本之非，以追求新意爲尙，以不顧傳統之成說爲心，
不考慮出土本本身的缺點，而一力推新以代舊」，後者指「一心一意擁護舊有
的今文傳世本，祇想強迫出土本服從於其早已奠定的標準，因而一概忽視出
土本的長處，不容任何新意侵犯到傳世本的寶座」，「此二種心理確實有時會
不知不覺地作怪，因而我們不得不時而加強防備。」〔註42〕這樣的例子在學

〔註41〕裘錫圭：《中國古典學重建中應該注意的問題》，《中古出土古文獻十講》，8 頁。
〔註42〕顧史考：《古今文獻與讀者之喜新厭舊》，劉笑敢主編：《中國哲學與文化》第
　　　　六輯，48 頁。

者的研究中很多，如郭店竹書《老子》甲篇簡 13：

<blockquote>道恒無爲也，侯王能△之，而萬物將自化。</blockquote>

其中的△字作🐾，而與其對應的字帛書本、今本皆作「守」。郭店竹書《老子》中的「守」字或借「獸」而爲之，但△字與「獸」明顯不同，肯定不是同一個字。郭店竹書中的「守」字皆作🐾，△與🐾在字形上也有明顯的不同，但學者多根據帛書本、今本直接將△釋爲「守」，其實此字應該是「御」字（參看第四章）。這是一個明顯的「趨同」的例子。再以《老子》爲例來看一個「立異」的例子。郭店竹書《老子》簡 1 有「民復季子」，其中的「季子」今本作「孝慈」，帛書《老子》甲本作「畜茲」，乙本作「孝茲」，故學者多有把竹書本的「子」讀爲「慈」，把「季」看作「孝」的訛字的，這顯然是受了今本和帛書本的影響。也有學者指出，文中的「季子」不必破讀，「季子」指嬰兒，「民復季子」指人們復歸於嬰兒一樣的淳樸狀態，今本《老子》有「常德不離，復歸於嬰兒」語，即此意。〔註43〕後一種看法應該是正確的。

我們研究過程中應如何避免這樣的傾向，平等對待出土文本和傳世文本，是每一個研究者應該注意的問題。馮勝君先生認爲，面對這種情況「需要綜合考慮字形、語法、文義以及作者的思想特點等多方面因素，反覆斟酌，愼重取捨。」〔註44〕顧史考先生認爲「當我們開始校讀今古兩本時，必須事先做一番『心齋』的功夫，好讓我們將兩種不同的、自然而有的成心給消除，以便以實事求是的心態而進。」〔註45〕馮、顧兩位先生的看法值得借鑒，在研究過程中應時時注意。

二、「閱讀習慣」

郭店竹書剛公佈出版時，美國學者鮑則岳先生就竹書的釋文寬嚴不一問題提出了自己的看法，他認爲對於保存完整清晰的竹簡文字「要盡最大可能準確地、不含糊地釋寫原寫本裏的文字字形，決不能因爲作釋文的學者本人或其他任何人的假想、偏見或主觀決定而對原寫本的文字進行增、改或添加。也就是說，釋文應該是準準確確、不折不扣地反映原寫本的文字原貌，而沒

〔註43〕 參看裘錫圭：《糾正我在郭店〈老子〉簡釋讀中的一個錯誤》，《中國出土古文獻十講》，230～241 頁。

〔註44〕 馮勝君：《二十世紀古文獻新證研究》，192 頁。

〔註45〕 顧史考：《古今文獻與讀者之喜新厭舊》，劉笑敢主編：《中國哲學與文化》第六輯，48 頁。

有任何其他內容。」〔註46〕即反對借助通假的方式對竹書文字進行破讀。對此，李零先生認為，「鮑先生的想法有些恐怕難以實行，比如寬嚴尺度，自古及今都是以考釋水平而定，熟讀無礙的字往往寬，新見初識的字往往嚴；讀法，只是有把握者才改讀，無把握者則仍舊；難以釋出的字，也是該隸定的隸定，該摹寫的摹寫」，但李先生同時也指出西方學者「反對迷信今本，反對迷信我們今天的閱讀習慣，這點還是值得考慮」，進而指出我們今天的「閱讀習慣」來源於東漢時期整理戰國文本的經驗，「無論原本如何，也不論合併了幾種本子傳到今天，都是直接合併和直接改定」，「我們的閱讀習慣現在已經定型」。〔註47〕可見，在這一問題上東西方學者因各自的知識背景不同，有著不同的看法。

馮勝君先生也就此問題談了自己的看法，他認為：

> 目前中國大陸學者所普遍具有的「閱讀習慣」基本上是合理的，是適用於閱讀古書或出土文獻的。西方漢學家在研究中國出土文獻特別是戰國秦漢簡帛材料時，喜歡按本字求解，並對中國大陸學者更多地借助於通假的「閱讀習慣」提出批評。……我們只想指出，東西方學術各有其淵源與傳統，正常的學術交流與借鑒對雙方來說都是十分必要的。但在這一過程中保持各自的學術特色和獨立，尤為重要。我們不盲目自大，更切不可妄自菲薄。在所謂「閱讀習慣」這一問題上，我們可以吸收西方漢學家的某些優點，但卻實在想不出有什麼理由能說服我們放棄自己的「閱讀習慣」來求得所謂的同國際學術的接軌。〔註48〕

夏含夷先生不能認同這種觀點，他以《周易》為例闡述了自己觀點，在上博竹書《周易》簡 44、45、46 中的「汬」字，因對應的今本皆作「井」，李零先生在其《讀上博楚簡〈周易〉》〔註49〕一文中根據自己的「閱讀習慣」把這些「汬」字直接釋為「井」，夏含夷先生認為這樣的釋讀抹殺了竹書本與今本的不同，使我們不能看到竹書本的價值所在，指出把「汬」讀作捕獸的阱而不是出水的井，可能更合乎《周易》所要表達的含義。最後，夏先生指出：

〔註46〕 鮑則岳：《古代文獻整理的若干基本原則》，艾蘭、魏克彬原編，邢文編譯：《郭店老子——東西方學者的對話》，學苑出版社，2002 年版，45 頁。

〔註47〕 李零：《郭店楚簡校讀記》，190～191 頁。

〔註48〕 馮勝君：《二十世紀古文獻新證研究》，192 頁。

〔註49〕 李零：《讀上博楚簡〈周易〉》，《中國歷史文物》2006 年第 4 期。

> 古文字學家通常以爲傳統文獻是閱讀出土文獻的鑰匙。我一點
> 不否認傳統文獻常常能夠起這樣的作用。然而，我不相信任何的鑰
> 匙能夠打開所有的門。有的時候門已經開著，我們只要進入直接閱
> 讀所寫的文字。不但如此，有的時候我們要閱讀出土文獻，傳統文
> 獻會變成一種手銬。我們過去所看的古書都是漢人編的；因此，他
> 們的偏見也成爲我們的偏見。現在我們終於有一個機會超越這種媒
> 介，直接看看先秦時代的文獻。我們如果堅持我們舊有的閱讀習慣，
> 一定要通過漢人的眼光看古文字資料，恐怕我們會失掉某些極其難
> 得的信息。〔註50〕

我們認爲，夏含夷先生所論比較平實，我們在「閱讀習慣」問題上確實有值
得反思的地方，特別是出土文本與傳世文本的差別是一些關鍵之處時，更應
慎重，不宜輕易錯過出土文本所傳達出的重要信息。當然，對出土文本與傳
世文本的異文的重視，並不是要走向另一個極端，西方學者翻譯簡帛文獻，
因喜歡按本字求解，往往導致「譯文不暢或至荒誕」，〔註51〕也是應該注意的。
顧史考先生對這一問題的看法比較中肯，引錄在此，作爲這一問題的結語，
他認爲：

> 一方面，傳世本皆或多或少早已經歷了一種整理過程，再加上
> 後代傳抄者的誤抄與「妄改」，而當今的傳世本中所存在的問題堪稱
> 比比皆是，確實值得與出土本相對校讎。然另一方面，則我們今日
> 整理出土文獻的能力與基本條件不見得要比過去的人好，而我們亦
> 必須經歷與他們相同的整理過程，遇到相同的困難，因而爲了避免
> 種種誤解，亦非將傳世本拿來與出土本相互校勘不可。〔註52〕

三、年代

在我們的研究中，若能確定戰國竹書的大致年代，對我們的研究將會大
有裨益。對於考古發掘所得的戰國竹書，其大致年代可以通過墓葬形制和器
物特徵等來判斷，如郭店竹書，據考古學者的考查，「從墓葬形制和器物特徵

〔註50〕夏含夷：《簡論「閱讀習慣」：以上博〈周易・萃〉卦爲例》，「中國簡帛學國
　　　　際論壇 2008」論文。
〔註51〕李零：《郭店楚簡校讀記》，190 頁。
〔註52〕顧史考：《古今文獻與讀者之喜新厭舊》，劉笑敢主編：《中國哲學與文化》第
　　　　六輯，47 頁。

判斷，郭店 M1 具有戰國中期偏晚的特點，其下葬年代當在公元前 4 世紀中期至前 3 世紀初。」〔註53〕李伯謙先生也認爲，「郭店一號墓出土的漆器、玉器均是楚墓中常見形制，竹簡字體亦是其他楚墓出土竹簡中流行的字體。郭店一號墓是戰國中期的楚國墓葬殆無可疑。」〔註 54〕也就是說，郭店楚墓的下葬年代的最遲應該不晚於公元前 300 年，而郭店竹書作爲郭店楚墓的隨葬品，其年代下限也應是公元前 300 年，但下葬年代並不是成書年代，一般來說成書年代應該在下葬年代之前，這是我們討論郭店竹書的基礎，這一基礎爲大多數學者所遵循。

日本學者池田知久先生研究郭店竹書《窮達以時》篇時，認爲《窮達以時》篇「整體以第一章開頭的『天人之分』爲核心，同篇都貫徹了這一思想。」然後池田知久先生通過對《荀子・宥坐》、《韓詩外傳》、《說苑・雜言》、《孔子家語・在厄》及《呂氏春秋・慎人》等相關文獻的考查，指出「《窮達以時》是上述六種文獻中最早問世之文獻吧，但『天人之分』這一具有重要特徵的思想很快爲《呂氏春秋・慎人》所繼承，所以只能說，《窮達以時》的成書時代比《呂氏春秋・慎人》早不了多少。」又通過和專門論述「天人之分」的《荀子・天論》的對比，認爲：

> 《荀子・天論》「天人之分」的思想，是戰國後期，遊學於齊稷下的荀子，在與莊子學派相接觸後，既接受其「天人」關係論之強烈影響，又推翻其對「人」之否定，轉而對「人」加以肯定，這樣一種思想革新中，在齊國土地上形成的思想。《窮達以時》可能是《荀子・天論》問世稍後，受到其影響，大體上忠實地繼承了「天人之分」的思想，由荀子後學執筆形成的文獻吧。《窮達以時》成書之地，很可能是在齊國的稷下，而不是楚國蘭陵，因爲那時的荀子已經擺脫莊子學派「天人」關係論之影響，思想幾乎完全自由了……但從《窮達以時》修正了《荀子・天論》「天人之分」這點看，說明《窮達以時》較之《荀子・天論》，更近於後出之《呂氏春秋・慎人》、《荀子・宥坐》等……所以《窮達以時》之成書年代，當在《荀子・天論》成書年代到《呂氏春秋》編纂年代（公元前 239 年乃至公元

〔註53〕湖北省荊門市博物館：《荊門郭店一號楚墓》，《文物》1997 年第 7 期。
〔註54〕李伯謙：《楚文化的起源與發展》，艾蘭、魏克彬原編，邢文編譯：《郭店老子——東西方學者的對話》，25 頁。

前 235 年）這段時間之內。〔註55〕

如此，則把《窮達以時》的成書年代定在了公元前 239 年乃至公元前 235 年之間，即把郭店竹書的成書年代推後了六十多年，定在了戰國末年，考慮到下葬年代一般在成書年代之後，並且如池田知久先生所言，《窮達以時》成書之地在齊國的稷下，流傳到楚國還需要一段時間，這樣郭店楚墓的下葬年代幾乎到了秦代。這一推斷與我們前面提到的公元前 300 年的下限晚了近八十年，不能不說是一個較大的差距。我們認爲這種置考古學上的確鑿證據於不顧，而單從文獻對比以考證戰國竹書成書年代的做法是有問題的。我們知道傳世的先秦典籍並非成書於一人一時，多由後人編纂整理而成，以此爲參照，通過與戰國竹書的某些語句的對比來確定戰國竹書的成書年代，其結論的可信度也就可想而知了。另外，我們還想再次強調，無論是傳世的先秦典籍，還是我們目前所能看到的出土的先秦古書都只是當時書籍的很小的一部分，試圖把它們排比順序以考查其思想演變軌迹時，很可能會有很多缺環，因爲更多的失傳的書籍是我們無法看到的。其實，在日本國內，也有許多學者不同意池田知久先生的看法，如淺野裕一先生在介紹日本學界對中國新出土資料的態度時，首先反對的是將郭店楚簡和上博楚簡視爲僞造品而冷漠對待的態度，其次反對的就是這種做法，即「雖然將郭店楚簡或上博楚簡看做眞品，但態度上動輒試圖將這些文獻的思想年代拉晚到戰國時代最末年。他們濫用『這些出土文獻中可以看出荀子的影響』或『受到《呂氏春秋》的影響的雜家傾向』等說法，試圖將其思想年代拉到戰國最晚期，並且固守著往年疑古派的學說。」〔註56〕這是我們在文獻比勘過程中應該注意的問題。

第三節　判定戰國竹書的學派屬性及應注意的問題

如前所述，對於某些沒有傳世文本的戰國竹書，如果我們通過與傳世典籍的比勘，能判定其學派屬性或思想傾向，對我們復原、考釋戰國竹書有很好的幫助，也可以增進我們戰國時期各家思想的認識，如前面提到的簡帛本的《五行》的發現，使我們對學術史上的「子思唱之，孟軻和之」有了直觀的認識，填補了空白。但我們也要看到，在學者的研究實踐中，因只是簡單

〔註55〕池田知久：《郭店楚簡〈窮達以時〉研究》，《池田知久簡帛研究論集》，中華書局，2006 年版，84〜168 頁。

〔註56〕淺野裕一：《戰國楚簡研究·序》，萬卷樓圖書股份有限公司，2004 年版。

地與傳世典籍的某些詞句做比對，不顧全篇文章的主旨，或對文中某些詞句的錯誤理解，而導致對整篇竹書的錯誤判定，甚至以此錯誤的理解為基礎來討論相關的問題，更是越去越遠。

　　1957 年河南省信陽長臺關一號楚墓發現的竹書，共計 119 支，全部為殘簡，殘存 500 餘字，李學勤先生稱之為「我國近代以來第一次發現眞正的戰國竹書」，由於竹簡殘斷嚴重，文字難以辨識，文意難以理解，對該篇的認識經歷一個漫長的過程。起初，李學勤先生，他根據文中有「先王」、「周公」、「君子」、「三代」等，認為是「一篇屬於儒家的論述政治道德的文章」。〔註 57〕其後的研究者頗有信從這一說法的。後來，李學勤先生詳細考察了其中保存字數較多的兩支簡，根據中山大學學者的研究提示，指出簡文中出現的「賤人」、「尙賢」等詞語多見於《墨子》，並結合典籍所記墨子曾到過楚國，「戰國中期楚國的墨學相當興盛」，認為竹書的是《墨子》佚篇，其出現在楚國「完全不是偶然的」。〔註 58〕李零先生對於李學勤先生的後一種看法「基本贊同，但仍有一些保留」，認為「簡文雖與今本《墨子》的佚篇或佚文有關，但原來卻並不一定屬於《墨子》，而很可能只是周公、申徒狄問對中的一種」，篇題定為《申徒狄》更合適。〔註 59〕近年，楊澤生先生根據王志平先生的研究和李家浩先生的提示，重新思考了該篇竹書的學派性質，指出從形式上看，簡文與《墨子》佚文有明顯區別，且「尙賢」、「賤人」不是《墨子》的特有術語，也見於儒家典籍，其字體風格與上博竹書中屬於儒家著作的《性情論》、《民之父母》極為相似，認為「可以基本肯定它屬於儒家作品」。〔註 60〕可以看出，李學勤先生前後兩次對長臺關竹書的學派屬性的判定，都是由對文中某些詞語與傳世典籍的比對而來的，像「先王」、「周公」、「君子」、「三代」、「賤人」、「尙賢」這樣的詞語，並不能作為判定學派屬性的堅實理由，因為戰國時期各家的著作都喜歡引用一些歷史人物和事件來作為自家理論的基礎，如韓非所言「孔子、墨子俱道堯舜，而取捨不同，皆自謂眞堯舜。堯舜不復生，將誰使定儒墨之誠

〔註 57〕李學勤：《信陽楚墓中發現最早的戰國竹書》，《光明日報》1957 年 11 月 27日第 3 版，收入《李學勤早期文集》，69～70 頁。

〔註 58〕李學勤：《長臺關竹簡中的〈墨子〉佚篇》，《徐中舒先生九十壽辰紀念文集》，巴蜀書社，1990 年版，1～8 頁，後收入《簡帛佚籍與學術史》，327～333 頁。

〔註 59〕李零：《長臺關楚簡〈申徒狄〉研究》，《揖芬集——張政烺先生九十華誕紀念論文集》，社會科學文獻出版社，2002 年版，309～328 頁。

〔註 60〕楊澤生：《長臺關竹書研究（四篇）》，《戰國竹書研究》，36～57 頁。

乎」（《韓非子‧顯學》），對於這樣一篇殘斷嚴重的竹書，在無法看到其全貌的情況下，這樣的判定更是不合適的。這是我們要引以為戒的。

上博竹書（八）中有整理者命名為《子道餓》的一篇竹書，現存第一簡起始的文字是「子道餓而死焉」，整理者認為：

> 「子道餓」就是歷史上所記載的孔子「陳蔡絕糧」、「厄於陳蔡」事件。魯哀公六年（前四八九），孔子六十三歲那年，應楚昭王之聘，往楚。陳、蔡大夫認為孔子聖賢，如孔子用於楚，則陳、蔡危，於是圍孔子與弟子於野。孔子一行因困絕糧，七日不火食，從者病，莫能興，孔子雖餓而絃歌不絕。根據《史記‧孔子世家》記載，孔子最後「使子貢至楚。楚昭王興師迎孔子，然後得免」。……本篇的出現，補充了這一重大歷史事件的新內容，在絕糧危機時刻，孔子作出了北上南下濟難之舉，一由言遊北上告急於魯，二由子貢南下求救於楚。本篇記載了言遊北上告急的有關事迹。〔註61〕

整理者按這樣的理解對這篇竹書做了排序和考釋，並在文後附錄了「文獻所載有關陳蔡絕糧孔子道餓事件」，計有《論語》、《孔子家語》、《荀子》、《孟子》、《史記》、《莊子》、《韓詩外傳》、《說苑》、《呂氏春秋》、《孔叢子》、《搜神記》、《晏子春秋》等，不可謂不詳盡。我們來看簡文：

> 簡1：子道餓而死焉。門人諫曰：「吾子齒年長矣，家姓甚急，生未有所奠，願吾子之圖之也。」言遊
>
> 簡2：之也。偃也修其德行，以受戰攻之，食於子，於偃偽於子，云：於是乎，可旅。」遂行至宋衛之間，其一
>
> 簡3：將焉往？」言遊曰：「食而弗與為禮，是戰攻畜
>
> 簡4：魯司寇奇。言遊於逡楚曰：「除乎！司寇
>
> 簡5：左相，我門人既除，而司寇不至，言遊去。司
>
> 簡6：而之大難轟。

我們看這幾支簡文所記述的內容，其中提到的人物有門人、言遊、魯司寇，整理者認為第一簡的第一個字「子」所指的就是「孔子」，我們知道在先秦儒家典籍里孔子確實一般被稱為「子」，這裡面又提到了孔子的弟子言遊，所以整理者的理解似乎是有道理的。上博竹書（八）公佈之後，很快就有學者指

〔註61〕馬承源主編：《上海博物館藏戰國楚竹書（八）》，上海古籍出版社，2011年版，119頁。

出了整理者的理解錯誤，並重新排了簡序：

> 魯司寇奇言遊於逡楚，曰：「除乎！司寇【4】將見我。」門人
> 既除，而司寇不至，言遊去。司〔寇〕【5】☑將焉往？」言遊曰：「食
> 而弗與爲禮，是戰攻畜【3】之也。偃也修其德行，以受戰攻之食於
> 子，於偃僞，於子損，於是乎何待？」遂行，至宋衛之間，其一【2】
> 子道餓而死焉。門人諫曰：「吾子齒年長矣，家姓甚急，生未有所定，
> 願吾子之圖之也。」言遊【1】

簡 6 因字體不同於前面的五支簡，被排除出本篇，簡 4 和簡 5 可以綴合爲一支完簡，改正了整理者的一些誤釋，如把「左相」改釋爲「將見」，這樣改釋排序之後，文意未完，後面還有缺簡，並指出「根據我們的理解，這篇簡文的內容與孔子並無關係，目前所見四簡記述的是言遊因魯司寇不以禮待之而去魯，行至宋衛之間，其一子餓死，門人因此諫言之事。」〔註62〕這樣的理解和排序顯然要比整理者的理解和排序合理，文意順暢。我們再回頭來看，按整理者的理解，第一簡前有缺簡，也就是說我們不知道「子道餓而死焉」前面是什麼內容，這個「子」前面有沒有修飾語或其他的成分，不考慮這些情況，而直接認定「子」就是孔子，恐怕是不可以的。重新排序後，可以看出，「子」前面的「其一」，「其」指的是言遊，「其一子」指的言遊的一個兒子，這樣整理者所理解的「就是歷史上所記載的孔子『陳蔡絕糧』、『厄於陳蔡』事件」，也就失去了存在的基礎，在這一基礎上所做的有關推論也就更難以成立了。在這樣錯誤的理解下，又不審簡 6 文字與其他簡的字體差別，而推論出「當時的危難之狀已迫使孔子及其弟子、門人準備了後事。有幸得救，才停止了挖墓自葬的悲壯之舉」〔註63〕，更是謬以千里，憑空想像。這是不顧文意及最基本的文本情況，而只是根據典籍的記載有孔子厄於陳蔡之事，見到「子道餓」，就想當然地認爲是記載孔子之事。其實就算是按整理者的理解，也不能認爲簡文「就是歷史上所記載的孔子『陳蔡絕糧』、『厄於陳蔡』事件」，首先，典籍記載的都是「陳蔡之間」，而不是簡文所說的「宋衛之間」，其次，典籍記載只有「子貢南下求救於楚」之事，而不見「言遊北上告急於魯」之事。傳世典籍經過後世學者的整理，是大量而系統的，我們現在所見

〔註62〕復旦吉大古文字專業研究生聯合讀書會：《上博八〈子道餓〉校讀》，復旦大
　　　　學出土文獻與古文字研究中心網，2011 年 7 月 17 日。
〔註63〕馬承源主編：《上海博物館藏戰國楚竹書（八）》，129 頁。

到的竹書是零星且偶然的，我們不能只是根據簡單的幾個詞語，就不顧整篇文意的內容，而輕易地認為補充了歷史的新內容。這是我們文獻比勘時應注意的問題。

上面的這兩個例子，都是由於對竹書中個別詞句與典籍中的相關線索簡單比附而造成的錯誤判定，竹書文字釋讀困難和殘斷嚴重等固然是其原因，但學者的不謹慎、不能全面體會文意也是造成錯誤的原因。上博竹書（二）中的《容成氏》篇，與上面兩個例子不同，現存 50 餘支竹簡，雖有殘缺，文意基本完整，內容也多可以理解，由於其重要性，學界的研究成果很多，但對其學派屬性的判定卻存在嚴重分歧，上面提到的那些判定學派屬性的方法，在此篇的研究中仍然存在，或認為屬於墨家、或認為屬於儒家，或認為屬於縱橫家（詳第四章）。

對於通過文獻比勘來判定戰國竹書的學派屬性問題中存在的問題，已有不少學者做了討論，這些討論或許有助於我們對這一問題作更深入的認識。劉笑敢先生指出：

> 儘管出土簡帛為學術史和文獻學的研究提供了許多新資料和新的根據，同時卻也提出了一些新的難題。斷代、歸類、命名都是新課題。這些問題靠「類同舉例」法往往不能得到確切的結論，因此，在文獻不足的情況下，對出土簡帛的命名、歸類不宜太細、太具體。因為同樣一派思想家的作品中可能有不同思想派別的成分，純而又純的思想家和學派是不存在的。僅僅根據出土簡帛的某些段落與其他文獻的類似之處就大膽斷言其師承、派別，結論難以可靠。事實上，由於參照物不足，對簡帛的分類、命名越具體，錯誤的可能性也就越大。因此，對一些新出土的簡帛分類命名宜粗不宜細，宜緩不宜急。當然，各抒己見，自由討論可以打開思路，開拓視界，有利於推動研究的深入，但是這種討論還是應該建立在較全面的考查和較深入思考的基礎上，盡可能避免簡單地運用「類比舉例」法，避免因襲自己反對的觀點所用的不可靠的考證方法。〔註64〕

劉笑敢先生提到的「類比舉例」法，就是我們上面提到的那些簡單的詞句比對，如果我們不能對這些問題引起必要的重視，這些新出土的戰國竹書，不

〔註64〕劉笑敢：《略談簡帛考證中「類同舉例法」的局限性》，艾蘭、邢文編：《新出簡帛研究》，文物出版社，2004 年版，415 頁。

但不能給我們帶來新的認識，反而容易引起混淆。李銳先生認爲，我們要判定出土戰國竹書的學派屬性，需要弄清楚一些基本性的前提問題，「如果不反思我們對於學派的認識，不試圖對學派進行一些限定，那麼我們仍然將停留在毫無意義的無休止的爭論之中」，即「什麼可以作爲學派判定的標準」，以及「什麼是學派」，在考查了以往的論述之後，提出「判定出土簡帛古書的學派，要多從師承淵源和師說著眼，既從古書內容方面考慮這一點，也從有關的文獻記載來尋找有關線索。」〔註65〕

最近，梁靜先生以上博竹書爲例，對研究中存在的這類問題，進行了很好的分析，她指出上博竹書中學派歸屬的混亂，主要表現在三個方面，一、「存在儒家與墨家、縱橫家的混淆」，二、「存在著儒、道兩家的混淆」，三、「存在著儒家與雜家的分歧」。究其原因，則是「長期以來人們對於先秦諸子思想的區別到底在哪裏，一直都是認識不清的。從文獻記載來看，諸子思想並不是完全沒有交集的，而是存在很多相似的內容。……以往在諸子思想的分派問題上，人們著眼的往往是諸子之間思想的差異，對於各派之間的相似性，重視得並不夠。」由於沒有很好的標準，所以就會在研究中，「對同一篇文獻的學派歸屬存在許多不同的爭論」。最後指出：

> 以前對於出土文獻學派歸屬的判斷標準，有點過於表面化——
> 提到「無」就是道家，提到「仁」就是儒家。出土發現向我們證明，
> 各個學派之間的思想區別，其實遠非如此簡單，他們之間是存在著
> 很多相似觀點的。過去以某個學派的標誌性概念作爲判斷標準的做
> 法固然有問題，而根據說話人身份來判斷學派屬性的做法，其實也
> 是值得商榷的。對於一篇出土文獻學派歸屬的判斷，歸根到底，還
> 是要看整篇文章所表現出來的思想內涵。〔註66〕

以上幾位先生的論述，都是我們通過文獻比勘來判定戰國竹書學派歸屬問題時應注意的問題，可以作爲我們研究時的參考。而由此引起的我們對先秦學派問題的反思，則是戰國竹書給我們提出的新課題。

〔註65〕李銳：《對出土簡帛古書學派判定的思索》，《戰國秦漢時期的學派問題研究》，北京師範大學出版社，2011 年版，120～139 頁。

〔註66〕梁靜：《對於判斷出土文獻學派歸屬的反思》，《簡帛》第七輯，131～135 頁。

第四章　研究舉例

第一節　郭店竹書研究

一、釋《老子》甲篇中的「御」字

郭店竹書《老子》甲篇簡 13（釋文按寬式，下同）：

　　　　道恒無爲也，侯王能𤔔（下文以△代替）之，而萬物將自化。

其中△字，帛書本、今本皆作「守」，整理者直接將△釋爲「守」，未作任何
解釋〔註1〕。同篇簡 18、19：

　　　　道恒無名，樸雖細，天地弗敢臣，侯王如能獸（守）之，萬物

　　將自賓。

其中的「守」字借「獸」而爲之，這種用法在楚簡文獻中很常見〔註2〕，此字
帛書本、今本皆作「守」。△字與「獸」明顯不同，肯定不是同一個字。郭店
竹書中的「守」字見於《唐虞之道》簡 12，作𤔔，《郭店楚簡文字編》將△與
𤔔具收入「守」字條下〔註3〕，《楚文字編》同樣如此〔註4〕，學者也無異議，
但二者明顯不同。李天虹先生認爲△是把手形下方帶肥筆的一豎筆移到了手
形的上方，隨作此形。〔註5〕但李天虹先生在文章中列舉了古文字中很多從

<hr>

〔註 1〕荊門市博物館：《郭店楚墓竹簡》，文物出版社，1998 年版，112 頁。

〔註 2〕白於藍：《簡牘帛書通假字字典》，福建人民出版社，2008 年版，53 頁。

〔註 3〕張守中：《郭店楚簡文字編》，文物出版社，2000 年版，110 頁。

〔註 4〕李守奎：《楚文字編》，華東師範大學出版社，2003 年版，456 頁。

〔註 5〕李天虹：《釋郭店楚簡〈成之聞之〉篇中的「肘」》，《古文字研究》第 22 輯，

「寸」的字，無一如此作者，獨此字作此形，不能不令人生疑。古文字中偏旁上下左右變動無常，主要是指作為獨體的偏旁可以如此，「寸」字中的帶肥筆的一豎筆有指示作用，與古文字中的「才」字類似，其中起指示作用的「○」形決不能移到手的上方。再者，從放大圖版來看，△字中帶肥筆的一豎筆顯然與上部連在一起，而不與下部的手形相連，這也說明其並非是把手形下方帶肥筆的一豎筆移到了手形的上方，故李天虹先生的說法難以成立。筆者認為此字當釋為「御」。

《說文》：「御，使馬也。從彳從卸。馭，古文御，從又從馬。」這說明「御」字有兩種形體，從大量的古文字資料看，的確如此。如金文的「御」字〔註6〕：

A1

B1

楚簡文字中的「御」字也如此，如〔註7〕：

A2

B2

B2 的「御」字見於曾侯乙墓楚簡，裘錫圭、李家浩二位先生考釋：

> 「馭」，即《說文》「御」字的古文，金文作𩦹、𩣂等形（《金文編》115），右旁即《說文》「鞭」字古文「𠔥」。簡文「馭」字所從「𠔥」旁作𠔥或𠔥，上部從「午」或「五」。「御」從「卸」聲，而「卸」從「午」聲。「午」、「五」音近古通。《周禮‧秋官‧壺涿氏》「若欲殺其神。則以牡橭午貫象齒而沈之」，鄭玄注：「故書……『午』為『五』。」簡文把「馭」字所從「𠔥」旁上部寫作「午」或「五」，是有意使其聲符化。〔註8〕

正確可從。古文字中的「午」字，常寫作𡴁、个、午、午等形〔註9〕，A 類

中華書局，2000 年版，265 頁。

〔註6〕容庚：《金文編》，中華書局，1985 年版，115 頁。

〔註7〕李守奎：《楚文字編》，122 頁。

〔註8〕湖北省博物館：《曾侯乙墓‧附錄一》，文物出版社，1989 年版，507～508 頁。

〔註9〕參見《金文編》997 頁，《楚文字編》856 頁。

形體中所從的「午」字，兩種形體互作，古文字中的橫筆往往寫成肥點。故△其實是從午從又，應隸定爲「爰」，與 B2 形的「御」字比較，只是省去了作爲意符的「馬」而已。上博竹書（四）《昭王與龔之脾》簡6「龔之脾御王」和上博竹書（五）《弟子問》簡20「〔顏〕淵御」的「御」字分別作：

B3　

可以看出這兩個字和 B2 是一系的，其右旁就是我們所討論的△字。《古文四聲韻》「御」字條下所引「雲臺碑」中的御字作下面這種形體（以下用 C 代替）：

不難看出 C 是由 A 種形體的左旁加 B（特別是 B2）種字形的右旁組合而成的，這樣就將御字改造成了一個形聲字，其構字方式與裘錫圭、李家浩二位先生所討論的 B2 是相同的。△顯然就是 B2 和 C 兩種形體的「刪簡形符」而成的，這種構字方式在戰國文字中很常見。〔註10〕所以△應讀爲「御」。至於這個字在帛書本及今本中都作「守」字，可能是後人整理過程中有意的趨同。這樣的例子在郭店楚簡《老子》裏還有，帛書本及今本中皆寫作「道」的字，在簡本中有「術」、「道」兩種形體；甲篇簡10～11：「爲之者敗之，執之者遠之」，丙篇簡11：「爲之者敗之，執之者遜（失）之」，這兩句話中的「遠」與「遜（失）」，在帛書本及今本中皆作「失」，皆與此相類。我們再來看一下這兩句話：

> 道恒無爲也，侯王能御之，而萬物將自化。

> 道恒無名，樸雖細，天地弗敢臣，侯王如能守之，萬物將自賓。

仔細體會，其實這兩句話的語境是不同的。前者是說道的「用」，即道之無爲在具體實踐中的運用；後者是說道的「名」，即道的本質特性。這可能也是造成二者用詞不同的原因。

　　我們整理出土文獻──特別是有傳世文本可以對照的出土文獻時，我們往往會以傳世文本解讀出土文獻，但這樣的做法很危險。夏含夷先生認爲：「古文字學家通常以爲傳統文獻是閱讀出土文獻的鑰匙。我一點不否認傳統文獻常常能夠起這樣的作用。然而，我不相信任何的鑰匙能夠打開所有的門。有

〔註10〕 參看何琳儀《戰國文字通論（訂補）》（江蘇教育出版社，2003年版）第四章「戰國文字形體演變」中的相關論述。

的時候門已經開著，我們只要進入直接閱讀所寫的文字。不但如此，有的時候我們要閱讀出土文獻，傳統文獻會變成一種手銬。我們過去所看的古書都是漢人編的；因此，他們的偏見也成為我們的偏見。現在我們終於有一個機會超越這種媒介，直接看看先秦時代的文獻。我們如果堅持我們舊有的閱讀習慣，一定要通過漢人的眼光看古文字資料，恐怕我們會失掉某些極其難得的信息。」〔註11〕誠哉斯言。我們所討論的△字，本是「御」字，但學者卻置字形於不顧，而按傳世文本讀為「守」，大概就是這種「閱讀習慣」所致。

下面再看楚簡中兩個從△的字。

上博竹書（二）《民之父母》〔註12〕簡9：

子夏曰：「其才 D 也，美矣！宏矣！大矣！」

D 原作 蒼 形，原整理者隸定為誻，疑為「許」之繁文，又認為當釋為「設」。類似的話見於《禮記・孔子閒居》和《孔子家語・論禮》，分別為：

子夏曰：言則大矣，美矣，盛矣！言盡於此而已乎？

子夏曰：言則美矣，大矣，言盡於此而已？

對比可知，《民之父母》中的 D 相當於《孔子閒居》和《論禮》中的「言」，也正是基於此，李銳、劉信芳、黃錫全等先生贊成原整理者認為 D 是「許」字的繁文的看法，認為應該讀為「語」，並把「才」讀為「在」。〔註13〕林素清先生認為 D 是「詩」字的異體。〔註14〕李家浩先生認為 D 是「辯」字的異體。〔註15〕

林素清先生所舉的《民之父母》篇中的詩字有下面三種形體：

比較可知 D 與這三種形體明顯不同，李家浩先生已指出其在字形上很難講得

〔註11〕夏含夷：《簡論「閱讀習慣」：以上博〈周易・菜〉卦為例》，「中國簡帛學國際論壇2008」論文。

〔註12〕馬承源主編：《上海博物館藏戰國楚竹書（二）》，上海古籍出版社，2002年版。

〔註13〕分別見李銳《上博館藏楚簡（二）初箚》（簡帛研究網，2003年1月6日）、劉信芳《上博藏竹書試讀》（簡帛研究網，2003年1月9日）、黃錫全《讀上博楚簡（二）札記（壹）》（簡帛研究網，2003年2月25日）。

〔註14〕林素清：《上博（二）〈民之父母〉幾個疑難字的釋讀》，簡帛研究網，2003年1月17日。

〔註15〕李家浩：《戰國竹簡〈民之父母〉中的「才辯」》，《北京大學學報》（哲學社會科學版）2004年第2期。

通。但李家浩先生認爲 D 是「辯」字的異體，我們認爲也是有問題的。李家浩先生所舉的兩個與 D 相比較的用爲「辯」的字形，見於郭店竹書的《老子》甲篇簡 1 和《五行》篇簡 34，分別爲：

這兩種形體在文中讀爲「辯」無疑都是正確的，裘錫圭先生在按語中已作了很好的論述，可參看。但 D 與這兩種形體也明顯不同，據此把 D 看作是「辯」字的異體，也是難以讓人信服的。

　　這個字又見於清華竹書（一）《祭公之顧命（祭公）》簡 16「俾御」，即「俾御」，故我們認爲《民之父母》中的 D 字，原整理者的隸定爲是正確的，其右旁與△是相同的，在文中應讀爲「語」，同時「才」也應如李銳、劉信芳、黃錫全等先生所說讀爲「在」，整句話應讀爲：

　　　　　子夏曰：「其在語也，美矣！宏矣！大矣！」

李家浩先生認爲這樣讀「文義並不順適」，關鍵在於「在」字在句中無法譯出來。其實，「在」字在句中是虛詞，當然不必譯出來。這樣的句式見於典籍，如《管子·揆度》：「其在色者，青黃白黑赤也。其在聲者，宮商角徵羽也。其在味者，醉辛鹹苦甘也。」《老子》：「其在道，曰餘食贅行。」其中的「其在道」，王弼本作「其在道也」，御注、河上本作「其於道也」。《民之父母》與《孔子閒居》、《論禮》中子夏的話都是對前面孔子言語的評價，用「言」或用「語」意思並無不同。

　　信陽長臺關楚簡 2-04：

　　　　　一良圓軒，載紡蓋，E，良馬賷，翠□。

其中的 E 字作 **縘**，李家浩先生先釋爲「鞭」，後又改釋爲「縲」，疑指維繫「紡蓋」的繩帶。〔註 16〕彭浩先生由於錯誤地把 E 認爲是從馬從午從又，而釋爲「御」〔註 17〕。劉國勝先生將其隸定爲縘，認爲「似爲某一車馬器或車馬飾名」，疑讀爲《爾雅·釋器》「竹前謂之御，後謂之蔽」的「御」，郭璞注：「御，以簟衣軾。」又認爲當讀爲「旟」，屬旗幟之類。〔註 18〕E 右旁所從也是△，左旁並非從馬而是從系，劉國勝先生的隸定是正確的。至於其在簡文中的用

〔註 16〕李家浩：《戰國竹簡〈民之父母〉中的「才辯」》，《北京大學學報》（哲學社會科學版）2004 年第 2 期。
〔註 17〕彭浩：《信陽長臺關楚簡補釋》，《江漢考古》1984 年第 2 期。
〔註 18〕劉國勝：《楚喪葬簡牘集釋》，武漢大學博士學位論文，2005 年修改本，16 頁。

法，劉國勝先生的前一種看法應該是正確的。

二、說《成之聞之》中的「受次」及相關問題

郭店竹書《成之聞之》簡33、34有這樣一句話：

是故君子籤席之上，讓而鼎于（以下分別用 A、B 代替）；朝廷之位，讓而處賤；所宅不遠矣。

A、B 兩字原整理者僅作了摹寫，當做不識字處理。〔註19〕劉樂賢、黃德寬、徐在國、陳偉等先生皆釋爲「受幼」。〔註20〕趙平安先生釋爲「援幼」。〔註21〕張金良先生認爲 A 是從印從又的「叟」字，即「印」字繁構，簡文中讀爲「隱」，「隱幽」即隱身於幽暗之處，與下文「處賤」正相對。〔註22〕楚文字中的「受」字很常見，〔註23〕黃德寬、徐在國先生已指出，A 與一般寫法的「受」字的不同之處在於其所從的「舟」字「略有省簡」，這種情況在古文字中是很常見的。退一步來說，「受」的本意是「相付也」，本是會意字，其所從的「舟」字乃是由會意符號演變而來的，屬於後加的聲符，所以就算不把 A 字中間所從的部分看做「舟」字的省簡，而看做普通的會意符號，A 仍可以釋爲「受」。釋爲「援」或「印」，在字形上存在問題，並且也無法疏通文意，都是有問題的。

再來看 B 字，戰國文字中的「幽」字有如下形體：

1、郭店竹書《窮達以時》「幽 2、中山王器「幼」 3、上博（七）《君人者何必安哉》
　　明不再」　　　　　　　　　　　　　　　　　「桀紂幽屬」

B 與這些字比較，其不同主要在於「幽」字所從的是山，而 B 所從的是山，二者明顯不同，原整理者沒有把 B 釋爲「幽（幼）」，可能也是考慮到了二者

〔註19〕荊門市博物館：《郭店楚墓竹簡》，文物出版社，1998 年版，168 頁。

〔註20〕劉樂賢：《讀郭店楚簡札記三則》，《中國哲學（郭店楚簡研究）》第 20 輯，遼寧教育出版社，1999 年版，362 頁；黃德寬、徐在國：《郭店楚簡文字續考》，《江漢考古》1999 年第 2 期；陳偉：《郭店竹書別釋》，湖北教育出版社，2002版，139 頁。

〔註21〕趙平安：《釋郭店簡〈成之聞之〉中的「遠」字》，《簡帛研究二○○一》（上冊），廣西師範大學出版社，2001 年版，175 頁注 2。

〔註22〕張金良：《郭店楚簡試釋三則》，復旦大學出土文獻與古文字研究中心網，2008年 12 月 1 日。

〔註23〕參看李守奎《楚文字編》（華東師範大學出版社，2003 年版）251 頁「受」字條。

的差別。我們認爲 B 字應隸定爲孳，楚簡中茲一般作𦥑，〔註24〕其所從的凵可能是羨符，B 應釋爲孳。

　　已有學者指出，《成之聞之》中的這句話見於《禮記・坊記》，而略有差異：

　　　　子云：觴酒豆肉，讓而受惡，民猶犯齒；衽席之上，讓而坐下，

　　民猶犯貴；朝廷之位，讓而就賤，民猶犯君。

對比來看，《成之聞之》中的「受孳」、「處賤」分別相當於《禮記・坊記》中的「坐下」、「就賤」，循此思路，我們認爲「受孳」應讀爲「受次」。《呂氏春秋・知分》「荊有次非者」之「次非」，《漢書》作「茲非」，《後漢書》作「茲飛」，所以從茲得聲的「孳」亦可讀爲「次」。退一步講，把 B 看作從「子」得聲，同樣也可以讀爲「次」。次有下等的、次要的等意，如《孫子兵法・謀攻》「凡用兵之法……全軍爲上，破軍次之」，《管子・法法》「太上以制制度，其次失而能追之，雖有過，亦不甚矣」。故「受次」與「處賤」、「坐下」、「就賤」等意思上是一致的。值得注意的是，《成之聞之》與《禮記・坊記》相比，少了「觴酒豆肉，讓而受惡」這句話，把 A 釋爲「受」，讀爲「讓而受次」，與「讓而受惡」句式相似。由此看來，《成之聞之》把《禮記・坊記》中的三個排比句省簡爲兩個，而對其文字也進行了合併也是有可能的。

　　在上博竹書（三）《彭祖》篇中出現了三次，被整理者釋爲「孳」的字，字作（以下以 C 代替）𣎆，其用法爲：

　　　　彭祖曰：「吁！汝 C 博問，余告汝人倫，曰：戒之毋驕，慎終

　　保勞。」【2】

　　　　耇老曰：「眊眊余朕 C，未則於天，敢問爲人？」彭祖曰：……

　　【3】

　　　　耇老二拜稽首曰：「朕 C 不敏，既得聞道，恐弗能守。」【8】

其中簡 2 中的此字右下方有「=」，原整理者認爲是重文符號，讀爲「孳孳」，研究者多從之，認爲「孳孳，不怠貌，古書多見，今作孜孜」。〔註25〕對於簡 3、8 中的「朕孳」，原整理者認爲即耇老之名，而季旭昇先生則提出了另一種可能，認爲簡 3 的「余朕」是第一人稱代詞，「孳」讀爲「茲」，訓

────────────────

〔註24〕參看李守奎《楚文字編》（華東師範大學出版社，2003 年版）250 頁「茲」字條。

〔註25〕李繡玲：《〈彭祖〉譯釋》，季旭昇主編《〈上海博物館藏戰國楚竹書（三）〉讀本》，萬卷樓圖書股份有限公司，2005 年版，257 頁。

爲今，簡 8 的「朕孳」即「吾今」。〔註26〕周鳳五先生也認爲簡 2 中的「孳孳」當讀爲「孜孜」，而把簡 3、簡 8 中的「朕孳」讀爲「沖子」，並引《尚書・洛誥》「公，明保予沖子」及「予沖子夙夜毖祀」爲證，認爲是「自謙之詞」。〔註27〕原整理者認爲「朕孳」即耇老之名並沒有明確的證據，難以讓人信從。至於季先生認爲「余朕」是第一人稱代詞的意見，主要依據是西周及春秋金文中有「余朕」、「朕吳」的例子，但正如其自己所言「這樣的例子很少，後一例學界也還有不同的解釋」，因此這種看法也只是一種可能。C 字在文中出現的位置，一處在「汝」後，兩處在「朕」後，而「汝」和「朕」都是人稱代詞，故其用法應該是一致的。再如周鳳五先生所言，把簡 3、簡 8 中的「朕孳」讀爲「沖子」，與《尚書・洛誥》中的「予沖子」作比較，簡 3 中的「余沖子」尚說得過去，但簡 8 的「沖子」則沒有前面的同位語，而這種用法則是很少見的，所以我們認爲周先生的看法也是有問題的。

上文提到的中山王器中的「幼」字，從幽從子，「幽」應是聲符，而幽與黝蚴蚴均可通假〔註28〕，故可讀爲「幼」。我們認爲 C 字上部所從的 **𢆶**，應釋爲絲，故 C 字從絲從子，《說文・𢆶部》：「幽，隱也。從山𢆶，𢆶亦聲。」可見「𢆶」本來就是「幽」的聲符，故 C 字也可讀爲「幼」。簡 2C 字右下方的「=」是合文符號而非重文符號，這種合文屬於包含性合文，應讀爲「幼子」，簡 2 應讀爲：

> 彭祖曰：「吁！汝幼子博問，余告汝人倫，曰：戒之毋驕，愼終保勞。

這種用法見於古書，如《逸周書・商誓》：「汝幼子庚厥心，庶乃來班朕大環，茲於有虞意。」而簡 3、簡 8 中的 C 字讀爲「幼」，作爲「朕」的修飾語，這兩句分別應斷讀爲：

> 耇老曰：「眊眊余，朕幼未則於天，敢問爲人？」彭祖曰：……

> 耇老二拜稽首曰：「朕幼不敏，既得聞道，恐弗能守。」

這種用法也常見於典籍，如《楚辭・招魂》：「朕幼清以廉潔兮，身服義而未沫。」《東觀漢記》：「宗廟至重，朕幼無知，瘻瘝憂懼。」《漢書・鄭崇傳》：

〔註26〕 季旭昇主編：《〈上海博物館藏戰國楚竹書（三）〉讀本》，255、271 頁。

〔註27〕 周鳳五：《上海博物館楚竹書〈彭祖〉重探》，《南山論學集——錢存訓先生九五生日紀念》，北京圖書館出版社，2006 年版，12 頁。

〔註28〕 高亨：《古字通假會典》，第 708 頁「幽字聲系」。

「朕幼而孤，皇太太后躬自養育，免於襁褓，教道以禮，至於成人，惠澤茂焉。」

下面順便討論楚簡中的兩個相關的字。

上博竹書（二）《容成氏》〔註29〕中有這樣一段話〔註30〕：

> 舜於是乎始免笠攜〔註31〕耨，芰芥而坐之。子堯南面，舜北面，舜【14】於是乎始語堯天地人民之道。【8】

關於這段話郭永秉先生認爲：

> 古人在郊外或田畝中雖並無條件設蓐席，但他們有退而求其次的辦法。這可以用下引古書的例子說明。《左傳・襄公二十六年》：「聲子將如晉，遇之（引按，指伍舉）於鄭郊，班荊相與食，而言復故。」杜注：「班，布也。布荊坐地，共議歸楚事。」《晏子春秋・諫下》：「景公獵休，坐地而食，晏子後至，左右滅葭而席。公不說，曰：『寡人不席而坐地，二三子莫席，而子獨搴草而坐之，何也？』晏子對曰：『臣聞介冑坐陳不席，獄訟不席，尸在堂上不席，三者皆憂也。故不敢以憂侍坐。』公曰：『諾。』令人下席曰：『大夫皆席，寡人亦席矣。』」這是說，在外田獵休息時，齊景公等人皆坐在地上，唯獨晏子拔草爲席而坐，引起景公不悅。《墨子・備梯》記載禽滑釐身處艱苦條件（「手足胼胝」、「役身給使」）時，墨子與他「昧葵坐之」，談守城備梯之法（這與《容成氏》記載堯舜對話的情節很相似）。孫詒讓認爲《備梯》的「昧葵」當讀爲「滅茅」，與《晏子春秋》的「滅葭」意同。其說可信。這幾條材料既說明在外沒有條件正式布席，也說明設席而坐對古人的重要性。我認爲，聯繫古人在野外扯草爲席的習慣，以《戰國策》記堯舜「席壟畝」爲根據，《容成氏》的「芰芥而坐之」當與「班荊相與食」、「滅葭而席」、「搴草而坐之」、「昧葵坐之」相近，應該是說舜停下手中的農活，以草爲席讓堯坐在上面。〔註32〕

〔註29〕馬承源主編：《上海博物館藏戰國楚竹書（二）》，上海古籍出版社，2002年版。

〔註30〕竹簡的編連和釋文參考了各家的說法，具體情況可參看拙文《〈容成氏〉研究》（華南師範大學碩士學位論文，指導教師：白於藍教授，2007年）。

〔註31〕關於「攜」字的釋讀參看下節。

〔註32〕郭永秉：《讀〈六德〉、〈子羔〉、〈容成氏〉札記三則》，簡帛網，2006年5月26日。

這種看法應該是可信的。我們要討論的是句中的「子」字，原整理者屬下讀，認爲是對堯的尊稱。郭永秉先生認爲當讀爲虛詞「茲」，在句中當「作承上啓下的詞用」，並引王引之《經傳釋詞》中的相關論述爲證。後又引裘錫圭先生的看法，懷疑這個「子」字是涉簡 13「乃及邦子」的「子」字而衍。簡 13 的「子」出現在「堯」字前，後來抄到下一句的「堯」時，又抄成了「子堯」。又引沈培先生的看法，懷疑可徑讀爲「使」，「子堯南面」就是「使堯南面」。〔註 33〕參考前面的論述，我們認爲「子」字應屬上讀，「子」應讀爲「次」，典籍常見子與茲通假，而茲又可與次相通，〔註 34〕故子與次亦可相通。「（子）次」在句中的用法與我們前面討論的《成之聞之》中「𡥈（次）」的用法相同，也是指席之次位，「堯南面，舜北面」正是對這種坐法的補充說明，古人南面爲尊，北面爲卑。整句話應讀爲：

> 舜於是乎始免笠，攜耨芡芥而坐之次，堯南面，舜北面。舜【14】
> 於是乎始語堯天地人民之道。【8】

上博楚竹書（五）《競建內之》簡 1〔註 35〕：

> 坴，隰朋與鮑叔牙從。日既，公問二大夫：「日之食也，曷爲？」
> 鮑叔牙答曰：「星變。」子曰：「爲齊……

句中的「子」字，原整理者屬下讀，而未作說明。關於此句的斷讀學者各有不同的意見，李學勤先生認爲，「子曰」的「子」字是「公」字之誤〔註 36〕，此說難以讓人信服。吳國源先生認爲簡 1、2 應連讀爲〔註 37〕：

> 鮑叔牙答曰：「星變，子曰：『爲齊，兵』。」

但簡 1、2 連讀是有問題的。〔註 38〕吳先生總結了各家的看法，大致分爲三種：一、讀爲「星使子」或「星弁子」，認爲是星占家之名；二、讀「子」爲「災」

〔註 33〕參看郭永秉：《讀〈六德〉、〈子羔〉、〈容成氏〉札記三則》，簡帛網，2006 年 5 月 26 日。

〔註 34〕參看高亨《古字通假會典》（齊魯書社，1989 年版）【子與茲】（427 頁）、【茲與次】（429 頁）。

〔註 35〕馬承源主編：《上海博物館藏戰國楚竹書（五）》，上海古籍出版社，2005 年版。

〔註 36〕李學勤：《試釋楚簡〈鮑叔牙與隰朋之諫〉》，《文物》2006 年第 9 期。

〔註 37〕吳國源：《〈上博（五）·競建內之〉「日既」考釋》，《簡帛》第二輯，上海古籍出版社，2007 年版，273 頁。

〔註 38〕參看陳劍先生（《談談〈上博（五）〉的竹簡分篇、拼合與編聯問題》，簡帛網，2006 年 2 月 18 日）和李學勤先生（《試釋楚簡〈鮑叔牙與隰朋之諫〉》）的編連意見。

或「茲（此）」，「災日」之說推測此處爲星占之書的引述，「茲（此）日」之說則強調此處爲經師解經習語；三、維持原釋文基本句讀，僅將「子曰爲齊」歸入鮑叔牙所引用語」。〔註39〕這三種讀法都存在問題，文意難通。

我們認爲「子」也應該讀爲「次」，訓爲次序，屬上讀：

> 坴，隰朋與鮑叔牙從。日既，公問二大夫：「日之食也，曷爲？」

> 鮑叔牙答曰：「星變次。」曰：「爲齊……

「星變次」是鮑叔牙回答齊桓公的「日之食也，曷爲」之問的，而「曰：『爲齊……』」則是齊桓公的進一步詢問，主語承前省略。「星變次」指星辰變亂了運行次序，在古人看來這是上天對人世特別是統治者的警戒，所以才有後文的鮑叔牙與隰朋對齊桓公的進諫。後文提到的「雨平地至膝」和「日旆」之災可能也與此次「星變次」有關。〔註40〕《後漢書·顯宗孝明帝》：「夫春者，歲之始也。始得其正，則三時有成。」注：「正謂日月五星不失其次也。三時謂春、夏、秋。」可參。

第二節　上博竹書研究

一、讀上博竹書札記

上博楚簡自公佈以來引起了學者們的廣泛注意，各家研究成果豐富了我們對楚文字的認識。筆者在研讀這批竹簡的過程中，偶有所得，現在寫下來，懇請方家指正。

（一）

上博竹書（二）《容成氏》第14簡：

> 舜於是乎始免藝（笠）开檷（耨），荂（芰）价（芥或萵）而坐

之。〔註41〕

〔註39〕吳國源：《〈上博（五）·競建内之〉「日既」考釋》，272頁。

〔註40〕此從陳劍先生和李學勤先生的意見，《競建内之》和《鮑叔牙與隰朋之諫》應合爲一篇。

〔註41〕「笠」字從陳劍（《上博楚簡〈容成氏〉與古史傳說》，臺灣中央研究院史語所「中國南方文明研討會」論文，2003年）釋，「芰」、「芥（或萵）」從郭永秉（《讀〈六德〉、〈子羔〉、〈容成氏〉札記三則》，簡帛網，2006年5月26日）釋，此段文字的斷句亦從郭永秉說。

其中「开」字，原形作「⫯⫯」，整理者將之隸定爲「𣲖」，認爲似當讀作「斸」，指出斸是用來挖土的斤類農具，古書也叫「劤斸」。《國語‧齊語》「惡金以鑄鉏、夷、斤、斸，試諸壤土」，其中的「斸」就是這種農具。〔註42〕陳劍先生將該字釋爲「开」而無說。〔註43〕何琳儀先生也釋爲「开」，認爲當讀「肩」，並據《書‧盤庚》僞孔《傳》訓作「任」。〔註44〕范常喜先生則將此字釋爲「关」，讀爲「卷」。〔註45〕

按，就字形而言，將「⫯⫯」隸定爲「𣲖」或釋爲「开」似均可從〔註46〕，但楚簡中「宔（主）」字很常見，所從之「主」從未有見繁化爲「𣲖」者，可見將「⫯⫯」隸定爲「𣲖」不確，而且從文義上看，「⫯⫯」在簡文中是用作動詞，故整理者解釋作名詞顯然與文義不符。楚簡中「关」及從「关」之字亦很常見，〔註47〕字形與此明顯不符，可見將此字釋爲「关」亦顯然是錯誤的。

郭店竹書《語叢四》17、18 簡有「若蚔蝱（蚔）之足，衆而不害，割而不僕」語，其中「蚔」字作「蚔」，其上部所從與「⫯⫯」相同；又包山楚簡 120 有一「𧍓」字，《說文》引「䀛」字異體正作上下結構，與包山簡中的字形相同，可見「⫯⫯」字當從陳劍、何琳儀兩先生釋作「开」。但筆者認爲何琳儀先生讀作「肩」似仍有未安，郭永秉先生就曾指出，簡文之「耤」恐怕就是用來芟草的，因此「开」字讀爲「肩」似與下文芟芥不甚協。〔註48〕從上下文義分析，郭先生這一看法是有道理的。

筆者認爲，「开」當讀爲「撊」，《說文》：「䀛，蔽人視也。從目开聲。讀若撊手。」即其例。《說文》：「撊，提也。」《玉篇‧手部》：「撊，持也。」據此，簡文就可讀爲「舜於是乎始免笠撊耤，芟芥而坐之」，意思是舜摘下斗笠，持耤芟草而坐。

〔註42〕馬承源主編：《上海博物館藏戰國楚竹書（二）》，上海古籍出版社，2002 年版，261 頁。

〔註43〕陳劍：《上博簡〈容成氏〉的竹簡拼合與編連問題小議》，《上博館藏戰國楚竹書研究續編》，上海書店出版社，2004 年版，329 頁。

〔註44〕何琳儀：《滬簡二冊選釋》，簡帛研究網，2003 年 1 月 14 日。

〔註45〕范常喜：《上博二〈容成氏〉簡 14 補說》，簡帛網，2006 年 1 月 14 日。

〔註46〕參看何琳儀《句吳王劍補釋——兼釋冡、主、开、丂》（《第二屆國際中國古文字學研討會論文集》，香港中文大學，1993 年版，249 頁）；另參李守奎《楚文字編》（華東師範大學出版社，2003 年版）第 460 頁「宔」字條。

〔註47〕參看李守奎《楚文字編》第 159 頁「关」字條、第 788 頁「券」字條。

〔註48〕郭永秉：《讀〈六德〉、〈子羔〉、〈容成氏〉札記三則》，簡帛網，2006 年 5 月 26 日。

（二）

上博竹書（五）《弟子問》第 10 簡整理者釋文如下：

> 汝弗知也乎？繇，夫以眾犯難，以親受服，勞以成事，色以佢
>
> 官，士戝以力則緤，以☐

關於「繇」字，整理者說：「繇，即繇，見於西周金文。《爾雅·釋詁》：『繇，
於也。』郭璞注：『繇，辭。』古文獻中與『猶』或『迪』通用，一般出現於
句首，間亦見於句子中間，多用爲語氣或歎詞。字或通『由』，如郭店楚簡《六
德》第七簡：『〔不〕繇（由）其道，雖堯求之弗得也。』」〔註49〕

「繇」字又見於同篇第 17 簡：

> 「☐弗王，善矣，夫焉能王人繇。」子過曹，☐〔註50〕

此「繇」字出現在句末，且下有墨釘，是一章的結束。這一點與整理者所說「繇」
字「一般出現於句首，間亦見於句子中間，多用爲語氣或歎詞」顯然不符，
但整理者對此未作解釋。

《弟子問》主要是記述孔子與弟子的問答，形式頗類《論語》，其中就有
不少孔子直呼弟子之名的語句，如：

> 子【12】曰：「韋（回），來，虐（吾）告女（汝）。其組襹（絕？）
>
> 虔（乎）？隹（雖）多睹（聞）而不督（友）取（賢），其☐【15】
>
> 〔註51〕

> ☐風也，嬰（亂）節而悽（哀）聖（聲）。曹之喪，其必此虔（乎）？
>
> 韋（回）！【4】〔註52〕

> 宰我昏（問）「君子＝（子」。子）曰：「余（予），女（汝）能
>
> 斬（慎）旨（始）與終，斯善歇（矣），爲君子虔（乎）？【11】女
>
> （汝）安（焉）能也。」【24】〔註53〕

> 子游（遊）曰：「又（有）陘（施）之胃（謂）也虔（乎）？」

〔註49〕馬承源主編：《上海博物館藏戰國楚竹書（五）》，上海古籍出版社，2005 年版，
273～274 頁。

〔註50〕陳劍指出第 17 簡下應接第 20 簡，「子過曹」是記另外一件事，參陳劍《談
談〈上博（五）〉的竹簡分篇、拼合與編聯問題》，簡帛網，2006 年 2 月 19
日。

〔註51〕簡 12 與簡 15 可拼合是陳劍的意見，參上注陳劍文。

〔註52〕此從陳劍（《談談〈上博（五）〉的竹簡分篇、拼合與編聯問題》）斷句，陳劍
同時指出本簡可能次於第 20 簡之後，「言末復呼顏淵之名『回』」。

〔註53〕編聯從陳劍說（《談談〈上博（五）〉的竹簡分篇、拼合與編聯問題》）。

子曰：「旟（偃）☒」【4】〔註54〕

上引四段文句中的「韋（回）」即顏回，「余（予）」即宰我，「旟（偃）」即子游。準此，筆者認爲上引第10、17兩簡中之「繇」字整理者讀作「由」是可取的，但並非如其所說是「用爲語氣詞或歎詞」，而是皆用作人名，即孔門弟子中字子路之仲由。此兩簡應都是孔子與子路的對話，且都是講爲政之事。典籍中亦常見子路問政之事，如《論語・子路》：「子路問政，子曰：『先之，勞之。』請益，曰：『無倦。』」可參。此外，《史記・仲尼弟子列傳》：「政事：冉有，季路（即子路）。」亦可參。

《論語》中亦常見孔子直呼子路之名的語句，如：

> 《論語・爲政》：「子曰：『由！誨女知之乎？知之爲知之，不
> 知爲不知，是知也。』」

> 《論語・公冶長》：「孟武伯問：『子路仁乎？』子曰：『不知也。』
> 又問，子曰：『由也，千乘之國，可使治其賦也，不知其仁也。』」

由此可見，第10、17兩簡中之「繇」讀爲「由」，指子路，應該是合理的，故此兩簡應分別改讀爲：

> 汝弗知也乎？繇（由）！夫以眾犯難，以親受服，勞以成事，
> 色以徂官，士戕以力則埶，以☒

> 「☒弗王，善矣，夫焉能王人？繇（由）！」子過曹，☒

（三）

上博竹書（五）《鮑叔牙與隰朋之諫》簡5：

> 公沽（固）弗譏（察），人之生（性）三：食、色、息。

其中的「息」字原作「息」形，整理者釋爲「息」，讀爲「憂」，「公」屬上讀，將這句話斷爲「沽弗譏（僕）人之生，三食色憂」，認爲「色憂」指「憂愁之色」。〔註55〕陳劍先生把「譏」讀爲「察」，斷讀爲「公沽弗察。人之生，三食色憂」。〔註56〕李學勤先生把「沽」讀爲「固」，「譏」讀爲「察」，斷讀

〔註54〕「旟」字從陳劍（《〈上博（五）〉零箚兩則》，簡帛網，2006年2月21日）讀。隸定從白於藍師說。

〔註55〕馬承源主編：《上海博物館藏戰國楚竹書（五）》，上海古籍出版社，2005年版，187頁。

〔註56〕陳劍：《談談〈上博（五）〉的竹簡分篇、拼合與編聯問題》，簡帛網，2006年2月19日。

爲「公固弗察人之生，三食色憂」。〔註 57〕周波先生斷讀爲「人之生（性）三，食、色、憂」，認爲「生（性）」當是本性之義，指人天生所具有的秉性，「憂」當是憂患義。並認爲郭店竹書《語叢一》簡 110「食與色與疾」之「疾」當與此處「憂」義近，並當爲「憂患」義。〔註 58〕蘇建洲先生指出古文字中「百」、「自」常見互相訛混，故此字釋爲「憂」應該也是有可能性的，「憂」有疾、病之義。蘇建洲先生還同意周波先生的斷句，認爲簡文「人之生（性）三，食、色、憂」，都是人的「生理」方面的反映，與郭店竹書《語叢一》簡 110：「食與色與疾」可以呼應。〔註 59〕李天虹先生將該字釋爲「息」，認爲其上部所從可能就是「自」。《廣雅・釋言》：「息，休也。」《墨子・非樂上》：「勞者不得息。」認爲簡文之「息」當即此義，並把「沽」讀爲「姑」，斷讀爲「公姑弗察。人之生（性）三：食、色、息」，認爲簡文講「食」、「色」、「息」三者是「人之性」，可能與 4 號簡所說「縱公之所欲」有關。〔註 60〕但隨後李天虹先生又放棄了這一觀點，認爲此字有可能是「息」字，但不是「休止」之「息」，而是指「子嗣」或「繁衍後嗣」，與豎刁「自殘」、易牙「食子」之事有關，且與《齊太公世家》所記「自宮以適君，非人情」、「殺子以適君，非人情」的語意是相符的。〔註 61〕林誌鵬先生同意李天虹先生釋「🐦」爲「息」，認爲「息」或可破讀爲「愒」，訓爲休息，簡文舉食、色二者爲人性所欲，即《孟子・告子上》「食、色，性也」之意，也即《禮記・禮運》所云「飲食男女，人之大欲存焉。」簡文「人之性三，食、色、息」乃扣緊前後文而言，前文云豎刁與易牙「日逞於縱」以至「疲弊齊邦」、「百姓怨恨」乃使民無休息也；後文謂「豎刁匹夫而欲知萬乘之邦而貴（潰）尹（腝）」乃棄絕男女之事；易牙食子則又過度放縱口腹之欲而至滅絕親情，凡此皆違背人性之事。〔註 62〕

綜合以上各家意見，筆者認爲將「沽」讀爲「固」，「𧧪」讀爲「察」，「🐦」釋爲「息」，「生」讀爲《孟子・告子上》「食、色，性也」之「性」，都是正

〔註 57〕李學勤：《試釋楚簡〈鮑叔牙與隰朋之諫〉》，《文物》2006 年第 9 期。

〔註 58〕周波：《上博五札記（三則）》，簡帛網，2006 年 2 月 26 日。

〔註 59〕蘇建洲：《上博（五）柬釋（一）》，簡帛網，2006 年 2 月 27 日。

〔註 60〕李天虹：《上博五〈競〉、〈鮑〉篇校讀四則》，簡帛網，2006 年 2 月 20 日。

〔註 61〕李天虹：《再談〈鮑叔牙與隰朋之諫〉中的「息」字》，簡帛網，2006 年 3 月 1 日。

〔註 62〕林誌鵬：《楚竹書〈鮑叔牙與隰朋之諫〉補釋》，簡帛網，2007 年 7 月 13 日。

確的，故此句應斷讀爲「公沽（固）弗諜（察），人之生（性）三：食、色、息」。

　　關於此句話中「息」字的解釋，李天虹先生先後給出了兩種意見，一是把息訓爲休，認爲其可能與 4 號簡所說「縱公之所欲」有關，一是認爲息指「子嗣」或「繁衍後嗣」，與豎刁「自殘」、易牙「食子」之事有關。筆者認爲李天虹先生的前一種看法即把息訓爲休是正確的。林誌鵬先生雖然同意李天虹先生將此字釋爲「息」的意見，且也訓爲休息，但他認爲此處的「息」是指由於豎刁與易牙「日逞於縱」以至「疲弊齊邦」、「百姓怨恨」乃使民無休息，卻是有問題的。筆者認爲，「息」與「食、色」的主體都是桓公，而非豎刁與易牙。從整篇文義看〔註 63〕，簡文主要是講鮑叔牙與隰朋向桓公進諫之事，主要內容爲桓公先荒於政事，在聽了鮑叔牙與隰朋的勸諫後，積極地有所作爲，並成功地攘除了災害和疾病，所以筆者認爲簡文之「食、色、息」所針對的主體應該是桓公，而非豎刁和易牙。先看「食」，林誌鵬先生認爲此處的「食」是指易牙食子則又過度放縱口腹之欲，顯然是錯誤的。所謂的「易牙食子」指的應是桓公好美味，易牙爲了取悅桓公就蒸了自己的兒子給桓公吃，而不是易牙吃了自己的兒子，更無所謂「過度放縱口腹之欲」。此事典籍多有記載，如《韓非子·二柄》「桓公好味，易牙蒸其首子而進之」等。再看「色」，林誌鵬先生認爲此處的「色」是指「豎刁匹夫而欲知萬乘之邦而貴（潰）尹（朘）」乃棄絕男女之事，既然「棄絕男女之事」，也就無所謂「色」了。此處的「色」應指《競建內之》第 9 簡的桓公「擁華孟子以馳於郊市」之事。〔註64〕所以，筆者認爲「息」字不必破讀，「息」即休息、安逸享樂之意，亦即簡文所述桓公各種縱欲享樂之事。休息或安逸享樂作爲人的本性見於典籍，如《荀子·性惡篇》「若夫目好色，耳好聽，口好味，心好利，骨體膚理好愉佚，是皆生於人之情性者也；感而自然，不待事而後生之者也。」《孟子·盡心下》「口之於味也，目之於色也，耳之於聲也，鼻之於臭也，四肢之於安佚也，性也，有命焉，君子不謂性也。」可參。

　　至於郭店竹書《語叢一》110 簡的「食與色與疾」，雖然上文殘缺，但食、

〔註63〕從陳劍意見（《談談〈上博（五）〉的竹簡分篇、拼合與編聯問題》，簡帛網，2006 年 2 月 19 日），《鮑叔牙與隰朋之諫》與《競建內之》合爲一篇。

〔註64〕參看李學勤《試釋楚簡〈鮑叔牙與隰朋之諫〉》（《文物》2006 年第 9 期）及趙平安《「進芋傗子以馳於倪廷」解》（簡帛網，2006 年 3 月 31 日）。

色、疾三者並稱則是很明顯的，已有多位學者指出其與此處的「食、色、息」有關，這是值得注意的。《說文》：「息，喘也。從心從自，自亦聲。」上古音自、疾俱爲從母質部字，雙聲疊韻，當可相通，故此處的「食、色、息」與郭店竹書《語叢一》的「食與色與疾」顯然是一句話的不同說法。另，郭店竹書《緇衣》有「✿」字，整理者將其釋爲「息」，此字在今本《緇衣》中作「疾」，可參。

（四）

　　上博竹書（五）中的《季康子問於孔子》是一篇非常重要的儒家文獻，關於本篇竹簡的編聯，陳劍先生已在《談談〈上博（五）〉的竹簡分篇、拼合與編聯問題》一文中談了很好的意見。〔註65〕這裡，筆者擬在陳劍先生編聯的基礎上，就本篇簡11和簡18的編聯問題談一點自己的看法。

　　簡11和簡18都是由上下兩段簡綴合而成，陳劍先生已指出「簡11和18上下兩段連讀文意不通，也應該拆分開」。從整體文義上看，這一意見顯然可信。故簡11和簡18實際是由四段殘簡組成，可分別稱之爲簡11上、11下和簡18上、18下。原整理者根據契口的位置認爲簡11下殘掉一「曰」字，筆者認爲此處殘掉的當是一個虛詞，簡11下當和簡18上連讀，「孔子□辭曰」是孔子對季康子要求其「疏肥也」而回答的。現將連讀後的的文字釋寫如下：

　　　　康子曰：「毋乃肥之昏也，是佐乎？故如吾子之疋（疏）肥也。」

　　　　孔子□【11下】辭曰：「子之言也已重。丘也聞君子【18上】

「昏」整理者釋爲「胡塗」，可從；「疋」字，何有祖先生指出「此處當直接隸作『疋』而讀作『疏』」，〔註66〕是指季康子請求孔子疏導自己；「辭」訓謙讓，表示孔子的謙虛；關於「重」字，陳偉先生指出：「此處當以讀爲『重』爲是。『已重』是古人習語。《左傳》宣公十一年云：『牽牛以蹊者，信有罪矣。而奪之牛，罰已重矣。』《國語・吳語》『吳王夫差還自黃池』章云：『子爲我禮已重矣。』是其例。『子之言也已重』，是說你的話說得嚴重了。」〔註67〕

〔註65〕陳劍：《談談〈上博（五）〉的竹簡分篇、拼合與編聯問題》，簡帛網，2006年2月19日。
〔註66〕何有祖：《上博五零釋（二）》，簡帛網，2006年2月24日。
〔註67〕陳偉：《〈季康子問孔子〉零識（續）》，簡帛網，2006年3月2日。

二、竹書《容成氏》補議

《上海博物館藏戰國楚竹書（二）》中的《容成氏》篇主要記述了上古帝王的事迹，內容十分重要。自公佈以來，學者多有研究，筆者在研讀此篇的過程中發現有些問題仍有探討的必要，本書擬在各家研究的基礎上，就此篇的編聯、篇題、學派歸屬等問題談一點自己的看法，敬請方家指正。

編　聯

《容成氏》篇共有完、殘簡 50 餘支，是上博楚簡中篇幅較長的幾篇之一。由於竹簡的編繩已殘掉，且竹簡本身多有殘斷，因此竹簡的拼合與編聯便成了研究的第一步工作。原整理者李零先生根據文意做了初步的拼合與編聯，爲後來的研究打下了基礎。

竹簡公佈後，不少學者對本篇編聯進行了進一步的調整，其中陳劍先生的調整方案取得的成果最大，得到了較多學者的認同。陳劍先生重新編連後的簡序爲：1～3，35B，4～7+43，9～11+13～14+8+12+23+15+24～30+16～21+31～32+22+33～34+35A+38～41+36～37+42+44～53。〔註68〕

陳劍先生的編聯方案基本可取，但個別地方仍需調整。原整理者認爲簡21 與簡 22 之間有缺簡，二者不能連讀，陳劍先生從之，並把簡 31、32 置於簡 21、22 之間。白於藍師認爲二者之間沒有缺簡，可以連讀，指出「簡 21『衣不鮮美，食不重味，朝不車逆，春不穀米，饗（？）不折骨』都是四字句，若與簡 31 相連，則『制孝厚』變成三字句，讀起來很不順暢。今依原釋文中將簡 21 與簡 22 相連後，『製表皮專』亦成四字句，讀起來較爲順暢。」〔註69〕另外，郭永秉先生釋出了簡 32 與簡 5 中的一個之前未釋出的人名「有虞迵」，認爲是堯之前的一位上古帝王，進而整理出一個編聯組：35B+43，31～32，4～5。〔註70〕

〔註68〕陳劍：《上博簡〈容成氏〉的竹簡拼合與編連問題小議》，上海大學古代文明研究中心、清華大學思想文化研究所編《上博館藏戰國楚竹書研究續編》，上海書店出版社，2004 年版，327～334 頁。陳麗桂（《談〈容成氏〉的列簡錯置問題》，《上博館藏戰國楚竹書研究續編》，335～345 頁）和王志平（《〈容成氏〉中制樂諸簡的新闡釋》，《上博館藏戰國楚竹書研究續編》，397～411 頁）也談到了部分竹簡的編聯問題，或不確，或不出陳劍先生編連的範圍，不贅述。

〔註69〕白於藍：《〈上博簡（二）〉〈容成氏〉編連問題補議》，《華南師範大學學報（社會科學版）》2004 年第 4 期。

〔註70〕郭永秉：《從上博楚簡〈容成氏〉的「有虞迵」說到唐虞史事的疑問》，簡帛

在以上諸家排列的基礎上，筆者認爲還有兩處簡序存在調整的可能。

第一處是簡 7 的綴合與編聯問題。簡 7 是由上下兩段綴合而成的，筆者認爲這兩段竹簡不能綴合，應分爲 7A、7B 兩部分，7B 應接在簡 43 之後。先把簡 6、7 的釋文抄錄如下（釋文按寬式，下同）：

> 昔堯處於丹府與藋陵之間，堯賤施而眚＝（時時）賣，不勸而民力，不刑殺而無盜賊，甚緩而民服。於是乎方【6】百里之中，率天下之人就，奉而立之，以爲天子。於是乎方圓千里，於是乎持板正立，四向陝和，懷以來天下之民。【7】

原整理者認爲「方圓千里」下脫「之中」二字，「於是乎持板正立」的「於是乎」是衍文，〔註71〕這樣看似合理，實際上卻存在著很大的問題。首先，作爲抄本雖然會存在脫漏或衍文，但整體來看並不太多，何以在這一支簡中的問題會如此之多？其次，「方圓千里」以現代語法來看是很通順，但在先秦文獻中沒有這樣的用法。查先秦文獻可知，一般說「方百里」、「方千里」，而不說「方圓百里」、「方圓千里」。上文即作「方百里之中」，而非「方圓百里之中」。細看放大圖版，斷折處剛好在「方圓千里」的「里」字的下面，只要與上文的「里」字對比一下，就可看出，此處所謂的「里」字實際上並非「里」字，中間沒有一豎筆，下部也沒有兩橫，整理者可能是把殘簡的折痕當作兩橫了。所謂的「圓」字釋讀也有問題〔註72〕。從《容成氏》篇的上下文看，每敘述完一位古代帝王的善政之後，都用「於是乎」引領一段說明其政績成效的話，而簡 35B 所述的這位古代帝王，若按原來的編排卻沒有這樣的一段話，所以，筆者認爲簡 7 應分開，其下半段應接在簡 43 之後，其內容爲：

> ☐☐氏之有天下，厚愛而薄斂焉，身力以勞百姓。【35B】其政治而不賞，官而不爵，無勵於民，而治亂不☐。故曰：賢及☐☐【43】
> ☐☐於是乎持板正立，四向陝和，懷以來天下之民。【7B】

這樣，「於是乎持板正立，四向陝和，懷以來天下之民」，可以看作是簡 35B 所述的這位古代帝王實行善政而帶來的成效，與《容成氏》篇所述其他帝王的情況一致。

研究網，2005 年 11 月 7 日。

〔註71〕馬承源主編：《上海博物館藏戰國楚竹書（二）》，上海古籍出版社，2002 年版，第 256 頁。

〔註72〕「圓」字作🖤形，其內部是一填實的口字，與楚文字中一般的圓字寫法不同（參見李守奎《楚文字編》，華東師範大學出版社，2003 年版，377 頁）。

第二處是簡 10、11 的連讀問題。先將釋文抄錄如下：

　　　　堯以天下讓於賢者，天下之賢者莫之能受也。萬邦之君皆以其

邦讓於賢【10】▱□□□賢者，而賢者莫之能受也。於是乎天下之

人，以【11】堯為善興賢，而卒立之。

簡 11 是殘簡，只有下半段，應當接在此處是沒問題的。這支殘簡的上部有一
段大約可容三個字的空白，但此段竹簡與別處相比明顯發白，字迹無法辨識，
遍查《容成氏》篇的竹簡，唯有此處出現這種情況，這不能不令人生疑。再
從內容看，簡 11 現只有 18 個字，按每支整簡 42～45 字計算，其上當有 24～
27 字，但從文意的連貫性看，似乎容不下這麼多字。若此處沒有文字，直接
連讀，反而更合適：

　　　　堯以天下讓於賢者，天下之賢者莫之能受也。萬邦之君皆以其

邦讓於賢【10】〈賢〉者，而賢者莫之能受也。於是乎天下之人，以

【11】堯為善興賢，而卒立之。

但這樣就多出一個「賢」字，結合此段竹簡明顯發白的情況看，筆者推測，
簡 11 的上半段可能是抄錯了，被發現後用刀刮去，〔註73〕也就是說其上本無
字，這樣恰好和第 10 簡連讀。至於多出的那個「賢」字，可能是漏刮了，或
者故意留下以便標明與上文連讀。當然還有一種可能，讓賢分為三個等級，
還有比「萬邦之君」更低一級的「君長」讓賢的內容，但從字數統計上來看，
尚少 5～8 字，故仍不排除刮去字的可能。

　　綜上所述，本篇共有完殘簡 55 支，筆者的編聯方案為：1～3，35B+43+7B，
31～32，4～7A，9～11+13～14+8，12+23+15+24～30+16～22，33～34，35A+38
～41+36～37，42+44～53。這 55 支簡，除了篇題「容成氏」（簡 53 背）外，
筆者認為大致可分為 8 個編聯組：

第一組：1、2、3；

第二組：35B、43、7B；

第三組：31、32、4、5、6、7A；

第四組：9、10、11、13、14、8；

第五組：12、23、15、24、25、26、27、28、29、30、16、17、18、19、

〔註73〕此類情況亦見於《上海博物館藏戰國楚竹書（五）》（上海古籍出版社，2005
　　　年版）的《鬼神之明》篇，其簡 1 的中間有一段空白，整理者指出「簡面存
　　　有刪削痕迹」，「原有一段文字已被刪去，簡面現留白，顯然是抄寫後被發現
　　　是衍文而刪去」（311 頁），可參看。

20、21、22；

　　第六組：33、34；

　　第七組：35A、38、39、40、41、36、37；

　　第八組：42、44、45、46、47、48、49、50、51、52、53。

篇　題

　　第53簡背面，寫有「訟城氏」三字，與正文中上古帝王皆作「某某是（氏）」有所不同，整理者李零先生認為此三字應當就是篇題，從文意推測，應是取篇首上古帝王中的第一個的名字作篇題，「訟城氏」應即《莊子・胠篋》所述上古帝王中的第一人「容成氏」，但首簡殘缺。〔註74〕

　　黃人二先生不同意這種看法，他認為「簡文云古氏部分之竹簡，非必定排在最前」，又根據《漢書・藝文志》中陰陽二十一家有《容成子》十四篇，房中八家有《容成陰陽》二十六卷，指出「簡文之命名體例，殆為余嘉錫所言之『古書多無大題，後世乃以人名其書』，以其為自己名篇，故修正云『以人名其書』則可」。〔註75〕邴尚白先生贊同此說，指出「在簡文中，篇題『訟城氏（氏）』末字與上古帝王皆寫作『某某是（氏）』不同，應該就是為了區別一般姓氏及遠古傳說帝王。因此，本篇篇題當為託傳說中史官之容成氏以著述，而非『拈篇首帝王名中的第一個名字而題之』」。〔註76〕

　　筆者認為，整理者李零先生的說法是可靠的。首先，《容成氏》篇是按時代順序敘述的，其順序為上古帝王－堯舜禹－夏商周三代，上古帝王的「古氏部分之竹簡」應排在最前是可以肯定的。《容成氏》是流行於楚地的戰國文獻，值得注意的是該篇所述上古帝王與《莊子・胠篋》篇極為相似，且《莊子・胠篋》所述的上古帝王第一人就是「容成氏」。同屬楚地文獻的《淮南子》，也是同樣的情況。〔註77〕「容成氏」作為上古帝王的第一人應是楚地的一種普遍的看法，那麼《容成氏》是取篇首上古帝王中的第一人的名字作篇題的可能性應該是很大的。

　　其次，誠如邴尚白先生所說，此篇篇名作「訟城氏（氏）」，與篇中上古

〔註74〕馬承源主編：《上海博物館藏戰國楚竹書（二）》，249頁。

〔註75〕黃人二：《讀上博藏簡〈容成氏〉書後》，簡帛研究網，2003年1月15日。

〔註76〕邴尚白：《〈容成氏〉的篇題及相關問題》，上海大學古代文明研究中心、清華大學思想文化研究所編《上博館藏戰國楚竹書研究續編》，第369～370頁。

〔註77〕參看陳劍《上博楚簡〈容成氏〉與古史傳說》，臺灣中央研究院史語所「中國南方文明研討會」論文，2003年。

帝王名作「某某是（氏）」不同。但是，筆者留意到，從字體看，「訟城氏」三字與正文顯然非同一人所書寫。推測看來，可能是古書多單篇流傳，往往無篇題，收藏者爲了方便查找閱讀，一般取篇首數字命名，或標明來歷，或標明所屬主人，這樣造成正文與篇題非一人所書寫也是可能的。〔註78〕所以，用字習慣及字體的不同並不能說明《容成氏》的篇名並非取自篇首古帝王中的第一個的名字作篇題。

再次，余嘉錫先生所說的「以人名其書」者，如《莊子》、《荀子》、《韓非子》等，指的是書名，而非篇名。《漢書・藝文志》中的以「容成」命名者，一是陰陽家之《容成子》十四篇，一是房中家之《容成陰陽》二十六卷，二者亦皆是書名而非篇名。古書中篇名的命名方式主要有兩種，一是概括全篇要旨而爲篇名，一是摘篇首一二句爲篇名。〔註79〕以《莊子》一書爲例，《逍遙遊》、《齊物論》等屬於前者，《胠篋》、《天地》等屬於後者。驗之出土文獻，《上海博物館藏戰國楚竹書》第二冊中的《子羔》，篇題也寫於簡背，經裘錫圭先生重新編排後，寫有篇題的簡排在倒數第三簡，情況與《容成氏》相類，〔註80〕按李學勤先生的編排，也是如此。〔註81〕而《子羔》篇的篇題也是取篇首二字爲篇名。所以，不能因《漢書・藝文志》中有以「容成」命名者，就得出《容成氏》篇也是「以人名其書」者。

最後，從內容所屬的思想傾向來看，見於《漢書・藝文志》中的以「容成」命名者，一是陰陽家之《容成子》十四篇，一是房中家之《容成陰陽》二十六卷，而《容成氏》主要講述堯舜禹禪讓及湯武革命，其性質顯然不同。余嘉錫先生對「以人名其書」者所作的解釋爲，「古人著書，多單篇別行；及其編次成書，類出於門弟子或後學之手，因推本其學之所自出，以人名書」。〔註82〕若說屬於陰陽家的《容成子》和屬於房中家的《容成陰陽》勉強可以歸爲同類的話，很難想像思想性質迥然不同的《容成氏》會與之出自同門。

〔註78〕類似的情況還見於《上海博物館藏戰國楚竹書（五）》（上海古籍出版社，2005年版）中的《竟建內之》，其篇題和正文亦非一人所書，一般認爲篇題是收藏者所書。

〔註79〕余嘉錫：《余嘉錫說文獻學》，上海古籍出版社，2001年版，190頁。

〔註80〕裘錫圭：《談談上博簡〈子羔〉篇的簡序》，《上博館藏戰國楚竹書研究續編》，9頁。

〔註81〕李學勤：《楚簡〈子羔〉研究》，《上博館藏戰國楚竹書研究續編》，13頁。

〔註82〕余嘉錫：《余嘉錫說文獻學》，190頁。

學派歸屬

李零先生把《容成氏》的基本內容概括爲：「三代以上，皆授賢不授子，天下艾安；三代以下，啓攻益，湯伐桀，文、武圖商，則禪讓之道廢而革命之說起。前後適成對比。」〔註83〕從全篇來看，雖然本篇也用了很大的篇幅講史事，但其最突出的特徵還是講尚賢、禪讓、革命，顯然是想論說某種思想，而不是單純的說史。先秦諸子百家中，主張尚賢、禪讓的主要是儒墨兩家，所以關於本篇的學派歸屬也主要有兩種意見，或認爲屬於儒家，或認爲屬於墨家。另外，還有個別學者認爲應屬於縱橫家或春秋家。

就目前來看，主張屬於儒家的有姜廣輝、梁韋弦、王暉、王青等先生。姜廣輝先生認爲，「堯舜禪讓和湯武革命是早期儒家的兩個基本思想。《容成氏》簡文把它表達得淋漓盡致。堯舜禪讓，傳賢不傳子，是上上之策。否則傳子不傳賢，最後會招致暴力革命，政權被推翻。湯武革命實爲下下之策，是不得已而爲之的最後手段」，「從思想傾向來看，《容成氏》應屬於儒家作品」。〔註84〕梁韋弦先生是從《唐虞之道》、《子羔》、《容成氏》三篇的關係入手來討論這一問題的，他認爲《唐虞之道》應出自戰國時期儒家後學之手。其理由是，「雖孔墨俱道堯舜，皆言尚賢，但墨家反對儒家的親親有術，愛有差等，而《唐》文則極重親親之道，故顯非墨家之言……儒家自孔子即形成了『祖述堯舜，憲章文武』的學派特徵，雖然孔子的現實政治選擇是周制，但戰國儒家後學中有人激於對諸侯爭權奪利造成的社會苦難的不堪忍受，幻想通過復行古時的禪讓來解決問題，這並非不可理解的。《唐》文所使用語言，如仁義、親親、尊尊等，全然是儒家的口氣，這是沒有任何問題的。」以此爲依據，他進而指出，「《唐虞之道》、《容成氏》、《子羔》三篇之中，《子羔》篇所記爲孔子與子羔的對話，該篇屬戰國儒家之作是明確的。《子羔》篇既主要討論堯舜禹禪讓的，即可表明戰國儒家中確有人專門講堯舜禹禪讓問題，而戰國別家諸子，雖亦言及堯舜禹禪讓之事，但尚未發現這樣專門討論這個問題的篇章。如此看來，戰國時期認眞講禪讓問題的當是儒家後學。那麼，與《子羔》篇同時出土的楚竹書《容成氏》也應當是儒家的作品，戰國提倡禪讓學說的當是儒家後學中人。就《容成氏》的內容來看，其中列舉到的堯、

〔註83〕李零：《〈容成氏〉釋文考釋》，馬承源主編《上海博物館藏戰國楚竹書（二）》，249頁。
〔註84〕姜廣輝：《上博藏簡〈容成氏〉的思想史意義》，簡帛研究網，2003年1月9日。

舜、禹、湯、文王、武王，又正與戰國儒家稱舉前代聖王的習慣提法相同……
將儒家祖述堯舜的傳統與《子羔》篇的作者及三篇簡文內容結合起來看，《唐
虞之道》與《容成氏》也都應是戰國儒家的作品。」〔註85〕與梁韋弦先生相
似，王暉先生也是從《唐虞之道》、《子羔》、《容成氏》三篇的關係入手來討
論這一問題的，他認為「郭店與上博楚簡更明確反映了早期儒家學派對堯舜
時代的崇拜及對堯舜禪讓行為的推崇」，「三篇都是早期儒家文獻」。〔註86〕王
青先生通過對本篇與《大戴禮記‧少閒》、《墨子‧非攻》的比較，及本篇個
別簡文與儒、墨兩家思想的比較，指出「上博簡《容成氏》是戰國時期儒家
七十子後學述古史以講理論的一篇作品。它雖然吸收了墨家、縱橫家的一些
思想因素，但總體思路和主題思想並未超出儒家學派的基本理論範疇。《容成
氏》篇的性質應當肯定為儒家七十子後學的作品。」〔註87〕

　　主張屬於墨家的有趙平安、史黨社、郭永秉等先生。趙平安先生認為，《容
成氏》篇中的堯舜禹禪讓，「其德酋清，而上愛下，而一其志，而寢其兵，而官
其材」，文王佐紂等體現了墨家兼愛、尚賢、非攻等思想；桀之伐岷山氏娶女、
為傾宮、為瓊室、為瑤臺、為玉門，紂之為九成之臺，「為酒池，厚樂於酒，溥
夜以為淫」，皆與墨家非攻、非樂、節用的主張相違背，是《墨子》經常援引的
反面例子；至於其中的湯伐桀、武王伐紂，因為墨子說「彼非所謂攻，謂誅也」
（《墨子‧非攻下》），所以「誅」也是墨子所認同的，「因此由《容成氏》簡文
的敘事過程看來，確實反映了明確的墨家思想傾向。」「但是它和《墨子》各篇
的風格還是有所不同。《墨子》各篇有比較集中的主題，論說色彩很濃，舉例簡
明扼要。《容成氏》則以順序敘述古代帝王的傳說來闡述自己的理念。形式更為
古樸，素材更為詳備」。因此，他進而指出，《容成氏》的性質，「如果不是早期
墨家的作品，就應該是墨家講學時講義一類的東西。」〔註88〕史黨社先生同意
趙平安先生的觀點，認為「《容成氏》的最早來源，有可能就是墨子本人的
論述」。〔註89〕郭永秉先生從考證第33簡的內容入手，認為其內容「☐亂泉。

〔註85〕梁韋弦：《郭店簡、上博簡中的禪讓學說與中國古史上的禪讓制》，《史學集刊》
　　　　2006 年第 3 期。
〔註86〕王暉：《出土文字資料與五帝新證》，《考古學報》2007 年第 1 期。
〔註87〕王青：《論上博簡〈容成氏〉篇的性質與學派歸屬問題》，《河北學刊》第 27
　　　　卷第 3 期，2007 年 5 月。
〔註88〕趙平安：《楚竹書〈容成氏〉的篇名及性質》，《華學》第六輯，紫禁城出版社，
　　　　2003 年版，76～77 頁。
〔註89〕史黨社：《讀上博簡〈容成氏〉小記》，簡帛研究網，2003 年 3 月 6 日。

所曰聖人，其生易養也，其死易葬，去苛愿，是以爲名」講的是「禹下葬時，墓壙下部不絕泉水的意思，這和《墨子‧節葬下》的說法完全相同，而用詞則和《說苑‧反質》、《漢書‧楊王孫傳》一致」，並認爲「裘錫圭先生指出 33 號、34 號簡文『禹……見皋陶之賢也，而欲以爲後』跟《墨子‧尙賢下》的說法相同〔註90〕，亦是一證。」「從篇幅角度而言，《容成氏》對禹的作爲記載得最爲詳細；33 號簡還對禹的節用、節葬行爲也進行了詳細記載，並予以『聖人』的評價（《莊子‧天下》云「墨子稱道曰：『……禹大聖也，而行勞天下也如此』，是墨家稱禹爲『聖』的明證），我們覺得很難否認這些內容與墨家學說之間的聯繫。這可以爲趙平安等先生的說法添上一條比較有說服力的證據。」〔註91〕

主張屬於縱橫家的主要是李學勤先生，他認爲「《容成氏》講古代的禪讓和古史傳說，可能與戰國時期縱橫家們的宣傳有關」，「《戰國策‧燕策一》載鹿毛壽等人勸燕王噲讓位於其相子之，所發言論可以與此相對照。另外，郭店簡《唐虞之道》似乎也是類似，可能都是一些縱橫家們的作品」。〔註92〕梁韋弦先生不同意這種看法，他說，「雖然戰國時期曾發生蘇代、鹿毛壽之流縱橫家勸燕王噲讓國於子之之事，但這些人勸燕王噲讓國是以讓國爲權術，其實又是子之輩等的陰謀，此外再不見縱橫家人物有什麼認眞談禪讓的言論，這與《唐》文認眞提倡實行禪讓的肯切論述迥乎不同，且考《戰國策》及馬王堆《戰國縱橫家書》所記縱橫家之言論，皆攻戰謀取之術，以當前利益爲立說之本，故《唐》文通篇仁義道德，乃至認眞提倡禪讓的種種迂闊之論，斷非縱橫家之言」。〔註93〕梁韋弦先生的說法應該是正確的。

主張屬於春秋家的主要是黃人二先生，他認爲本篇「簡文云古氏部分之竹簡，非必定排在最前」，又根據《漢書‧藝文志》中陰陽二十一家有《容成子》十四篇，房中八家有《容成陰陽》二十六卷，指出「簡文之命名體例，殆爲余嘉錫所言之『古書多無大題，後世乃以人名其書』，以其爲自己名篇，

〔註90〕裘錫圭先生此說見於《新出土先秦文獻與古史傳說》（《北京大學中國古文獻研究中心集刊（四）》，北京大學出版社，2004 年版；收入《中國出土古文獻十講》，復旦大學出版社，2004 年版），但裘先生並沒有主張《容成氏》屬於墨家。

〔註91〕郭永秉：《從〈容成氏〉33 號簡看〈容成氏〉的學派歸屬》，簡帛網，2006 年11 月 7 日。

〔註92〕李學勤：《簡帛書籍的發現及其意義》，收入《中國古代文明研究》，華東師範大學出版社，2005 年版，307、313 頁。

〔註93〕梁韋弦：《郭店簡、上博簡中的禪讓學說與中國古史上的禪讓制》，《史學集刊》2006 年第 3 期。

故修正云『以人名其書』則可」，進而指出依性質或容可列《漢書》卷三十《藝文志》春秋家中。〔註94〕對此問題，筆者認為原整理者李零先生的說法是可靠的，即本篇是「拈篇首帝王名中的第一個名字而題之」的，而非「以人名其書」，參上節所論。黃先生的立論基礎已不可靠，故其在此基礎上認為本篇屬於春秋家的說法也是無需辯駁的。

從以上引述的各家說法可以看出，主張屬於儒家的學者皆是把《容成氏》篇作為一個整體為出發點，並注意到了其與郭店簡、上博簡中的相關文獻的聯繫，而主張屬於墨家的學者皆是把《容成氏》篇的個別文句與典籍的對照，從而得出《容成氏》屬於墨家的結論。筆者認為後者的論證方式是有問題的，因為先秦時期諸子百家的爭鳴，看似相互對立，但實際上又相互影響，有所交融，各家據以立論的史實基本相同，只是取捨不同而已，〔註95〕即韓非所謂的「孔子、墨子俱道堯舜，而取捨不同，皆自謂真堯舜。堯舜不復生，將誰使定儒墨之誠乎」（《韓非子·顯學》）。對於《容成氏》這樣寓理於史的篇章，不能僅根據個別文句就斷定其學派歸屬。梁韋弦先生對此問題有段很精彩的話，「有的學者見《容成氏》講禹『始行以儉，衣不鮮美，食不重味，朝不車逆』，即曰此『與墨家尚儉節用學說合拍』；見《唐虞之道》中有『養性』的說法，即曰此『與道家養生理論相接近』；見其中有『時命』一語，即曰其『觀念又與縱橫家有類似處』，故曰『禪讓學說應當是戰國時期百家思想融合的一個典型』。按，孔子曾盛讚禹之『菲飲食』、『惡衣服』、『卑宮室』，孟子曾大講『存其心，養其性』，《易傳》則屢言『時』、『命』，按著論者的思考邏輯，則孔子似墨，孟子似道，而《易傳》則類縱橫家言矣！依我看，這種考慮問題的方法恐怕是有問題的。」〔註96〕這是很有道理的。裘錫圭先生也曾指出，「在將簡帛古書與傳世古書（包括同一書的簡帛本和傳本）相對照的時候，則要注意防止不恰當的『趨同』和『立異』兩種傾向。」〔註97〕裘先生雖然講的是文獻學上的問題，但對此問題也同樣適用。筆者認為僅根據個別

〔註94〕黃人二：《讀上博藏簡〈容成氏〉書後》，簡帛研究網，2003 年 1 月 15 日。

〔註95〕可參看羅根澤《由〈墨子〉引經推測儒墨兩家與經書之關係》（《羅根澤說諸子》，上海古籍出版社，2001 年版）中的相關論述。

〔註96〕梁韋弦：《郭店簡、上博簡中的禪讓學說與中國古史上的禪讓制》，《史學集刊》2006 年第 3 期。

〔註97〕裘錫圭：《中國古典學重建中應該注意的問題》，《北京大學中國古文獻研究中心集刊（二）》，北京燕山出版社，2001 年版，收入《中國出土古文獻十講》，復旦大學出版社，2004 年版，8 頁。

文句就斷定其屬於墨家的做法，是一種「不恰當的趨同」。

　　筆者認爲《容成氏》應當屬於儒家文獻，在前引各家分析的基礎上，再試作補充探討如下：

　　首先，儒墨兩家皆講禪讓，〔註98〕但又有所不同，顧頡剛先生認爲，「堯、舜禪讓的故事，我們敢說是墨家創造的。但墨家還不曾想到舜、禹禪讓的故事……舜、禹禪讓說大約是儒家添出來的」〔註99〕童書業先生進而指出「堯、舜禪讓爲較早之傳說，至舜、禹禪讓則《墨子》書未言，蓋儒家所增飾者也……舜、禹禪讓之說始明見於《孟子》」，〔註100〕簡文既講堯、舜禪讓，又講舜、禹禪讓，應屬於儒家。

　　其次，清儒宋恕認爲，「儒家宗旨有二：尊堯舜以明君之宜公舉也；稱湯武以明臣之可廢君也。」〔註101〕《容成氏》篇充分論述了儒家的這兩個宗旨，簡文「在反覆的敘述中，『讓』和『五讓』的觀念被一再凸現出來。『讓』，乃爲君之德；『五讓』，禮也。必五讓而後成就禪讓之君道，足見作者懷抱儒家道德主義的政治情懷。」〔註102〕文王聽到九邦叛亂的消息後，說的是「雖君無道，臣敢勿事乎？雖父無道，子敢勿事乎？孰天子而可反？」（46簡）這種強調君臣父子之道的語氣顯然是儒家的學說。武王伐紂時所講的話也與儒家經典文獻（如《詩》《書》）相一致。

　　最後，從目前出土的郭店簡、上博簡等先秦文獻來看，儒家文獻最多，道家次之，其他各家很少。出土文獻中屬於墨家文獻的，似乎只有上世紀50年代信陽長臺關出土的楚簡中的一篇佚文和《上海博物館藏戰國楚竹書》第五冊中的《鬼神之明》，但也有不同意見。〔註103〕學者大都認爲《唐虞之道》、

〔註98〕關於禪讓說的起源，顧頡剛先生認爲起源於墨家（《禪讓傳說起於墨家考》，《顧頡剛古史論文集》第一冊，中華書局，1988年版），李存山先生傾向起源於儒家（《反思經史關係：從「啓攻益」說起》，《中國社會科學》2003年第3期），裘錫圭先生對此有專門的論述（《新出土先秦文獻與古史傳說》，《北京大學中國古文獻研究中心集刊（四）》，北京大學出版社，2004年版；收入《中國出土古文獻十講》，復旦大學出版社，2004年版），可參看。

〔註99〕顧頡剛：《禪讓傳說起於墨家考》，《顧頡剛古史論文集》第一冊，中華書局，1988年版，316、319頁。

〔註100〕童書業：《春秋左傳研究》，中華書局，2006年版，14頁。

〔註101〕轉引自姜廣輝《上博藏簡〈容成氏〉的思想史意義》，簡帛研究網，2003年1月9日。

〔註102〕丁四新：《楚簡〈容成氏〉「禪讓」觀念論析》，簡帛網，2005年11月8日。

〔註103〕參看李學勤《長臺關竹簡中的〈墨子〉佚篇》（《簡帛佚籍與學術史》，江西教育出版社，2001年版）和曹錦炎《〈鬼神之明〉釋文考釋》的「前言」（《上

《子羔》屬於儒家文獻，《容成氏》所反映的思想與二者一致，其屬於儒家文獻也應該是可以確定的。

綜上所述，筆者認為，從顧頡剛、童書業兩位先生對儒墨兩家典籍記載的堯舜禹禪讓之不同的分析、本篇敘述史事的語氣及楚地出土的大量先秦文獻之類別等方面來看，《容成氏》篇屬於儒家文獻應該是無可置疑的。

附：據楚簡文字釋讀金文一例

侯馬盟書有一字作 A 形，李家浩先生根據朱德熙先生的意見把這個字釋為弁，並把信陽楚簡中的 B 字釋為筓，〔註104〕這一釋讀已成為定論，為學界普遍接受。田河先生結合出土實物指出，筓是一種盛物的竹器，《禮記·昏義》：「婦執筓」，陸德明《經典釋文》：「筓，器名。以葦若竹為之，其形如筥，衣之以青繒，以盛棗栗腶脩之屬。」可見筓是以葦、若、竹編織而成，表面覆繒的一種竹筥。主要用來盛果品、肉食等。從上引簡文看筓還盛梳篦、玉佩、巾幘等，可見筓的用途很廣，這與楚墓發現竹筥的盛物情況相吻合。包山二號墓出竹筥69 件，其中有盛板栗、梳子、牛羊豬雞等肉食品以及絲織物的。〔註105〕

趙平安先生指出，甲骨文中過去釋為危的 C 字，也應該釋為弁，並根據其在甲骨文中的用法讀為「卞」（弁覍通用，卞是弁的異體），是古地名，《漢書·地理志》有卞縣。同時，趙平安先生還指出，C 很可能是筓的本字，包山楚簡中的 D 字都應釋為筓，是一種盛器。〔註106〕這些意見顯然都是正確的。甲骨文中有一字作 E，唐蘭先生釋為「璞」，「像兩手舉辛（或省為一手），撲玉於甾，於山足之意」。〔註107〕林澐先生指出：

> 在湖北大冶銅綠山礦坑中發現的採礦工具，使我們知道了古人
> 使用一種套有金屬刃口的鑿形工具，這種鑿形工具有的很大，最大

海博物館藏戰國楚竹書（五）》，上海古籍出版社，2005 年版），其他學者有不同意見，如前文提到的楊澤生先生的看法，丁四新先生認為，「《墨子》一書中的墨家鬼神觀，與此篇（《鬼神之明》）竹簡其實並不相同，墨子『鬼神之明必知之』與竹簡『鬼神有所明，有所不明』的觀點是相互排斥的」，「認為它是……《墨子》佚文的觀點，很可能都是不正確的」（《上博楚簡〈鬼神〉篇注釋》，簡帛網，2006 年 5 月 7 日）。

〔註104〕 李家浩：《釋「弁」》，《古文字研究》第 1 輯，中華書局，1979 年版。

〔註105〕 田河：《出土戰國遣冊所記名物分類彙釋》，吉林大學博士學位論文，2007 年6 月，236 頁。

〔註106〕 趙平安：《釋甲骨文中的「⿱」和「⿱」》，《文物》2000 年第 8 期。

〔註107〕 唐蘭：《殷墟文字記》，中華書局，1981 年版，46 頁。

的刃寬達 40cm 以上，據《銅綠山古礦遺址》分析，在豎直安裝木
柄進行發掘時，「可兩人持柄合力撞擊礦石」。想必在採玉作業中使
用的工具亦與之類似，和這種「辛」形工具共出的還有大量竹編的
筐簍，可作爲字形中的「甾」旁的實證。〔註108〕

林澐先生結合考古實物對 E 字的分析十分精彩，筆者認爲 E 字中所謂的「甾」
旁就是楚簡中「笲」字的象形初文。

A1 ▨　A2 ▨　A3 ▨

B ▨

C1 ▨　C2 ▨

D1 ▨　D2 ▨　D3 ▨　D4 ▨

E1 ▨　E2 ▨

F ▨

李家浩先生已指出金文中有一字作 F，見於弭中瑚：「弭中（仲）F 壽」，
認爲「F 壽」猶「眉壽」，當是長壽的意思，疑 F 當釋爲「弁」，讀爲「曼」，
弁、曼古音同屬寒部幫系字。《漢書‧禮樂志》：「世曼壽」，顏師古注：「曼，
延也。」〔註109〕可從。另外，F 還見於師酉簋、師詢簋，皆用爲地名，疑即
見於甲骨文的 C 字，當讀爲「卞」，如上引趙平安先生的釋讀。

筆者想討論的是金文中的 ▨字（以下以 H 代替），見於免盤：

唯五月初吉，王在周，命作冊內史賜免鹵百 H。（下略）

郭沫若先生指出此處所賜的是鹽鹵，H 大約是盛鹵之器〔註110〕，可從。H 字
《金文編》作爲不識字歸入附錄，注：「李旦丘釋畚，從臼從夕（引按：當爲
從臼從又）爲羨文，《廣雅》：『畚，瓶也。』」〔註111〕另外還有釋獲、釋畚、
釋市等說法，〔註112〕皆誤。「笲」字在包山楚簡中的用法，我們可以以 258
號爲例：桃脯一笲，僻脩一笲，炙雞一笲。比較可知，H 右下所從與 A1 相同，
其語法位置與包山楚簡中的「笲」字相同，故筆者認爲 H 亦應釋爲「笲」，在

〔註108〕林澐：《究竟是「剪伐」還是「撲伐」》，《古文字研究》第 25 輯，中華書局，
　　　　2004 年版。

〔註109〕李家浩：《釋「弁」》，《古文字研究》第 1 輯。

〔註110〕郭沫若：《兩周金文辭大系圖錄考釋（二）》，《郭沫若全集（考古編）》第八卷，
　　　　科學出版社，2002 年版，199 頁。

〔註111〕容庚：《金文編》，中華書局，1985 年版，1268 頁。

〔註112〕參看周法高等編著《金文詁林附錄》（香港中文大學出版社，1977 年）第 2436
　　　　～2438 頁。

銘文中用爲盛鹵之器，與田河先生的論述相合。

　　金文中還有一字作▨字（以下以 J 代替），見於耳尊：

　　　　唯五月初吉，辰在辛卯，侯格於耳 J，侯休於耳，賜臣十家。（下

　　略）

J 字內部右邊所從亦與 A1 相同，疑在此作爲聲符，待考。

參考文獻

B

1. 白於藍：《〈容成氏〉編連問題補議》，《華南師範大學學報》2004 年 4 期。
2. 白於藍：《上博簡〈曹沫之陳〉新編釋文》，簡帛研究網，2005 年 4 月 10 日。
3. 白於藍：《〈曹沫之陳〉新編釋文及相關問題探討》，《中國文字》新三十一期，藝文印書館，2006 年。
4. 白於藍：《讀郭店簡瑣記（三篇)》，《古文字研究》第二十六輯，中華書局，2006 年版。
5. 白於藍：《簡牘帛書通假字字典》，福建人民出版社，2008 年版。
6. 白於藍：《〈簡牘帛書通假字字典〉部分按語的補充說明》，《新果集——慶祝林澐先生七十華誕論文集》，科學出版社，2009 年版。
7. 白於藍：《利用郭店楚簡校讀古書二例》，「紀念徐中舒先生誕辰 110 週年學術研討會」論文，2009 年。
8. 白於藍：《清華簡〈保訓〉篇竹簡編連問題芻議》，復旦大學出土文獻與古文字研究中心編《中國古文字研究會第十九屆學術年會散發論文合集》，2012 年 10 月。
9. 白於藍：《戰國秦漢簡帛古書通假字彙纂》，福建人民出版社，2012 年版。

C

1. 曹峰：《上博楚簡思想研究》，萬卷樓圖書股份有限公司，2006 年版。
2. 草野友子：《關於上博楚簡〈武王踐阼〉中誤寫的可能性》，復旦大學出土文獻與古文字研究中心網，2009 年 9 月 22 日。
3. 陳鼓應：《老子注譯及評介》，中華書局，1984 年版。

4. 陳來：《竹帛〈五行〉爲子思、孟子所作論》，《竹帛〈五行〉與簡帛研究》，三聯書店，2009 年版。

5. 陳劍：《說慎》，《簡帛研究二 00 一》，廣西師範大學出版社，2001 年版。

6. 陳劍：《據郭店簡釋讀西周金文一例》，《北京大學古文獻研究中心集刊（二）》，北京燕山出版社，2001 年版。

7. 陳劍：《郭店簡〈窮達以時〉、〈語叢四〉的幾處簡序調整》，《國際簡帛研究通訊》第二卷第五期，2002 年。

8. 陳劍：《〈孔子詩論〉補釋一則》，《國際簡帛研究通訊》第二卷第三期，2002 年。

9. 陳劍：《上博簡〈子羔〉、〈從政〉篇的竹簡拼合與編連問題小議》，《文物》2003 年第 5 期。

10. 陳劍：《據戰國竹簡文字校讀古書兩則》，「第四屆國際中國古文字學研討會」論文，2003 年。

11. 陳劍：《上博楚簡〈容成氏〉與古史傳說》，臺灣中央研究院史語所「中國南方文明研討會」論文，2003 年。

12. 陳劍：《上博竹書〈仲弓〉篇新編釋文（稿）》，簡帛研究網，2004 年 4 月 18 日。

13. 陳劍：《上博簡〈容成氏〉的竹簡拼合與編連問題小議》，上海大學古代文明研究中心、清華大學思想文化研究所編《上博館藏戰國楚竹書研究續編》，上海書店出版社，2004 年版。

14. 陳劍：《上博竹書〈曹沫之陳〉新編釋文（稿）》，簡帛研究網，2005 年 2 月 12 日。

15. 陳劍：《釋上博竹書〈昭王毀室〉的「幸」字》，《漢字研究》第一輯，學苑出版社，2005 年版。

16. 陳劍：《談談〈上博（五）〉的竹簡分篇、拼合與編聯問題》，簡帛網，2006 年 2 月 19 日。

17. 陳劍：《釋「琮」及相關諸字》，「中國簡帛學國際論壇 2006」論文。

18. 陳劍：《郭店簡〈尊德義〉和〈成之聞之〉的簡背數字與其簡序關係的考察》，《簡帛》第二輯，上海古籍出版社，2007 年版。

19. 陳劍：《釋上博竹書和春秋金文的「羹」字異體》，「中國簡帛學國際論壇2007」論文。

20. 陳劍：《〈上博（六）·孔子見季桓子〉重編新釋》，復旦大學出土文獻與古文字研究中心網，2008 年 3 月 22 日。

21. 陳劍：《〈上博（三）·仲弓〉剩義》，《簡帛》第三輯，上海古籍出版社，2008 年版。

22. 陳劍：《試說戰國文字中寫法特殊的「亢」和從「亢」諸字》，未刊稿。

23. 陳夢家：《由實物所見漢代簡冊制度》，《漢簡綴述》，中華書局，1980 年版。

24. 陳夢家：《汲塚竹書考》，《尚書通論（外二種）》，河北教育出版社，2000 年版。

25. 陳斯鵬：《上海博物館藏楚簡〈曹沫之陳〉釋文校理稿》，簡帛研究網，2005 年 2 月 20 日。

26. 陳斯鵬：《〈柬大王泊旱〉編聯補議》，簡帛研究網，2005 年 3 月 10 日。

27. 陳斯鵬：《楚系簡帛中字形與音義關係研究》，中國社會科學出版社，2011 年版。

28. 陳松長編著：《香港中文大學文物館藏簡牘》，香港中文大學文物館，2001 年版。

29. 陳松長：《湖南新出戰國楚璽考略（四則）》，「第四屆國際中國古文字學研討會」論文，香港中文大學，2003 年 10 月。

30. 陳偉：《郭店竹書別釋》，湖北教育出版社，2002 年版。

31. 陳偉：《〈昭王毀室〉等三篇的幾個問題》，《出土文獻研究》第七輯，上海古籍出版社，2005 年版。

32. 陳偉：《〈君子爲禮〉9 號簡的綴合問題》，簡帛網，2006 年 3 月 6 日。

33. 陳偉等：《楚地出土戰國簡冊〔十四種〕》，經濟科學出版社，2009 年版。

34. 陳偉：《楚簡冊概論》，湖北教育出版社，2012 年版。

35. 程鵬萬：《簡牘帛書格式研究》，吉林大學博士學位論文，指導教師：吳振武教授，2006 年 6 月。

36. 程鵬萬：《釋〈仲弓〉第 16 簡的「小人」》，《古文字研究》第 26 輯，中華書局，2006 年 11 月版。

37. 程鵬萬：《釋朱家集鑄客大鼎銘文中的「鳴腋」》，《江漢考古》2008 年第 1 期。

38. 程鵬萬：《試說朱家集銅器銘文中的「集既鑄」》，《古籍整理研究學刊》2009 年第 4 期。

39. 程鵬萬：《上博三〈彭祖〉第 4 簡的歸屬與拼合》，復旦大學出土文獻與古文字研究中心網，2010 年 1 月 17 日。

40. 池田知久：《郭店楚簡〈老子〉——形成階段的〈老子〉最古文本》，《池田知久簡帛研究論集》，中華書局，2006 年版。

41. 池田知久：《郭店楚簡〈窮達以時〉研究》，《池田知久簡帛研究論集》，中華書局，2006 年版。

D

1. 鄧少平：《由簡背數字論郭店〈成之聞之〉「天常」章的位置》，復旦大學出土文獻與古文字研究中心網，2010 年 3 月 22 日。

2. 丁四新：《郭店楚墓竹簡思想研究》，東方出版社，2000 年版。

3. 丁原植：《郭店竹簡〈老子〉釋析與研究》，萬卷樓圖書股份有限公司，1999 年增修版。

4. 董珊：《戰國題銘與工官制度》，北京大學博士學位論文，2002 年。

5. 董珊：《讀〈上博藏戰國楚竹書（四）〉雜記》，簡帛研究網，2005 年 2 月 20 日。

F

1. 范常喜：《上博二〈容成氏〉簡 14 補說》，簡帛網，2006 年 1 月 14 日。

2. 范常喜：《上古漢語方言詞新證舉隅》，復旦大學出土文獻與古文字研究中心網，2010 年 2 月 19 日。

3. 凡國棟：《〈上博六〉楚平王逸篇初讀》，簡帛網，2007 年 7 月 9 日。

4. 馮勝君：《從出土文獻談先秦兩漢古書的體例（文本書寫篇）》，《文史》2004 年第 4 輯。

5. 馮勝君：《有關戰國竹簡國別問題的一些前提性討論》，《古文字研究》第二十六輯，中華書局，2006 年版。

6. 馮勝君：《二十世紀古文獻新證研究》，齊魯書社，2006 年版。

7. 馮勝君：《從出土文獻看抄手在先秦文獻傳佈過程中所產生的影響》，「2008 年國際簡帛論壇」論文，芝加哥大學國際學社。

8. 馮勝君：《郭店簡與上博簡對比研究》，線裝書局，2008 年版。

9. 馮勝君：《試說東周文字中部分「嬰」及從「嬰」之字的聲符——兼釋甲骨文中的「瘦」和「頸」》，「出土文獻與傳世典籍的詮釋——紀念譚樸森先生逝世兩週年國際學術研討會」論文，復旦大學，2009 年 6 月。

10. 馮勝君：《從出土文獻看抄手在先秦文獻傳佈過程中所產生的影響》，《簡帛》第四輯，上海古籍出版社，2009 年版。

11. 馮勝君：《出土材料所見先秦古書的載體以及構成和傳佈方式》，復旦大學出土文獻與古文字研究中心網，2010 年 8 月 18 日。

12. 鳳儀誠：《古代簡牘形式的演變——從葬物疏說起》，「2008 年國際簡帛論壇」論文。

13. 鳳儀誠：《戰國兩漢「于」「於」二字的用法與古書的傳寫習慣》，《簡帛》第二輯。

14. 復旦大學出土文獻與古文字研究中心研究生讀書會：《〈上博七・武王踐

作〉校讀》，復旦大學出土文獻與古文字研究中心網，2008 年 12 月 30 日。

15. 復旦大學出土文獻與古文字研究中心研究生讀書會：《清華簡〈程寤〉簡序調整一則》，復 旦大學出土文獻與古文字研究中心網，2011 年 1 月 5 日。

16. 復旦吉大古文字專業研究生聯合讀書會：《上博八〈子道餓〉校讀》，復旦大學出土文獻與古文字研究中心網，2011 年 7 月 17 日。

17. 福田哲之：《郭店楚簡〈語叢三〉之再探討》，《中國出土文獻與戰國文字之研究》，萬卷樓圖書股份有限公司，2005 年版。

18. 福田哲之：《上博四〈內禮〉附簡、上博五〈季康子問於孔子〉第十六簡的歸屬問題》，簡帛網，2006 年 3 月 7 日。

19. 福田哲之：《別筆和篇題——〈上博（六）所收楚王故事四章的編成〉》，簡帛網，2008 年 11 月 15 日

G

1. 高亨：《古字通假會典》，齊魯書社，1989 年版。

2. 高明：《中國古文字學通論》，北京大學出版社，1996 年版。

3. 顧頡剛：《禪讓傳說起於墨家考》，《顧頡剛古史論文集》第一冊，中華書局，1988 年版。

4. 顧史考：《論郭店楚簡的研究方法及方向》，艾蘭、邢文編《新出簡帛研究》，文物出版社，2004 年版。

5. 顧史考：《古今文獻與讀者之喜新厭舊》，劉笑敢主編：《中國哲學與文化》第六輯，廣西師範大學出版社，2009 年版。

6. 顧史考：《以戰國竹書重讀〈古書通例〉》，《簡帛》第四輯，上海古籍出版社，2009 年版。

7. 顧史考：《郭店楚簡〈尊德義〉篇簡序調整三則》，復旦大學出土文獻與古文字研究中心網，2010 年 12 月 15 日。

8. 顧史考：《郭店楚簡先秦儒書宏微觀》，上海古籍出版社，2012 年版。

9. 谷中信一：《從郭店老子看今本老子的形成》，《郭店楚簡國際學術研討會論文集》，湖北人民出版社，2000 年版。

10. 廣瀨薰雄：《郭店楚簡〈尊德義〉和〈成之聞之〉的簡背數字補論》，簡帛網，2008 年 2 月 19 日。

11. 郭沂：《郭店竹簡與先秦學術思想》，上海教育出版社，2001 年版。

12. 郭永秉：《從上博楚簡〈容成氏〉的「有虞迵」說到唐虞史事的疑問》，簡帛研究網，2005 年 11 月 7 日。

13. 郭永秉：《關於〈競建〉和〈鮑叔牙〉的字體問題》，簡帛網，2006 年 3

月 5 日。

14. 郭永秉：《讀〈六德〉、〈子羔〉、〈容成氏〉札記三則》，簡帛網，2006 年 5 月 26 日。

15. 郭永秉：《從〈容成氏〉33 號簡看〈容成氏〉的學派歸屬》，簡帛網，2006 年 11 月 7 日。

H

1. 何琳儀：《句吳王劍補釋——兼釋冢、主、开、丂》（《第二屆國際中國古文字學研討會論文集》，香港中文大學，1993 年版。

2. 何琳儀：《戰國文字通論（訂補）》，江蘇教育出版社，2003 年版。

3. 何琳儀：《滬簡二冊選釋》，簡帛研究網，2003 年 1 月 14 日。

4. 河南省文化局文物工作隊第一隊：《我國考古史上的空前發現：信陽長臺關發掘一作戰國墓》，《文物參考數據》，1957 年第 9 期。

5. 河南省文化局文物工作隊：《河南信陽楚墓出土文物圖錄》，河南人民出版社，1959 年版。

6. 河南省文物研究所：《信陽楚墓》，文物出版社，1986 年版。

7. 何有祖：《慈利竹書與今本〈吳語〉試勘》，簡帛網，2005 年 12 月 26 日。

8. 侯乃峰：《〈周易〉文字彙校集釋》，臺灣古籍出版有限公司出版，2009 年版。

9. 湖北省博物館：《曾侯乙墓》，文物出版社，1989 年版。

10. 湖北省荊門市博物館：《荊門郭店一號楚墓》，《文物》1997 年第 7 期。

11. 湖南省文物考古研究所、慈利縣文物保護管理研究所：《湖南慈利石板村 36 號戰國墓發掘簡報》，《文物》1990 年第 10 期。

12. 湖南省文物考古研究所、慈利縣文物保護管理研究所：《湖南慈利縣石板村戰國墓》，《考古學報》1995 年第 2 期。

13. 胡平生：《簡牘制度新探》，《文物》2000 年第 3 期。

14. 黃德寬：《戰國楚竹書（二）釋文補正》，《上博館藏戰國楚竹書研究續編》。

15. 黃傑：《新見有關郭店簡〈尊德義〉等篇編聯的重要信息》，簡帛網，2013 年 6 月 6 日。

16. 黃金貴：《古代文化詞義集類辨考》，上海教育出版社，1995 年版。

J

1. 季旭昇主編：《〈上海博物館藏戰國楚竹書〉讀本》，萬卷樓圖書股份有限公司。

2. 荊門市博物館：《郭店楚墓竹簡》，文物出版社，1998 年版。

K

1. 康少峰：《〈詩論〉簡制、簡序及文字釋讀研究》，四川大學博士學位論文，指導教師：彭裕商教授，2005 年。

L

1. 來國龍：《論戰國秦漢寫本書化中文本的流動與固定》，《簡帛》第二輯，上海古籍出版社，2007 年版。

2. 李家浩：《釋「弁」》，《古文字研究》第一輯，中華書局，1979 年版。

3. 李家浩：《關於郭店〈老子〉乙組一支殘簡的拼讀》，《中國文物報》，1998 年 10 月 28 日。

4. 李家浩：《讀〈郭店楚墓竹簡〉瑣議》，《郭店楚簡研究》（《中國哲學》第二十輯），遼寧教育出版社，1999 年版。

5. 李家浩：《楚墓竹簡中的「昆」字及從「昆」之字》，《著名中年語言學家自選集·李家浩卷》，安徽教育出版社，2002 年版。

6. 李家浩：《戰國竹簡〈緇衣〉中的「逯」》，荊門郭店楚簡研究（國際）中心編：《古墓新知——紀念郭店楚簡出土十週年論文專輯》，國際炎黃文化出版社，2003 年 11 月版。

7. 李家浩：《戰國竹簡〈民之父母〉中的「才辯」》，《北京大學學報》（哲學社會科學版）2004 年第 2 期。

8. 李家浩：《釋上博戰國竹簡〈緇衣〉中的「茲臣」合文》，《康樂集：曾憲通教授七十壽慶論文集》，中山大學出版社，2006 年版。

9. 李零：《長臺關楚簡〈申徒狄〉研究》，《揖芬集—張政烺先生九十華誕紀念論文集》，社會科學文獻出版社，2002 年版。

10. 李零：《郭店楚簡校讀記（增訂本）》，北京大學出版社，2003 年版。

11. 李零：《簡帛古書與學術源流》，三聯書店，2004 年版。

12. 李零：《讀上博楚簡〈周易〉》，《中國歷史文物》2006 年第 4 期。

13. 李零：《上博楚簡三篇校讀記》，中國人民大學出版社，2007 年版。

14. 李天虹：《〈性自命出〉的編聯及分篇》，《簡帛研究 2001》，廣西師範大學出版社，2001 年版。

15. 李天虹：《釋郭店楚簡〈成之聞之〉篇中的「肘」》，《古文字研究》第二十二輯，中華書局，2000 年版。

16. 李天虹：《釋「廈」》，原載《華學》第三輯，又收入《郭店竹簡〈性自命出〉研究》，湖北教育出版社，2003 年版。

17. 李天虹：《楚國銅器和竹簡文字研究》，湖北教育出版社，2012 年版。

18. 李學勤：《古文字學初階》，中華書局，1985 年版。

19. 李學勤：《戰國題銘概述》，《文物》1957 年第 7、8、9 期，又收入《李學勤早期文集》，河北教育出版社，2008 年版。

20. 李學勤：《信陽楚墓中發現最早的戰國竹書》，《光明日報》1957 年 11 月 27 日第 3 版，又收入《李學勤早期文集》。

21. 李學勤：《長臺關竹簡中的〈墨子〉佚篇》，《徐中舒先生九十壽辰紀念文集》，巴蜀書社，1990 年版。

22. 李學勤：《春秋鄭器與兵方壺論釋》，《松遼學刊（人文社會科學版）》2001 年第 5 期。

23. 李學勤：《〈詩論〉簡的編聯與復原》，《中國哲學史》2002 年第 1 期。

24. 李學勤：《楚簡〈子羔〉研究》，《上博館藏戰國楚竹書研究續編》，上海大學古代文明研究中心、清華大學思想文化研究所編《上博館藏戰國楚竹書研究續編》，上海書店出版社，2004 年版。

25. 李學勤：《再論〈詩論〉簡的編聯》，《中國古代文明研究》，華東師範大學出版社，2005 年版。

26. 李學勤：《試解郭店簡讀「文」之字》，原載《孔子·儒學研究文叢（一）》，後收入《中國古代文明研究》，華東師範大學出版社，2005 年版。

27. 李學勤：《試釋楚簡〈鮑叔牙與隰朋之諫〉》，《文物》2006 年第 9 期。

28. 李學勤主編：《清華大學藏戰國竹簡》第一～三冊，中西書局，2010～2012 版。

29. 李學勤：《初識清華簡》，中西書局，2013 年版。

30. 李銳：《讀上博館藏楚簡（二）札記》，上海大學古代文明研究中心、清華大學思想文化研究所編：《上博館藏戰國楚竹書研究續編》，上海書店出版社，2004 年版。

31. 李銳：《上博藏楚簡（二）初箚》，簡帛研究網，2003 年 1 月 6 日。

32. 李銳：《新出簡帛的學術探索》，北京師範大學出版社，2010 年版。

33. 李銳：《戰國秦漢時期的學派問題研究》，北京師範大學出版社，2011 年版。

34. 李若暉：《郭店竹書老子論考》，齊魯書社，2004 年版。

35. 李守奎：《楚文字編》，華東師範大學出版社，2003 年版。

36. 李守奎、曲冰、孫偉龍編著：《上海博物館藏戰國楚竹書（一～五）文字編》，作家出版社，2007 版。

37. 李松儒：《郭店楚墓竹簡字迹研究》，吉林大學碩士學位論文，指導教師：吳振武教授，2006 年。

38. 李松儒：《上博七〈武王踐阼〉的抄寫特徵及文本構成》，復旦大學出土

文獻與古文字研究中心網，2009 年 5 月 18 日。

39. 李松儒：《戰國簡帛字迹研究——以上博簡爲中心》，吉林大學博士學位論文，指導教師：馮勝君教授，2012 年。

40. 李均明等：《當代中國簡帛學研究》，中國社會科學出版社，2011 年版。

41. 李孟濤：《試探書寫者的識字能力及其對流傳文本的影響》，《簡帛》第四輯，上海古籍出版社，2009 年版。

42. 廖名春：《郭店楚簡儒家著作考》，《孔子研究》1998 年第 3 期。

43. 廖名春：《荊門郭店楚簡與先秦儒學》，《中國哲學》第二十輯，遼寧教育出版社，1999 年版。

44. 梁靜：《對於判斷出土文獻學派歸屬的反思》，《簡帛》第七輯，上海古籍出版社，2012 年版。

45. 梁韋弦：《郭店簡、上博簡中的禪讓學說與中國古史上的禪讓制》，《史學集刊》2006 年第 3 期。

46. 林素清：《上博（二）〈民之父母〉幾個疑難字的釋讀》，簡帛研究網，2003 年 1 月 17 日。

47. 林澐：《古文字研究簡論》，吉林大學出版社，1986 年版。

48. 林澐：《究竟是「剪伐」還是「撲伐」》，《古文字研究》第 25 輯，中華書局，2004 年版。

49. 劉傳賓：《郭店竹簡研究綜論（文本研究篇）》，吉林大學博士學位論文，指導教師：馮勝君教授，2010 年。

50. 劉大鈞：《今、帛、竹書〈周易〉綜考》，上海古籍出版社，2005 年版。

51. 劉國勝：《楚喪葬簡牘集釋》，武漢大學博士學位論文，2005 年修改本。

52. 劉國忠：《走近清華簡》，高等教育出版社，2011 年版。

53. 劉洪濤：《上博竹書〈武王踐阼〉所謂「卣」字應釋爲「户」》，簡帛網，2009 年 3 月 14 日。

54. 劉嬌：《西漢以前古籍中相同或類似内容重複出現現象的研究》，復旦大學博士學位論文，指導教師：裘錫圭教授，2009 年。

55. 劉笑敢：《略談簡帛考證中「類同舉例法」的局限性》，艾蘭、邢文編：《新出簡帛研究》，文物出版社，2004 年版。

56. 劉信芳：《荊門郭店竹簡〈老子〉解詁》，臺北藝文印書館，1999 年版。

57. 劉信芳：《孔子詩論述學》，安徽大學出版社，2003 年版。

58. 劉信芳：《關於竹書「錯別字」的探討》，《考古》2006 年第 10 期。

59. 劉信芳：《楚簡帛通假彙釋》，高等教育出版社，2011 年版。

60. 劉信芳：《楚系簡帛釋例》，安徽大學出版社，2011 年版。

61. 劉釗：《郭店楚簡校釋》，福建人民出版社，2003 年版。

62. 劉釗：《古文字構形學》，福建人民出版社，2006 年版。

63. 劉祖信、鮑雲豐：《郭店楚簡背面記數文字考》，「新出楚簡國際學術研討會」論文，武漢大學，2006 年。

64. 呂靜、鄭卉：《1900 年以前中國境內出土簡帛之考察——以傳世文獻收集整理爲中心》，日本中國出土資料學會編《中國出土資料研究》第 13 號，2009 年。

M

1. 馬承源主編：《上海博物館藏戰國楚竹書》（一～九），上海古籍出版社，2001 年～2012 年版。

N

1. 聶中慶：《郭店楚簡〈老子〉研究》，中華書局，2004 年版。

2. 寧鎮疆：《〈老子〉「早期傳本」結構及其流變研究》，學林出版社，2006 年版。

P

1. 龐樸：《馬王堆帛書解開了思孟五行說古謎》，《帛書五行篇研究》，齊魯書社，1980 年版。

2. 龐樸：《初讀郭店楚簡》，《歷史研究》1998 年第 4 期。

3. 龐樸：《〈語叢〉臆說》，《郭店楚簡研究》（《中國哲學（第二十輯）》），遼寧教育出版社，1999 年版。

4. 龐樸：《〈恒先〉試讀》，簡帛研究網，2004 年 4 月 26 日。

5. 鮑則岳：《古代文獻整理的若干基本原則》，艾蘭、魏克彬原編，邢文編譯：《郭店老子——東西方學者的對話》，學苑出版社，2002 年版。

6. 彭浩：《信陽長臺關楚簡補釋》，《江漢考古》1984 年第 2 期。

7. 彭浩：《郭店楚簡〈緇衣〉的分章及相關問題》，《簡帛研究》第三輯，廣西教育出版社，1998 年版。

8. 駢宇騫、段書安編著：《二十世紀出土簡帛綜述》，文物出版社，2006 年版。

Q

1. 錢存訓：《書於竹帛——中國古代的文字記錄》，上海書店出版社，2004 年版。

2. 淺野裕一：《戰國楚簡研究》，萬卷樓圖書股份有限公司，2004 年版。

3. 清華大學出土文獻研究與保護中心編：《清華簡研究》第一輯，中西書局，

2012 年版。

4. 清華大學出土文獻研究與保護中心等編：《古代簡牘保護與整理研究》，中西書局，2012 年版。

5. 裘錫圭：《談談清末學者利用金文校勘〈尚書〉的一個重要發現》，《文史叢稿》，上海遠東出版社，1996 年版。

6. 裘錫圭：《以郭店〈老子〉爲例談談古文字》，《郭店簡與儒學研究（《中國哲學》第二十一輯)》，遼寧教育出版社，2000 年版。

7. 裘錫圭：《糾正我在郭店〈老子〉簡釋讀中的一個錯誤》，《中國出土古文獻十講》，復旦大學出版社，2004 年版。。

8. 裘錫圭：《談談上博簡〈子羔〉篇的簡序》，上海大學古代文明研究中心、清華大學思想文化研究所編《上博館藏戰國楚竹書研究續編》，上海書店出版社，2004 年版。

9. 裘錫圭：《中國古典學重建中應該注意的問題》，《北京大學中國古文獻研究中心集刊（二）》，北京燕山出版社，2001 年，又收入《中國出土古文獻十講》，復旦大學出版社，2004 年版。

10. 裘錫圭：《談談上博簡和郭店簡中的錯別字》，原載《華學》第六輯，又收入《中國出土古文獻十講》，復旦大學出版社，2004 年版。

11. 裘錫圭：《讀上博簡〈容成氏〉札記二則》，《古文字研究》第二十五輯，中華書局，2004 年版。

12. 裘錫圭：《上博簡〈相邦之道〉1 號簡考釋》，《中國文字學報》第一輯，商務印書館，2006 年版。

13. 裘錫圭：《釋〈子羔〉篇「鉋」字並論商得金德之說》，《簡帛》第二輯，上海古籍出版社，2007 年版。

R

1. 容庚：《金文編》，中華書局，1985 年版。

2. 饒宗頤主編：《上博藏戰國楚竹書字彙》，安徽大學出版社，2012 年版。

S

1. 商承祚：《戰國楚竹簡彙編》，齊魯書社，1995 年版。

2. 沈培：《〈上博（六）〉中〈平王問鄭壽〉和〈平王與王子木〉應是連續抄寫的兩篇》，簡帛網，2007 年 7 月 12 日。

3. 沈培：《〈上博（七）〉殘字辨識兩則》，復旦大學出土文獻與古文字研究中心網，2009 年 1 月 2 日。

4. 沈頌金：《二十世紀簡帛學研究》，學苑出版社，2003 年版。

5. 孫偉龍、李守奎：《上博簡標識符號五題》，《簡帛》第三輯，上海古籍出

版社，2008 年版。

6. 單育辰：《楚地戰國簡帛與傳世文獻對讀之研究》，吉林大學博士學位論文，指導教師：吳振武教授，2010 年。

7. 單育辰：《郭店〈尊德義〉〈成之聞之〉〈六德〉三篇整理與研究》，吉林大學博士後研究報告，指導教師：徐正考教授，2013 年。

8. 孫沛陽：《簡冊背畫線初探》，《出土文獻與古文字研究》第四輯，上海古籍出版社，2011 年版。

T

1. 譚中華：《〈孔子詩論〉編聯分章問題研究綜述》，吉林大學碩士學位論文，指導教師：馮勝君教授，2007 年。

2. 唐蘭：《古文字學導論》，齊魯書社，1981 年版。

3. 唐蘭：《殷墟文字記》，中華書局，1981 年版。

4. 湯余惠主編：《戰國文字編》，福建人民出版社，2001 年版。

5. 湯志彪：《包山遣冊簡補釋一則》，《古籍研究》2008 卷·上。

6. 滕壬生：《楚系簡帛文字編（增訂本）》，湖北教育出版社，2008 年版。

7. 田河：《信陽長臺關出土竹書研究概述》，《長春師範學院學報（人文社會科學版）》第 24 卷第 4 期，2005 年 7 月。

8. 田河：《出土戰國遣冊所記名物分類彙釋》，吉林大學博士學位論文，2007 年。

9. 童書業：《春秋左傳研究》，中華書局，2006 年版。

W

1. 王博：《關於郭店楚墓竹簡〈老子〉的結構與性質》，《道家文化研究（郭店楚簡專號）》第十七輯，三聯書店，1999 年版。

2. 王博：《關於郭店楚墓竹簡分篇與連綴的幾點想法》，《郭店簡與儒學研究》（《中國哲學》第二十一輯），遼寧教育出版社，2000 年版。

3. 王國維：《戰國時期秦用籀文六國用古文說》，《觀堂集林（外二種）》，河北教育出版社，2001 年版。

4. 王國維：《最近二三十年新發現之學問》，《王國維文集》，中國文史出版社，1997 年版。

5. 王國維著，胡平生、馬月華校注：《簡牘檢署考校注》，上海古籍出版社，2004 年版。

6. 王暉：《出土文字資料與五帝新證》，《考古學報》2007 年第 1 期。

7. 王人聰：《鄭大子之孫與兵壺考釋》，《古文字研究》第二十四輯，中華書局，2002 年版。

8. 王青：《論上博簡〈容成氏〉篇的性質與學派歸屬問題》，《河北學刊》第 27 卷第 3 期。

9. 王中江：《簡帛文明與古代思想世界》，北京大學出版社，2011 年版。

10. 魏宜輝：《利用戰國竹簡文字釋讀春秋金文一例》，《史林》2009 年第 4 期。

11. 吳國源：《〈上博（五）・競建內之〉「日既」考釋》，《簡帛》第二輯，上海古籍出版社，2007 年版。

12. 吳振武：《上海博物館藏戰國楚竹書（一～五）文字編・序》，作家出版社，2007 版。

X

1. 夏含夷：《古史異觀》，上海古籍出版社，2005 年版。

2. 夏含夷：《簡論「閱讀習慣」：以上博〈周易・菜〉卦爲例》，「2008 年國際簡帛論壇」論文。

3. 夏含夷：《重寫中國古代文獻》，上海古籍出版社，2012 年版。

4. 蕭毅：《慈利竹書〈國語・吳語〉初探》，簡帛網，2005 年 12 月 30 日。

5. 邢文：《楚簡〈緇衣〉與先秦禮學》，《郭店楚簡國際學術研討會論文集》，湖北人民出版社，2000 年版。

6. 許抗生：《再讀郭店竹簡〈老子〉》，《中州學刊》2000 年第 5 期。

7. 徐在國：《上博竹書（二）文字雜考》，簡帛研究網，2003 年 1 月 14 日。

8. 禤健聰：《上博楚簡釋字三則》，簡帛研究網，2005 年 4 月 15 日。

9. 禤健聰：《上博楚簡（五）零箋（一）》，簡帛網，2006 年 2 月 24 日。

Y

1. 楊澤生：《戰國竹書研究》，中山大學出版社，2009 年版。

2. 尹振環：《楚簡老子辨析》，中華書局，2001 年版。

3. 余嘉錫：《余嘉錫說文獻學》，上海古籍出版社，2001 年版。

4. 俞樾等：《古書疑義舉例五種》，中華書局，2005 年版。

5. 虞萬里：《上博簡、郭店簡〈緇衣〉與傳本合校補正》（上、中、下），《史林》2002 年第 2 期、2003 年第 3 期、2004 年第 1 期。

Z

1. 張崇禮：《郭店楚簡〈語叢四〉解詁一則》，簡帛網，2007 年 4 月 7 日。

2. 張春龍：《慈利楚簡概述》，《新出簡帛研究》，文物出版社，2004 年版。

3. 張富海：《郭店楚簡〈緇衣〉篇研究》，北京大學碩士學位論文，指導教師：李家浩教授，2002 年。

4. 張富海：《北大中國古文獻研究中心「郭店楚簡研究」項目新動態》，簡帛研究網，2003 年 6 月 2 日。

5. 張桂光：《新世紀古文字研究的若干思考》，「第四屆國際中國古文字學研討會」論文，香港中文大學，2003 年 10 月。

6. 張金良：《郭店楚簡試釋三則》，復旦大學出土文獻與古文字研究中心網，2008 年 12 月 1 日。

7. 張守中：《郭店楚簡文字編》，文物出版社，2000 年版。

8. 張新俊：《上博楚簡文字研究》，吉林大學博士學位論文，指導教師：吳振武教授，2005 年 4 月。

9. 張顯成：《簡帛文獻學通論》，中華書局，2004 年版。

10. 張湧泉：《讀〈說文〉段注札記五則》，《中國文字學報》第二輯，商務印書館，2008 年版。

11. 趙平安：《釋甲骨文中的「𠂤」和「𢦏」》，《文物》2000 年第 8 期。

12. 趙平安：《釋郭店簡〈成之聞之〉中的「遠」字》，《簡帛研究二〇〇一》，廣西師範大學出版社，2001 年版。

13. 趙平安：《楚竹書〈容成氏〉的篇名及性質》，《華學》第六輯，紫禁城出版社，2003 年版。

14. 趙平安：《「進芋倗子以馳於倪廷」解》，簡帛網，2006 年 3 月 31 日。

15. 趙平安：《關於「𨙫」的形義來源》，《中國文字學報》第二輯，商務印書館，2008 年版。

16. 周波：《上博五補釋二則》，簡帛網，2006 年 4 月 5 日。

17. 周鳳五：《郭店竹簡的形式特徵及其分類意義》，《郭店楚簡國際學術研討會論文集》，湖北人民出版社，2000 年版。

18. 竹田健二：《〈曹沫之陳〉中竹簡的綴合與契口》，《簡帛研究 2005》，廣西師範大學出版社，2008 年版。

後　記

　　本書是在我的博士論文的基礎上增補而成的，主要增補了近三年來新公佈的材料，特別是清華竹書，其與郭店竹書和上博竹書在很多方面的的不同，給我們帶來了一些新的認識，對我們探討戰國竹書的研究方法是一種有益的補充。

　　近年來，簡帛研究比較熱門，每有新材料公佈，相關研究成果便大量湧現，對其中的各種問題展開討論，一篇的排序、一字的釋讀往往有數種意見相持不下，雖然說學術需要爭論，但某些爭論卻也不必，我在寫碩士論文時對此已深有體會。碩士畢業後繼續攻讀博士學位，爲博士論文的選題曾頗費周折，回想起寫作碩士論文時遇到的種種問題，覺得有必要對近些年簡帛的研究方法做一些探討，與白於藍師商量後，遂決定以此爲題來寫博士論文。簡帛研究中的問題太多，限於時間和學力，故只選其中問題較多、且有一定研究方法可尋的書籍類竹簡作爲研究對象。當時的設想是根據學者的研究成果，作一階段性的總結，找出哪些是成功的、可取的，哪些是有問題的、行不通的，以及研究中應注意的問題，爲以後的研究提供借鑒。這樣的課題顯然不是一個初學者所能完成的，但本書所寫的內容的確體現了本人對戰國竹書研究方法的一些思考，希望能引起關心戰國竹書研究的學者的重視，使戰國竹書的研究能夠更上一個臺階。若能爲今後的研究提供些許的幫助，則深感欣慰。

　　回想起從碩士到博士的六年學習，有幸得到白於藍師的悉心指導，深感榮幸。記得初入師門，老師即指定《古文字研究》中的論文兩百餘篇，要求詳細閱讀，並作筆記，課程則是每周一次，從古文字基本知識一路講到戰國

竹簡，差不多就是兩年的時間，使我們對古文字有了系統的認識。老師的嚴格是出了名的，每周一次的授課，是最緊張的時刻，師徒三人對桌而坐，先是我們輪流讀古文字材料，然後老師講解，記得有一次我們預習得不好，一篇金文難以順暢地讀出來，老師合起書，一句話不說地走了，我們羞愧難當，只有回去認眞準備，再請老師上課。因爲個人的原因，論文的初稿完成較晚，交給老師時正是春節假期，爲了修改我的論文，老師在雜物房裏熬夜看，戒了半年的煙，亦宣告失敗。生活上，老師給予我們的則是無微不至的關懷，點點滴滴，留在心裏的都是溫暖。如今，老師去了上海工作，再也不能隨時到老師書房去拜訪交談，思之悵惘。

2013 年 8 月